U0802297

铁路科技图书出版基金资助出版

桥梁减隔震技术

陈　列　胡京涛　等编著

中　国　铁　道　出　版　社

2014年·北　京

内容简介

本书在有关震害调查及减隔震技术研究和工程应用的基础上，系统、深入地介绍了典型桥梁震害和震害原因、桥梁抗震设计方法、桥梁抗震和减隔震标准、桥梁减隔震机理和分析方法、桥梁减隔震装置的构造和特性、减隔震技术在铁路桥梁工程中的应用案例。

图书在版编目(CIP)数据

桥梁减隔震技术/陈列等编著. —北京：中国铁道出版社，2014.11

ISBN 978-7-113-19107-8

Ⅰ.①桥… Ⅱ.①陈… Ⅲ.①桥梁设计-防震设计 ②桥梁设计-隔振设计 Ⅳ.①U442.5

中国版本图书馆CIP数据核字(2014)第189498号

书　　名：桥梁减隔震技术
作　　者：陈　列　胡京涛　等

责任编辑：傅希刚　　**编辑部电话：**01051873142　　**电子信箱：**532544186@qq.com
封面设计：崔　欣
责任校对：龚长江
责任印制：陆　宁

出版发行：中国铁道出版社（100054，北京市西城区右安门西街8号）
网　　址：http：//www.tdpress.com
印　　刷：中国铁道出版社印刷厂
版　　次：2014年11月第1版　　2014年11月第1次印刷
开　　本：787 mm×960 mm　1/16　印张：16.5　字数：331千
书　　号：ISBN 978-7-113-19107-8
定　　价：70.00元

版权所有　侵权必究

凡购买铁道版图书，如有印制质量问题，请与本社读者服务部联系调换。电话：(010)51873174(发行部)

打击盗版举报电话：市电(010)51873659，路电(021)73659，传真(010)63549480

前 言

Foreword

许多年以来，结构工程师一直在努力寻找通过控制结构吸收地震能量的方式来减小结构对地震作用的反应。这些努力促使减隔震技术、各种不同辅助能量耗散装置和主动结构控制技术得到发展，并在国外桥梁中广泛应用。但这类装置在我国桥梁(尤其是铁路桥梁)中则应用较少，也缺乏系统的设计理论和设计方法。

2008 年四川汶川地震后，中铁二院工程集团有限责任公司在积极参加抗震救灾的同时，对地震震害进行了系统考察和深入思考，取得了一系列研究成果。在 2008 年中国铁道学会及中国铁道学会工程分会主办的“地震灾害对铁路的影响及其对策学术讨论会”上，中铁二院教授级高级工程师朱颖提出了加强铁路桥梁减隔震技术研究和推广应用的建议，得到了与会专家、学者的认可。以朱颖为首的“铁路桥梁减隔震支座技术及标准研究”团队，提出了较为系统的铁路桥梁减隔震技术标准，研发了一系列桥梁减隔震产品。这一研究工作得到了铁道部科研开发项目(铁建科字 2009-9)的支持。

本书是在对上述调查、研究成果，以及对近年我国桥梁减隔震技术推广应用成果的归纳、总结基础上编写完成的。书中对国内外桥梁抗震和减隔震技术状况、发展趋势和技术标准进行了较为深入细致的分析和描述，有利于读者从应急通行和恢复重建的角度去了解桥梁震害的影响，对如何制定合适的抗震设防标准、如何减小桥梁工程所受的地震作用，以及能否和如何才能作为生命线工程在抗震救灾中发挥作用进行思考，为今后修改和完善有关抗震设计标准提供参考。通过对国内外桥梁抗震和减隔震技术状况、发展趋势和技术标准的分析、描述，使读者系统地了解桥梁抗震和减隔震设计，特别是通过对不同减隔震装置在铁路桥梁设计中的应用和分析，加强对桥梁减隔震技术的认识。通过对桥梁减隔震基本原理、分析方法、设计原则，以及桥梁减隔震装置力学性能的叙述，使读者了解桥梁减隔震技术选用方法，促进我国桥梁减隔震技术的推广和应用。通过多种减隔震装置在铁路桥梁中应用原则、要求和实际应用案例，加深读者对减隔震技术工程应用及其效果的认识。

本书由中铁二院陈列、胡京涛制定全书大纲、各章节内容，并完成后期统稿工作，由陈列、胡京涛、郑晓龙、许敏和韩国庆共同编写完成。

朱颖不仅积极倡导和推动了铁路桥梁减隔震技术的研究和应用，而且对本书的编写给予了热情的鼓励和具体指导；本书编写过程中，得到中铁二院教授级高级工程师漆宝瑞、陆建华、许佑顶、徐银光的指导和帮助；西南交通大学郑史雄教授、浙江大学谢旭教授、中铁二院樊启武博士审阅了书稿并提出了建设性意见；成都亚佳工程新技术开发有限公司张启祥先生为本书的编写提供了有关技术资料并给予了许多帮助，在此一并表示衷心的感谢。

书中引用了原意大利 Alga 公司 Agostino Marioni 先生、浙江大学谢旭教授和王炎博士、西南交通大学张建经教授、山东建筑大学亓兴军教授等参与作者主持的“铁路桥梁减隔震支座技术及标准研究”的部分成果，中铁二院覃钦波、陈秀莲、于爱珠、康林、肖雪等同志绘制了部分插图，四川省第二测绘地理信息工程院为本书提供了部分地图，在此特别说明并致谢意。

目前，我国桥梁减隔震技术，特别是铁路桥梁减隔震技术才刚刚起步，现行《铁路工程抗震设计规范》还缺少对桥梁减隔震设计的具体规定，作者希望本书的出版，能对我国桥梁减隔震技术的研究和推广应用起到一定的促进作用。

由于桥梁减隔震技术涉及众多学科门类，技术发展和进步十分迅速，限于作者水平有限，书中不当甚至错误之处在所难免，敬请读者指正。

作　者

2014 年 8 月于四川成都

目　录

Contents

1 地震成因及分布

1.1 地震发生机理

地震是一种自然现象，是地壳运动的一种表现，且与地质构造密切相关，是伴随着地壳能量的释放而引起的地球表面的振动甚至强烈的运动。引起这种能量释放的原因有地壳某些部位的突然断裂、火山爆发及人为活动，其中绝大多数毁灭性地震是由于地壳的断裂所引起的。全世界每年发生的地震约 500 万次，绝大多数地震由于发生在地球深处或它所释放的能量小而不为人们察觉。人们能察觉到的地震（即有感地震），约占地震总数的 1%。造成灾害的强烈地震为数更少，平均每年发生十多次。强烈地震发生时，地震区的地面剧烈摇晃、颠簸。地面振动在很大范围内都能被感知，或在世界不同地方都能用仪器测出。在震中附近，除造成建筑物破坏外，还会出现地面变形、隆起、下陷或水平位移，山区地震往往引起大规模山崩、滑坡和泥石流，海底发生地震还会引起海啸，这些现象都会给人类造成灾害。

1.1.1 地球的构造

在了解地震的成因及发生机理前，先要对地球的构造有一定的认识。地球是一个很大的实心近似球体的椭球体，它的平均半径约为 6 400 km。地球内部构造如图 1.1—1 所示，它可以按其性质的不同分为三层，即地壳、地幔、地核。

地壳是地球最表面的一层固体外壳。地壳的厚度是不均匀的，其平均厚度约 17 km。大陆部分地壳厚度一般为 16 ~ 40 km，高山、平原地区可达 60 ~ 70 km；海洋地壳较薄，一般厚度约 5 ~ 15 km。地壳厚度的变化规律是：地球大范围固体表面的海拔越高，地壳越厚；海拔越低，地壳越薄。地壳的物质组成除了沉积岩外，基本上是花岗岩、玄武岩等。世界上绝大多数的地震都发生在地壳这一层内。

地幔是介于地壳和地核之间的中间层，厚度将近 2 900 km，主要由致密的造岩物质构成，这是地球内部体积最大、质量最大的一层。地幔的物质组成具有过渡性。靠近地壳部分，主要是硅酸盐类的物质；靠近地核部分，则与地核的组成物质比较接近，主要是铁、镍金属氧化物。地幔又可分成上地幔和下地幔两层。地幔主要由质地非常坚硬、比重较大的黑色橄榄岩组成。由于这一层压力大、温度高，因此一般推测地幔的材质具有黏弹性，其顶部存在着缓慢运动着的软流层，即上层地幔。

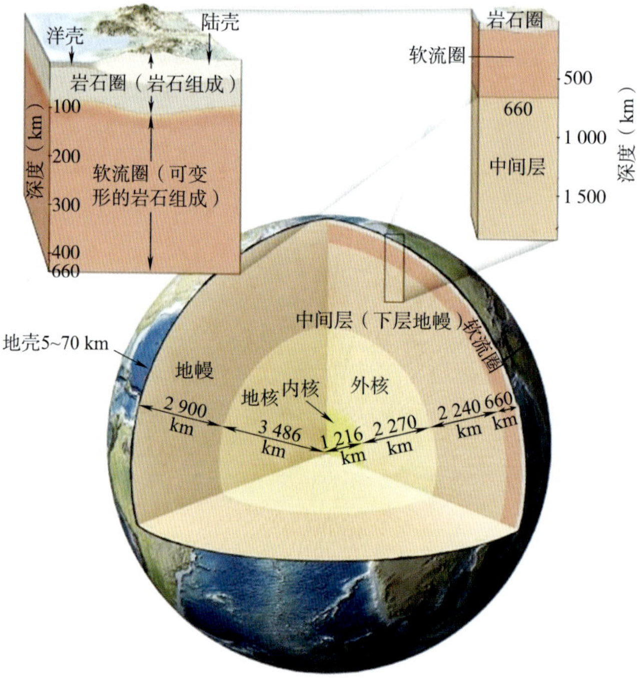

图 1.1—1　地球内部构造

地核又称铁镍核心，其物质组成以铁、镍为主。地核又分为内核和外核，其中内核厚度约为 1 216 km，外核厚度约为 2 270 km。据推测，地核层压力大于 3×10^5 MPa，温度高达 4 000 ℃ ~ 5 000 ℃。根据地震波传播分析，外核可能处于液态，而内核可能是固态。

地壳与地幔的分界面称之为莫霍诺维奇间断面，是奥地利科学家莫霍诺维奇于 1909 年发现的，简称为“莫霍面”，它是一个地震波传播速度急剧变化的不连续面。在此界面以下，地震纵波的速度从最低 6.5 km/s 突变到最高 8.4 km/s。另一明显界面位于 2 900 km 深处，是地核与地幔的分界层，是德国科学家古登堡于 1914 年发现的，简称为“古登堡面”。通过此界面向下，纵波突然下降，横波完全消失。达到内核时，横波重新出现。

地球结构除极薄的面层可通过钻孔直接探测之外，深处结构的构造基本靠地震波传播的资料推测。在地球构造这个问题上，存在不少尚需解决的问题。发生地震的地方叫震源。震源是有一定范围的，地震学中将它作为一个点来处理。震源在地表的投影叫震中，从震源到观察点的距离称为震源距离。

1.1.2 地震成因和类型

根据地震成因,地震主要可分为火山地震、塌陷地震、构造地震和诱发地震。由于火山活动而引起的地震叫火山地震,一般影响范围较小,发生的次数也较少,约占全球地震总数的7%。由地层突然大规模陷落和崩塌而引起的地震叫塌陷地震,发生的次数更少,约占全球地震总数的3%,引起的破坏也较小。由于人为活动(如人工爆破、水库蓄水、深井抽液或注液、矿山及油气田的开采等)而引起的地震称为诱发地震,这种地震一般都不太强烈,仅个别情况会造成较大破坏。由地球内部岩层构造活动在某些阶段发生急剧变化而引起的地震叫构造地震。构造地震发生的次数最多,约占全球地震总数的90%。

上述几种地震中,给人类造成较大灾害的是构造地震,尤以浅源地震造成的灾害为重。因此,从桥梁工程抗震来说,主要是针对构造地震。

地球除公转和自转的天体运动外,其内部物质(如地幔上部的软流层)也在不停地运动。地球内部始终存在着驱使岩石发生变形的巨大能量,而组成地壳的岩层在巨大的能量作用下,不停地连续变动,不断发生褶皱、断裂和错动,使岩石处于复杂且逐步积累的地应力作用中。地应力在某一地区逐渐增加,会导致岩石变形不断增加。当岩石中积聚的应力超过其强度极限时,在岩石比较薄弱的地方,瞬时将部分应变能转换为动能而使岩石突然发生断裂和猛烈错动,其中一部分能量以波的形式在地层中传播,引起地面振动,即产生地震。

由于岩层的断裂往往不是沿一个平面发展,而是形成由一系列裂缝组成的破碎地带,沿整个破碎地带的岩层不可能同时到达平衡。因此,一次强烈地震之后,岩层的变形还要不断地调整,从而形成一系列的余震。

构造地震与地质构造密切相关,往往发生在地应力比较集中、构造比较脆弱的地段,即原有断层的端点或转折处、不同断层的交汇处。

地应力的积累是一个较缓慢的过程,可经历几十年到几百年的时间。地应力到底是如何形成及积聚起来的,至今还是没有一个完整的理论能够说明。现在被公认为能最好解释这类问题的学说就是地球板块构造学说。

地球板块构造学说最初是根据各大洲的边缘几何形状十分相合,可以将其拼成一个整体提出来的。另外,早在19世纪,科学家根据不同大陆的古气候、古生物化石的痕迹,证明各大陆间曾经有过陆地联系。特别是20世纪以后,地质学家和考古学家利用大量的手段(如“古生物化石气象学”、“化石磁学”)及近年来海洋研究得到的丰富资料证实,大陆架始终在飘移,以此为基础,即形成了地球板块构造学说。

地球板块构造学说认为,地球的最上层是由强度较大的岩石组成,叫做岩石层,厚度为70~100 km。岩石层不是一个整体,而是由若干板块组成。板块实际上就是岩石圈,包含了地壳以及一小部分的上部地幔。

1968年,法国萨维尔·勒皮雄(Xavier Le Pichon)综合各方面的资料,首先将全球岩石圈分为六大板块,即太平洋板块、欧亚板块、印度洋板块、非洲板块、美洲板块以及南极板块六大部分,之下又分为菲律宾板块、加勒比海板块等许多小板块。

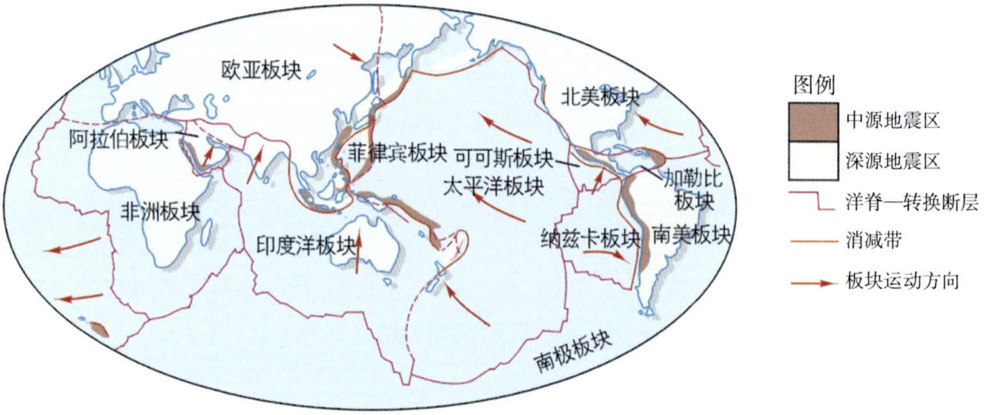

图 1.1—2　世界板块构造示意图[53]

随着研究工作的进展,有学者认为,地球由七大主板块及若干小板块组成。七大板块是太平洋板块、北美板块、南美板块、欧亚板块、印度—澳大利亚板块、非洲板块以及南极板块。在香港出版的会考教科书——《中学会考活学地理》中,除将全球分为七大板块外,还分出六个较小板块,即阿拉伯板块、菲律宾板块、胡安·德富卡板块、可可斯板块、纳兹卡板块及加勒比板块。

各板块由于地幔对流运动而相互运动着,它们之间的作用力,有的是拉力,有的是压力,有的是剪切力,从而形成了地应力。地球上的主要地震带就发生在这些大板块的交界地区。板块构造学说的提出,有助于解释许多以前所不能解释的现象,如深源地震的断层成因等现象。

1.1.3　地震震级和地震烈度

1. 地震震级

震级是衡量地震本身强度的等级标度,也是衡量地震震源释放出的总能量的标度。震级用以说明某次地震的大小,以符号 M 表示。

地震震级是由地震记录中的最大位移幅值决定的。最大位移幅值大致决定于该段频率范围的地震能量。震级的原始定义是:在离震中 100 km 处用伍德—安德生(Wood-Anderson)式标准地震仪(摆的自振周期为 0.8 s,阻尼比系数为 0.8,放大倍数为 2 800 倍)所记录到的最大水平位移(即振幅 A,单位为 μm)的常用对数值。其表达式为

$$M = \lg A \tag{1.1—1}$$

因为这个震级的定义是 1935 年由里克特(C. F. Richter)给出的，故称之为里氏震级。

由于地震发生时不可能恰好在 100 km 处记录，所用的仪器也不尽相同，所以需要根据震中距和使用的仪器对实测的震级进行适当的修正。

震级的大小直接与震源释放的能量有关。震级 M 与地震波释放能量 E(单位为“erg”)之间有如下关系：

$$\lg E = 11.8 + 1.5M \tag{1.1—2}$$

由此可知，震级每差一级，地震释放的能量就相差 31.6 倍之多。

一般说，小于 2 级的地震，人们感觉不到，只有仪器才能记录到，叫做微震；2 ~ 5 级的地震，人可以感觉到，叫做有感地震；大于 5 级的地震，能造成不同程度的破坏，叫做破坏性地震；大于 7 级的地震称为强烈地震或大震；大于 8 级的地震为特大地震。我国 1975 年 2 月 4 日发生的海城地震(7.3 级)、1976 年 7 月 28 日发生的唐山地震(7.8 级)、2008 年 5 月 12 日发生的汶川地震(7.8 级，后又修正为 8.0 级)均属强烈地震。到目前为止，世界上记录到的最大一次地震是 2011 年 3 月 11 日发生在日本的 9 级地震。

震级没有直接反映出地震持续时间，因为震级只决定于位移的最大幅值，与整个地震记录的持续时间以及除最大幅值外的其他峰值大小都无关。地震波总的能量与持续时间有关，一次地震释放的总能量还包括在地震过程中释放的热能，因此上式只能是个大致的估计。

2. 地震烈度

地震烈度是用来衡量地震后果的一种度量，它表示某一个地区的地面和各种建筑物受某一次地震影响的强弱程度。对一次地震来说，震级只有一个，烈度则随地点不同而异，如图 1.1—3 所示。一般而言，距震中越近，地震影响越大，烈度越高。但是，在某一烈度区里，有时会因局部场地的地形、地质条件的影响，出现局部烈度较高或较低的“烈度异常区”。

地震烈度值的定义是描述性的。它大体上根据人的感觉、事物的反应以及地面、建筑物的破坏程度等现象，依据地震烈度表综合评定的。目前世界上绝大多数国家采用的地震烈度都是按 1 ~ 12 等级划分的，如 MM 烈度表(即修正莫长尼 Modified Mercalli 表)及 MSK 烈度表(即麦得硅得—斯邦赫—长尼克 Medvedev-Sponheur-Karnik 表)等。我国的地震烈度表也分为 12 度，与 MM 烈度表、MSK 烈度表大致相当。2008 年颁布的中国地震烈度表(GB/T 17742—2008)见表 1.1—1。

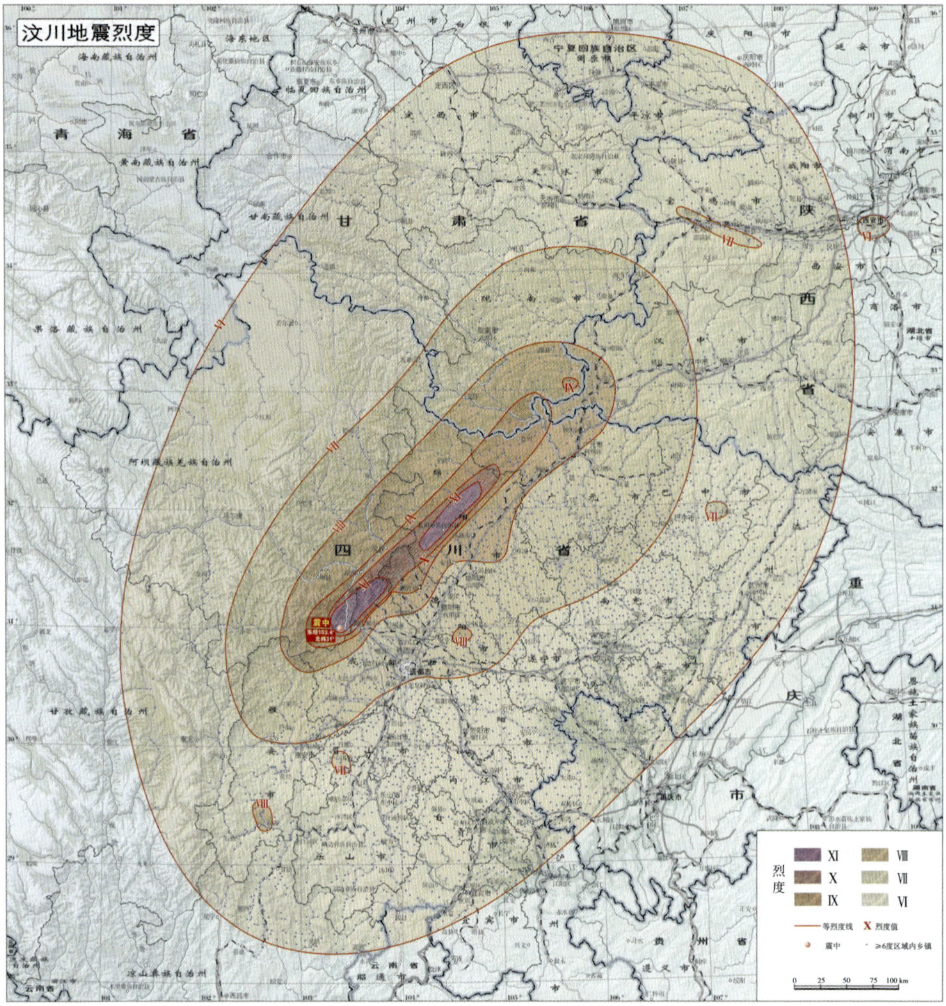

图 1.1—3　汶川 8.0 级地震烈度分布[54]

表 1.1—1　中国地震烈度表（GB/T 17742—2008）

地震烈度	人的感觉	房屋震害			其他震害现象	水平向地震动参数	
		类型	震害程度	平均震害指数		峰值加速度（m/s^2）	峰值速度（m/s）
Ⅰ	无感	—	—	—	—	—	—
Ⅱ	室内个别静止中的人有感觉	—	—	—	—	—	—

续上表

地震烈度	人的感觉	房屋震害			其他震害现象	水平向地震动参数	
		类型	震害程度	平均震害指数		峰值加速度（m/s^2）	峰值速度（m/s）
Ⅲ	室内少数静止中的人有感觉	—	门、窗轻微作响	—	悬挂物微动	—	—
Ⅳ	室内多数人有感觉，室外少数人有感觉，少数人梦中惊醒	—	门、窗作响	—	悬挂物明显摇动，器皿作响	—	—
Ⅴ	室内绝大多数、室外多数人有感觉，多数人梦中惊醒	—	门窗、屋顶、屋架颤动作响，灰土掉落，个别房屋墙体抹灰出现微细裂缝，个别房屋顶烟囱掉砖	—	悬挂物大幅度晃动，不稳定器物摇动或翻倒	0.31 （0.22～0.44）	0.03 （0.02～0.04）
Ⅵ	多数人站立不稳，少数人惊逃户外	A	少数中等破坏，多数轻微破坏和/或基本完好	0.00～0.11	家具和物品移动；河岸和松软土上出现裂缝，饱和砂层出现喷砂冒水；个别独立砖烟囱轻度裂缝	0.63 （0.45～0.89）	0.06 （0.05～0.09）
		B	个别中等破坏，少数轻微破坏，多数基本完好				
		C	个别轻微破坏，大多数基本完好	0.00～0.08			
Ⅶ	大多数人惊逃户外，骑自行车的人有感觉，行驶中的汽车驾乘人员有感觉	A	少数毁坏和/或严重破坏，多数中等破坏和/或轻微破坏	0.09～0.31	物体从架子上掉落；河岸出现塌方，饱和砂层常喷砂冒水，松软土上地裂缝较多；大多数独立砖烟囱中等破坏	1.25 （0.90～1.77）	0.13 （0.10～0.18）
		B	少数中等破坏，多数轻微破坏和/或基本完好				
		C	少数中等和/或轻微破坏，多数基本完好	0.07～0.22			

续上表

地震烈度	人的感觉	房屋震害			其他震害现象	水平向地震动参数	
		类型	震害程度	平均震害指数		峰值加速度(m/s^2)	峰值速度(m/s)
Ⅷ	多数人摇晃颠簸，行走困难	A	少数毁坏，多数严重破坏和/或中等破坏	0.29～0.51	干硬土上亦出现裂缝，饱和砂层绝大多数喷砂冒水；大多数独立砖烟囱严重破坏	2.50 (1.78～3.53)	0.25 (0.19～0.35)
		B	个别毁坏，少数严重破坏，多数中等和/或轻微破坏				
		C	少数严重和/或中等破坏，多数轻微破坏	0.20～0.40			
Ⅸ	行动的人摔倒	A	多数严重破坏和/或毁坏	0.49～0.71	干硬土上多处出现裂缝，可见基岩裂缝、错动；滑坡、塌方常见；独立砖烟囱多数倒塌	5.00 (3.54～7.07)	0.50 (0.36～0.71)
		B	少数毁坏，多数严重和/或中等破坏				
		C	少数毁坏和/或严重破坏，多数中等和/或轻微破坏	0.38～0.60			
Ⅹ	骑自行车的人会摔倒，处于不稳状态的人会摔离原地，有抛起感	A	绝大多数毁坏	0.69～0.91	山崩和地震断裂出现，基岩上的拱桥破坏；大多数独立砖烟囱从根部破坏或倒毁	10.00 (7.08～14.14)	1.00 (0.72～1.41)
		B	大多数毁坏				
		C	多数毁坏和/或严重破坏	0.58～0.80			
Ⅺ	—	A	绝大多数毁坏	0.89～1.00	地震断裂延续很大，大量山崩滑坡	—	—
		B					
		C		0.78～1.00			
Ⅻ	—	A	几乎全部毁坏	1.00	地面剧烈变化，山河改观	—	—
		B					
		C					

注：表中给出的"峰值加速度"和"峰值速度"是参考值，括号内给出的是变动范围。

表1.1—1中各项含义如下：

(1)烈度的Ⅰ度～Ⅴ度以地面上以及底层房屋中人的感觉和其他震害现象为主；Ⅵ度～Ⅹ度以房屋震害为主，参照其他震害现象，当房屋震害程度与平均震害指数评定结果不同时，应以震害程度评定结果为主，并综合考虑不同类型房屋的平均震害指数；Ⅺ度和Ⅻ度应综合考虑房屋的震害和地表震害现象。

(2)用于评定烈度的房屋包括三种类型。A类为木结构和土、石、砖墙建造的旧式房屋；B类为未经抗震设防的单层或多层砖砌体房屋；C类为按照Ⅶ度抗震设防的单层或多层砖砌体房屋。

(3)震害指数是房屋震害程度的定量指标，以0.00到1.00之间的数字表示由轻到重的震害程度。房屋的破坏等级分为基本完好、轻微破坏、中等破坏、严重破坏和毁坏五类。平均震害指数指同类房屋震害指数的加权平均值，即各级震害的房屋所占的比率与其相应的震害指数的乘积之和。

(4)表中数量词，“个别”为10%以下，“少数”为10%～45%，“多数”为40%～70%，“大多数”为70%～90%，“绝大多数”为80%以上。

宏观烈度表的评定具有粗略、综合、主观判断的特点，缺乏具体的物理量作为依据。不过，它不仅是区分地震区遭受地震影响的标尺，而且对于处理历史地震资料、研究地震活动等方面起着重要作用。

一个地区的抗震设防一般采用基本烈度。基本烈度是指该地区今后一个时期内，在一般场地条件下可能遭遇超越概率为10%的地震烈度值，即《中国地震烈度区划图》规定的烈度。地震区划是地震区域划分的简称，指的是在地图上按地震情况的差异划分出的不同区域。地震烈度区划是地震动区划的早期形式，以地震烈度为指标。2001年8月1日，根据《中华人民共和国防震减灾法》的有关规定及工程建设对编制地震动参数区划图的需求，颁布了《中国地震动参数区划图》(GB 18306—2001)，以代替原有的《中国地震烈度区划图(1990)》。新国家标准采用地震动参数(地震动峰值加速度和地震动反应谱特征周期)代替地震基本烈度。《中国地震动参数区划图》吸收了我国2001年前近10年新增的、大量的地震区划基础资料及其综合研究的最新成果，以国土为背景，按照不同的地震强弱程度，以一定的标准(包括时间年限、概率水准、地震动峰值加速度、地震动反应谱特征周期等地震动参数标准)，采用了国际上最新的编图方法，将国土划分为不同抗震设防要求的区域，展示了地区之间潜在地震危险程度的差异，更准确地反映了地震动的物理效应，设计人员可以根据地震动参数区划图上所标示的各个地区的抗震设防要求进行建设工程抗震设计。2008年6月，颁布了《中国地震动参数区划图》(GB 18306—2001)修订版。

1.1.4　地震波与地震动

1. 地 震 波

地震引起的振动以波的形式从震源向各个方向传播并释放能量，这种传播的能量波就是地震波。地震波按其在地壳传播中位置的不同,分为体波和面波。

体波亦称球面波(Body Wave),它是在地球内部传播的波。体波又分为纵波和横波。纵波是由震源向四周传播的压缩波,又称 P 波(Primary Wave),它引起地面竖向振动。纵波在传播过程中,其介质质点的振动方向与波的前进方向一致,质点间的弹性相对位移疏密相间,所以也称为疏密波[图 1.1—4(a)]。由于任何一种介质都可以承受不同程度的压缩与拉伸变形,所以纵波可以在所有介质中传播,这是纵波的一个重要特性。纵波引起地面上下颠覆振动,振幅较小,周期较短,破坏性较弱,波速较快。根据弹性波动理论,纵波的波速 v_p 可按下式计算:

$$v_p = \sqrt{\frac{E(1-\nu)}{\rho(1+\nu)(1-2\nu)}} \tag{1.1—3}$$

式中　E——介质的弹性模量;

ρ——介质的密度;

ν——介质的泊松比。

横波是由震源向四周传播的剪切波,又称 S 波(Secondary Wave),它引起地面水平方向振动。横波在传播过程中,其介质质点的振动方向与波的前进方向垂直[图 1.1—4(b)]。凡是波传到的地方,每个质点都在自己的平衡位置附近振动,所以也称为“凹凸波”。横波只能在固体介质中传播。这是因为横波的传播过程是介质质点不断受剪切变形的过程,液态和气态介质不能承受剪切作用。横波的周期较长,振幅较大,破坏性较强,波速较慢,约为 P 波的一半,故又被称为次波。根据弹性波动理论,横波的波速 v_s 可按下式计算:

$$v_s = \sqrt{\frac{E}{2\rho(1+\nu)}} = \sqrt{\frac{G}{\rho}} \tag{1.1—4}$$

式中　G——介质的剪切模量;

其余符号意义同前。

由式(1.1—3)和式(1.1—4)可知

$$\left(\frac{v_p}{v_s}\right)^2 = \frac{2(1-\nu)}{1-2\nu} \tag{1.1—5}$$

一般情况下,当 $\nu = 0.22$ 时,

$$v_p = 1.67v_s \tag{1.1—6}$$

由此可知,纵波的传播速度比横波的传播速度要快,所以当某地发生地震时,首先记录到的地震波是纵波,随后才记录到横波。

在地球表面传播的波称为面波,又称 L 波。一般认为,面波是体波经地层界面多次反射、折射所形成的次生波。面波分为乐浦波(Love 波)和瑞利波(Rayleigh 波)。乐浦波传播时,类似蛇行运动,质点在地平面内做与波前进方向相垂直的运动,没有垂向

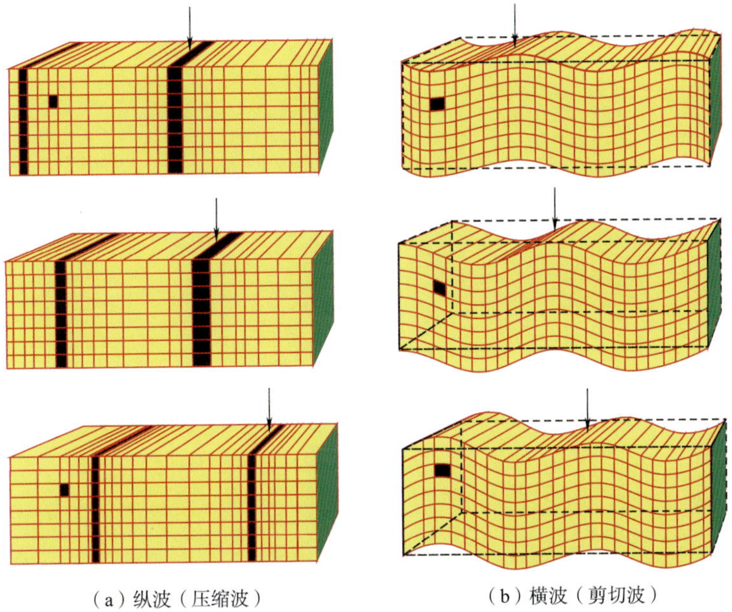

图 1.1—4　体波运动特征示意

位移,如图 1.1—5(a)所示。乐浦波具有很大的振幅,能在建筑物地基之下造成水平剪切,是破坏性最强大的波。瑞利波传播时,质点在与地面垂直的平面内沿波的前进方向做椭圆反时针方向运动,又称为"地滚波",如图 1.1—5(b)所示。瑞利波的特点是振幅大,在地表以竖向运动为主。这两种面波的岩石振动振幅随着深度的增加而逐渐减小为零。

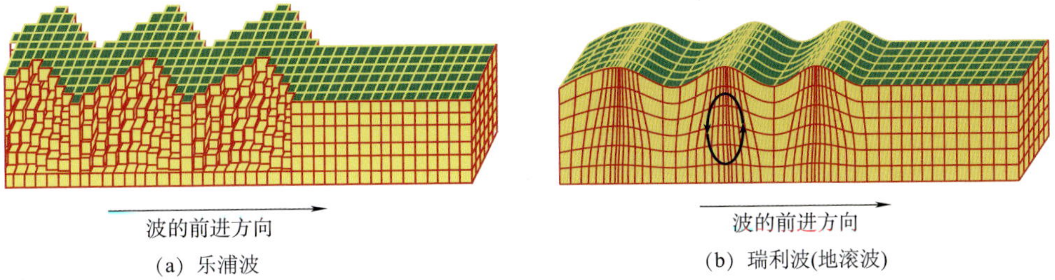

图 1.1—5　面波运动特征示意

一般说,与体波相比,面波的周期较长,振幅较大,是造成建筑物强烈破坏的主要因素。面波波速较慢,比 P 波慢,与 S 波相等或慢一些,所以面波在体波之后到达。另外,面波的衰减也较慢,能传到较远的地方。在距离震中近的地方,面波成分较少,随着震中距离的增加,面波的成分也增加。体波与面波的传播如图 1.1—6 所示。

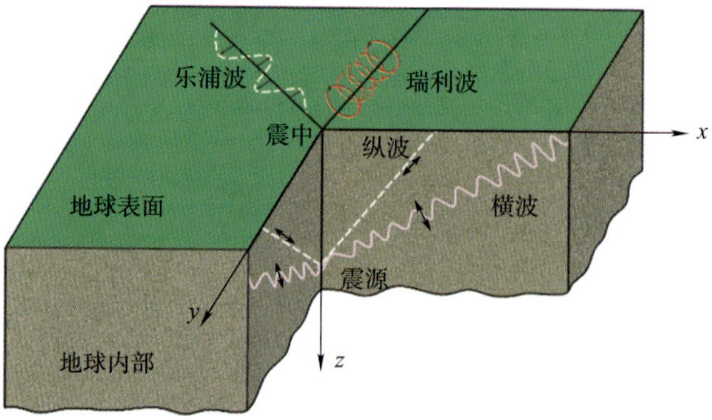

图 1. 1—6　地震波传播示意

综上所述，地震发生时，从震源首先达到某地的是纵波，由较陡的倾角传向地面，造成垂直方向的地面运动，由于结构物承受垂直方向振动的能力较水平方向的能力大，纵波不具有破坏性。横波传播速度是纵波速度的二分之一，相对纵波强的横波稍晚到达，造成结构物左右晃动。瑞利波和乐浦波在横波之后或与横波同时到达。乐浦波使地表开始垂直于波传播方向的横向摇动，瑞利波使地面在纵向和垂直向产生摇动。面波持续的时间可比体波长 5 倍。另外，不可忽视的还有面波之后的尾波，包含沿散射方向穿过复杂岩石的纵波、横波、面波的混合波，继续波动和旋回的尾波可使受较强的横波损伤和削弱的结构物倒塌。在一次地震中，各种地震波通过某点的先后顺序如图 1. 1—7 所示。

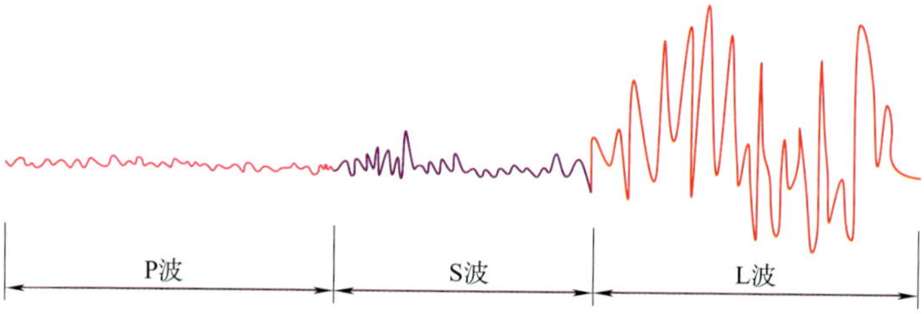

图 1. 1—7　地震波通过某点先后顺序

2. 地 震 动

地震动也称地面运动，是指由震源释放出来的地震波引起的地表附近土层的振动。地震动是引起结构破坏的外因，其作用相当于结构分析中的各种荷载，但与常用荷载有很大差别。其差别表现在三方面：

(1)常用荷载以力的形式出现，而地震动则以运动方式出现；

(2)常用荷载一般为短期内大小不变的静力，而地震动则是迅速变化的随机振动；

(3)常用荷载大多是竖向的，而地震动则是水平、竖向甚至扭转同时作用的。

地震动可以通过仪器记录下来。地震仪大致分为两种：一种是量测世界性的地震或弱震为主，另一种是量测近震和强震为主。对结构抗震而言，所关心的是强震动记录，因为只有强震动才会危及结构安全。记录强震动的仪器为强震加速度仪,简称强震仪,它能够记录测点处三个互相垂直的地震动加速度分量(两个水平向分量和一个竖向分量)。强震动记录是进行结构抗震设计的重要资料。在采用动力时程分析方法计算结构的地震反应时,需要用到强震地面运动记录;绘制规范反应谱曲线时,更需要有大量的强震地面运动记录。图1.1—8所示为著名的埃尔森特罗(EL Centro)三分量(东西、南北、竖向)地震动加速度记录。由图可见,地震动的时程函数是非常不规则的。

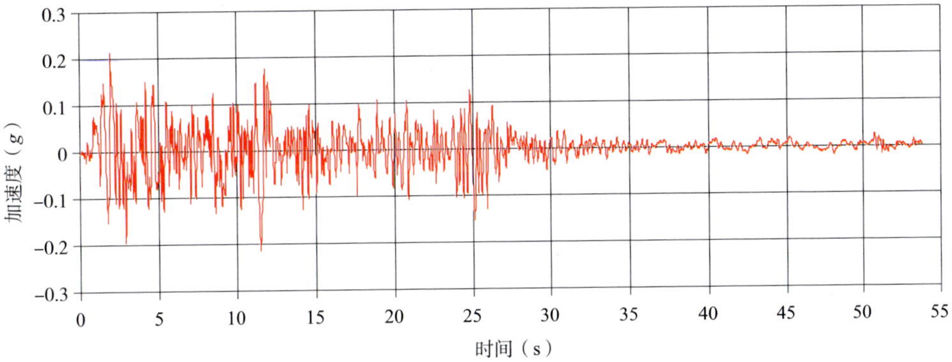

(a) 东西分量

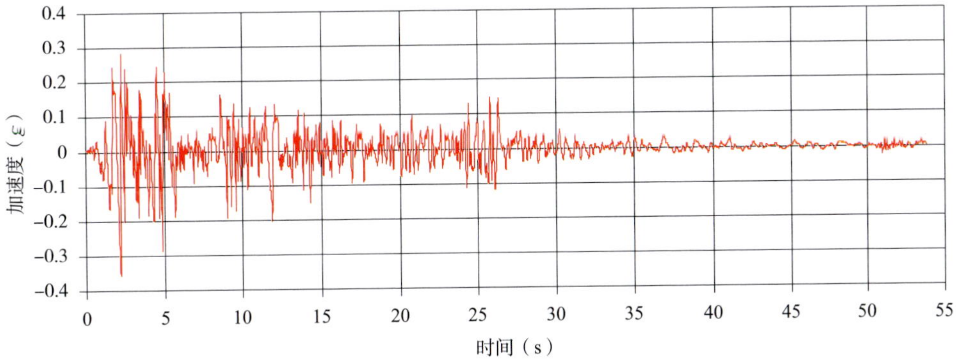

(b) 南北分量

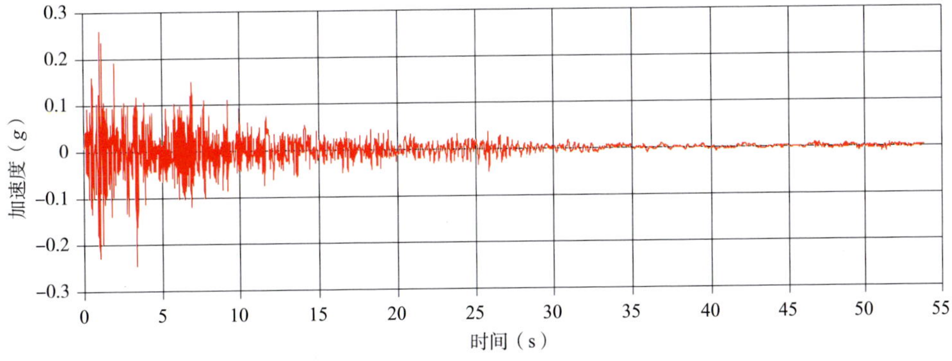

(c) 竖向分量

图1.1—8 埃尔森特罗(EL Centro)地震波记录

根据多年对地震动宏观震害的调查和观察分析，在地震动的特性中，对结构破坏有重要影响的因素主要有地震动强度（振幅、峰值）、频谱特性和强震持时效应，简称地震动三要素，其不同组合决定了结构物的震害程度。地震动是振幅和频率都在复杂变化着的振动，即随机振动。但是对于给定的地震动过程，则可以把它看作是由许多不同频率的简谐波组合而成的。

地震动的振幅泛指地震动加速度、速度、位移的峰值、最大值或有效值，其中研究最多的是最大加速度值。由于结构物大面积刚性基础会滤掉极高频的振动，地震动频率与结构自振频率相差较大时结构反应小，加上地震震源释放出来的极高频波衰减迅速，因此地震波高频分量对结构物影响并不特别严重。对抗震而言，重点是研究对结构反应有明显影响的参数，于是提出有效峰值概念，如有效峰值加速度 EPA、有效峰值速度 EPV、等反应谱有效加速度、持续加速度、持续速度、概率有效峰值、静力等效力加速度、等效简谐振幅、平均振幅、均方根加速度、谱强度 SI 等。

频谱对结构反应的重要性是人所共知的。由于共振效应，当地震动频谱集中于低频时，柔性（或刚度小的）结构物反应强烈；当地震动频谱集中于高频时，刚性（或刚度大的）结构物反应强烈。如日本关东大地震中，发现置于坚硬地基上的刚性结构物和置于软弱地基上的柔性结构物均受到很大破坏。研究发现，地震动频谱随地震震级、与震中距离、场地土壤条件的变化而不同。频谱中长周期成分与震级、震中距、场地土软弱性和厚度成正相关性，高频地震波随距离的衰减速度较低频地震波快。因此，地震发生时，结构物不同、位置不同、地基条件不同，震害也不相同。

地震动是振幅和频率都在复杂变化着的随机振动，对给定的地震动过程，可认为是由许多不同频率的简谐波组合而成的。因此，只要是表示一次地震动中振幅与频率的关系曲线，均称为频谱。地震工程中常用的频谱为傅里叶谱、反应谱和功率谱。傅里叶谱是将复杂的地震过程展开为 N 个不同频率的组合。反应谱通过简化的单质点体系的反应表示地震动特性，由于反应谱的每一个坐标所对应的单质点体系自振周期都在变化，整个反应谱并不是一个结构物或一个单质点体系的反应，而是包括高、中、低频的所有结构的反应，不是反应结构物的特性，而是地震动的反应。功率谱是随机过程在频域中描述过程的物理量，它表征的是地震动的能量在各频段内的分布相对关系，为振动过程傅里叶谱的平方平均值。与傅里叶谱和反应谱相比，功率谱具有明确的统计意义，其谱曲线比傅里叶谱平滑，但与反应谱一样缺失相位信息。

持时效应指地震动的持续时间对结构的影响程度。研究和震害调查表明，地震动的持续时间对结构物破坏有重要影响。强震时，持时使结构物由于低周疲劳和破坏积累效应而引起破坏。持时也使随机变量最大加速度取样加多，最大加速度在方差不变时也会加大，导致结构产生较大破坏，只是这一影响较为次要。

地震动的振幅、频谱和持时是相互关联的，它们的不同组合会导致结构产生不同的地震响应。只是为便于分析地震对结构的作用，人为将这三要素分离开来。从工程的角度,由于频谱与场地的关系大,场地实测的地震动记录对结构设计是最为重要和宝贵的。从对结构反应分析来讲,应根据频谱确定振幅是选用加速度、速度还是选用位移,如高频段选加速度,中频段选速度,低频段选位移。但是只根据频谱,人为确定地震动振幅采用加速度、速度或位移作为结构反应的输入特性,可能不一定正确。因为结构反应是何种因素控制,有时不易判断准确。对于复杂的结构和地质条件,最好的方法是将加速度、速度和位移分别作为振幅输入,进行结构反应分析,由分析结果验证主要的影响因素。从持时考虑,简化的振幅可能使结构反应失真。从实测的记录曲线可以看出,振幅较大的记录只是其中的一部分,之前有一个递增的过程,之后有一个递减的过程。从破坏积累的概念,同样振幅的地震动,持时不同,对结构的影响也大为不同,特别是考虑非线性时,持时过长会使结构反应失真。

影响地震动特性的因素包括震源、传播介质与途径、局部场地条件三类。其中,局部场地条件对频谱形状的影响最早被各国规范所接受,我国的公路和铁路桥梁抗震设计规范均把场地土划分为四区,采用了形状随场地土变化的反应谱。但对于震源、传播介质与途径的影响,目前还难以精确估计。

随着强震观测记录的不断增加,人们对地震动的认识也有了很大提高,目前已经可以对地震动进行合理估计。估计主要有三种可能的途径:第一种是通过地震烈度的估计,再利用烈度与地震动的对应关系将烈度换算为地震动设计参数;第二种是根据过去强震观测结果,寻求地震动与地震大小、震源特性、传播介质、场地影响的统计规律(常称为衰减规律),然后用此衰减规律来估计地震;第三种是通过震源机制理论分析,应用动力学原理,计算出地面附近的地震动。目前广泛采用的估计途径为前两种。

1.2 世界地震分布

世界地震分布可以划分为两大地震带或三大地震带。世界两大地震带是:

(1)环太平洋地震带是地球上最主要的地震带,它像一个巨大的环,沿北美洲太平洋东岸的美国阿拉斯加向南,经加拿大西部、美国加利福尼亚和墨西哥西部地区,到达南美洲的哥伦比亚、秘鲁和智利,然后从智利转向西,穿过太平洋抵达大洋洲东边界附近,在新西兰东部海域折向北,再经斐济、印度尼西亚、菲律宾、中国台湾地区、琉球群岛、日本列岛、阿留申群岛,回到美国的阿拉斯加,环绕太平洋一周,也把大陆和海洋分隔开来,全球约有80%的浅源地震和90%的深源地震以及绝大部分中源地震都集中发生在这一带。

(2)欧亚地震带又称"地中海—喜马拉雅地震带"、"横贯亚欧大陆南部、非洲西北部地震带",它从印度尼西亚开始,经中南半岛西部和中国的云南、贵州、四川、青海、西藏地区,以及印度、巴基斯坦、尼泊尔、阿富汗、伊朗、土耳其到地中海北岸,一直还伸到大西洋的亚速尔群岛,发生在这里的地震占全球地震的15%左右。

三大地震带划分中，除包括上述两大地震带外，还包括大洋海岭地震带，它是从西伯利亚北岸靠近勒那河口开始，穿过北极经斯匹次卑根群岛和冰岛，再经过大西洋中部海岭到印度洋的一些狭长的海岭地带或海底隆起地带，并有一分支穿入红海和著名的东非裂谷区，如图 1.2—1 所示。

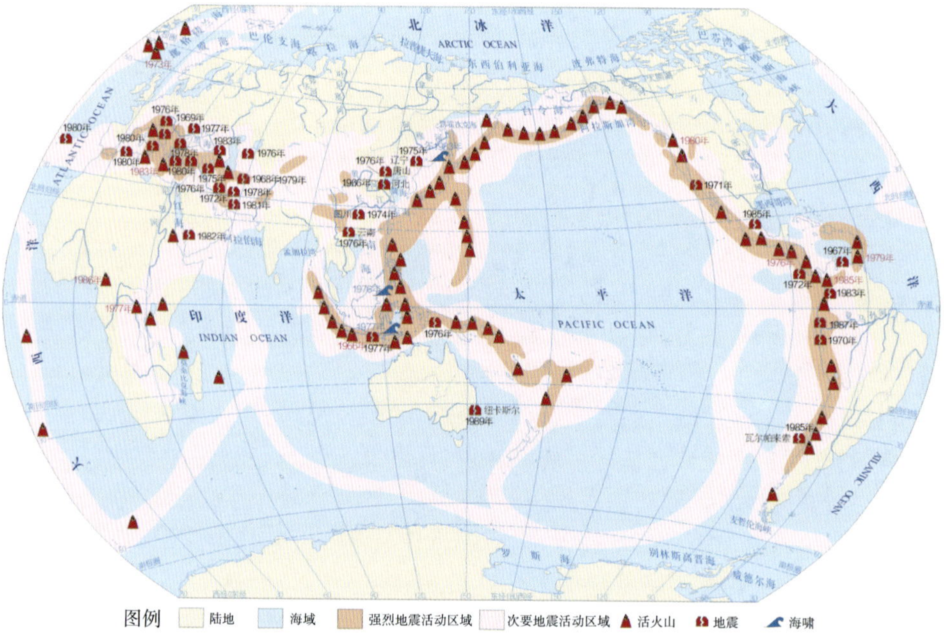

图 1.2—1　世界地震、活火山和海啸分布[53]

1.3　中国地震分布

我国地处环太平洋地震带和欧亚地震带之间，受太平洋板块、印度洋板块和菲律宾板块的挤压，地震断裂带十分发育，是一个地震灾害严重的国家。我国的地震活动主要分布在五个地区的 23 条地震带上（如图 1.3—1 所示），分别为：

（1）台湾地区及其附近海域，包括台湾东部带、台湾西部带；

（2）华北地区（含东北南部），包括郯城—庐江带（沿郯庐断裂，从安徽庐江经山东郯城，穿越渤海至辽东半岛、沈阳一带）、燕山带、河北平原带（太行山东麓）、山西带（主要沿汾河地堑）、渭河平原带（主要沿渭河地堑）；

（3）东南沿海地区，包括东南沿海带（主要在福建及广东潮汕地区）；

（4）西北地区，包括银川带、六盘山带、天水—兰州带、河西走廊带、塔里木南缘带、南天山带、北天山带；

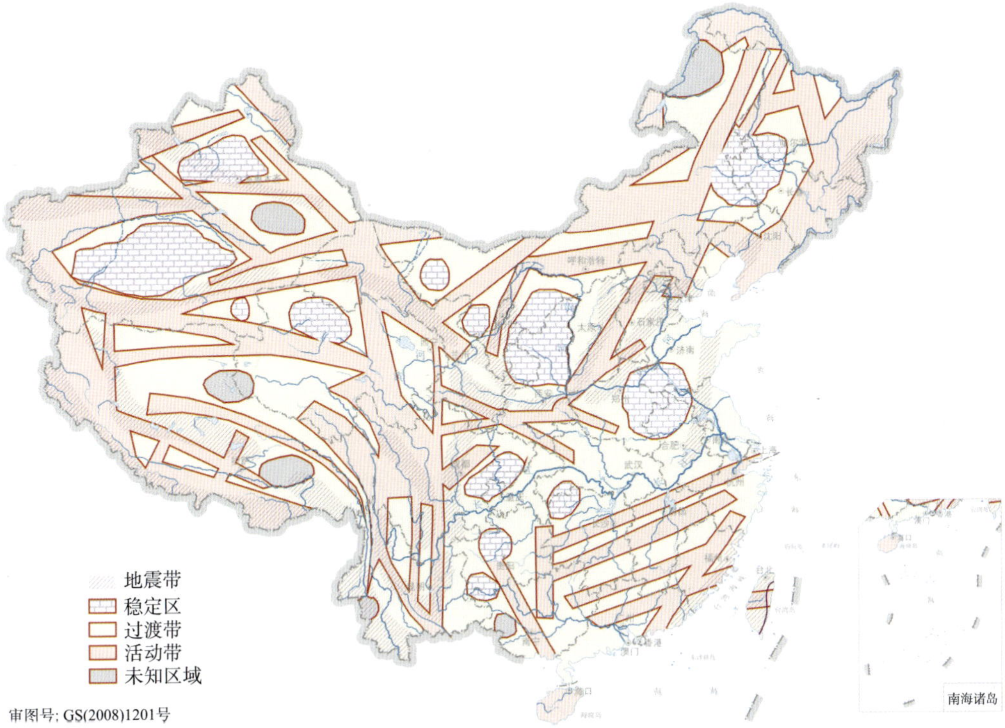

图 1.3—1 中国陆地稳定区、活动带和地震带[54]

(5)西南地区，包括武都—马边带、康定—甘孜带、安宁河谷带、滇东带、滇西带、腾冲—澜沧带、西藏察隅带、西藏中部带。

这些地震活动区，从地质构造的角度来看，都是断裂带剧烈活动的地区，也就是说，地震活动带的分布与板块的构造和断裂带的剧烈活动有关，板块构造如图 1.3—2 所示。

我国的地震活动具有频次高、强度大的特点。与全球地震活动相比，我国强震活动占较大的比例。例如，1897 ~ 1977 年期间，全球共发生 7 级以上地震 1 529 次，平均每年发生 18.9 次，其中我国约占 6.5%，而在全球陆地地震中，我国强震所占的比例明显增大，约占 1/4 ~ 1/3。

我国的地震分布十分广泛。除浙江、贵州两省和香港特别行政区外，其他各省和自治区皆有 6 级以上强震发生，其中 18 个省和自治区均发生过 7 级以上大震。台湾地区是我国地震活动频繁发生的地区之一，在 1901 ~ 1988 年全国 549 次 6 级以上地震中，台湾地区为 212 次，占 38.6%。我国大陆的地震活动主要分布在青藏高原、新疆及华北地区，而东北、华东、华南等地区分布较少。绝大部分地区的地震主要是浅源地震，东部地震的震源深度一般在 30 km 之内，西部地区则在 50 ~ 60 km 以内；而中源地震则分布

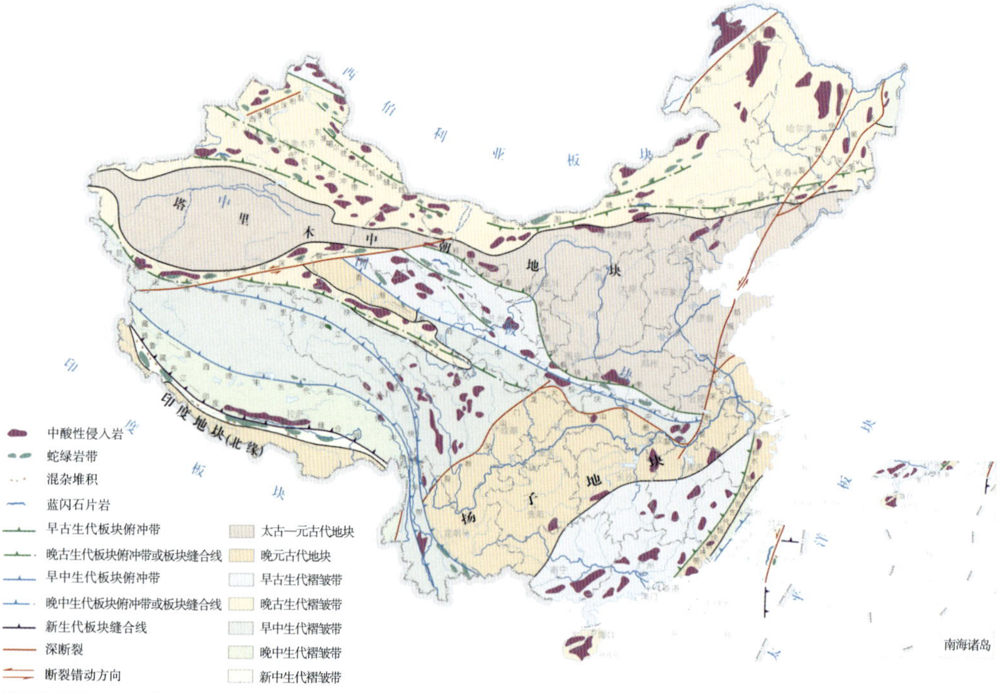

审图号: GS(2008)1201号

图 1.3—2　中国板块构造[54]

在靠近新疆的帕米尔地区(震源深度 100 ~ 160 km)和台湾附近(震源最深为 270 km);深源地震很少,只发生在吉林、黑龙江东部的边境地区。

我国地震活动随时间呈现不均匀的分布,具有相对平静期和活跃期相互交替转化的发展过程。地震频度低、强度小、强震相对平静的时段可称为平静期,而地震频度高、强度大、强震相对活跃的时段称为活跃期。按此原则,可将我国各主要地震区的地震活动起伏特点加以划分。各地震区呈现的平静—活跃—平静过程具有较为清晰的韵律特点,各地震区的活动水平亦有较大的差异。台湾及青藏南部地震活动期的时间较短,为几十年,新疆中部和青藏中部的活动期为百年左右,而华北、青藏北部的活动期较长,约为 300 ~ 400 年。20 世纪我国大陆的强震活动大体可以分为平静幕(平均为 14 年)和活跃幕(平均为 16 年)的 3 ~ 4 个轮回。

不同地震活跃期中的强震活动有着各自相对集中的地区(即活动主体地区),而且伴随活跃期的演变,其活动主体地区也发生明显的转移。20 世纪初,我国 7 级以上地震集中在新疆西北部;第二活跃期转移到甘肃、宁夏至新疆北部;第三活跃期的强震以青海、西藏地区为主;而第四活跃期出现在四川、云南和华北北部的两个集中区。强震活动主体地区的规律性变化与我国内陆构造块体的区域应力场的调整和变化及板块边界的动力因素有关。

20 世纪初至 20 世纪 70 年代，中国内地经历了四个地震活跃期，并从 1988 年开始进入第五个地震活跃期。2008 年，中国内地地震比较活跃，先后发生 3 月 21 日新疆于田 7.3 级和 5 月 12 日四川汶川 8.0 级地震，全年 5 级以上地震达 99 次，是正常活动年份的 4 ~5 倍（中国内地年均 20 次 5 级以上地震）。随后的 2009 年，中国内地地震活动水平明显低于 2008 年，仅发生两次 6 级地震（中国内地年平均 4 次 6 级地震）。2010 年，我国青海省玉树县发生 7.1 级地震。2011 年，我国云南省盈江县发生 5.8 级地震。2012 年，我国云南省彝良县与贵州交界处发生 5.7 级地震。2013 年，我国四川省雅安市芦山县发生 7.0 级地震。

2 地震震害

地震具有突发性和毁灭性。一次地震,持续时间往往只有几十秒,却会造成巨大的生命财产损失,这是其他自然灾害无法相比的。1976 年我国河北唐山发生 7.8 级地震,整个城市在片刻之间沦为一片废墟,造成 24 万余人丧生,直接经济损失近 100 亿元人民币(当时的币值)。国外同样也有类似惨重的地震灾难记录,比较典型的如 1906 年的美国旧金山地震和 1923 年的日本关东地震,前者使 7 万余人丧生,后者使 10 万余人死亡、4 万余人下落不明。即使是在最近的十年里,在人类对地震知识和工程抗震均取得很大进步的情况下,地震仍然造成了令人触目惊心的惨重损失。据统计,仅 20 世纪,全世界因地震死亡的人数就达 100 多万人,占各种自然灾害死亡总数的 54%,平均每年所造成的经济损失高达几百亿元。随着社会经济和文明的发展,现代中心城市一旦遭遇破坏性的地震,造成的经济损失将越来越严重。

地震震害主要表现在直接灾害和次生灾害两方面。地震造成的人员伤亡和财产损失,既可能由直接灾害引起,也可能由次生灾害引起。

2.1 直接灾害

由地震的直接作用(如地震波引起的强烈振动、地震断层的错动等)所造成的灾害称为地震直接灾害,主要表现为地表破坏、建筑物破坏和生命线工程破坏等三方面。

2.1.1 地表破坏

发生强烈地震时,往往会产生地形地貌的变化(如地裂缝、滑坡、软土沉陷等)和砂土液化,从而使建造在其上面的建筑物、构筑物受到破坏。

1. 地 裂 缝

地裂缝的数量、长短、深浅等与地震的强烈程度、地表情况、受力特征等因素有关。按其成因,地裂缝可分为以下两种:

(1)不受地形地貌影响的构造裂缝,这种裂缝是地震断裂带在地表的反映,走向与地下断裂带一致,规模较大,裂缝带长达数十公里,甚至上百公里,带宽几米到二十几米。著名的美国圣·安德列斯(San Andress)断层即为典型的构造地裂缝,如图 2.1—1(a)所示。

（2）受地形、地貌、土质条件等限制的非构造裂缝，这种裂缝大多沿河岸边、陡坡边缘、沟坑四周和埋藏的古河道分布，往往和喷水冒砂现象伴生，裂缝中往往有水存在，大小形状不一，规模也较前一种小，如图 2.1—1（b）所示。

地裂缝往往都是地表受到挤压、伸张、旋扭等力作用的结果。地裂缝穿过的地方可引起房屋开裂甚至倒塌，造成道路、桥梁等工程设施破坏，并对地下管道造成严重破坏。

(a) 圣•安德列斯断层　　(b) 非构造地裂缝

图 2.1—1　地表断裂现象

2. 滑　　坡

地震引起滑坡是山区或丘陵地区的震害特点。滑坡还出现在不稳定的人工边坡开挖面以及平原地区的河岸等。地震时，大滑坡可以切断公路，冲毁房屋和桥梁，堵塞河流，形成堰塞湖，严重时还会导致河流上游水位上涨淹没大片土地，危及城镇居民。图 2.1—2 为 2008 年汶川地震中山体滑坡导致公路被埋。

3. 砂土液化

在大地震中，当覆盖层较薄（约为 8 ~ 15 m）且下部是饱和的细砂或粉砂时，常会出现砂土液化现象。砂土液化的成因是：地震动使排列较松散的饱和无黏性土颗粒产生压实趋势，若短时间内土中的水排泄不出，则土体内部产生超静定孔隙水压力，当孔隙水压力增大到与砂土剪切面上的正应力相等时，土颗粒便形同“液体”呈悬浮状态，使土体抗剪强度丧失。另一方面，高压力的孔隙水寻找通道冲出地面，并将砂土颗粒带出来，形成“喷水冒砂”现象，如图 2.1—3 所示。1964 年美国阿拉斯加地震和日本新潟地震中，都因砂土液化造成地基失稳并导致大量工程结构严重破坏。我国 1975 年海城地震和 1976 年唐山地震中，也都出现大面积的砂土液化现象。

图 2. 1—2　山体滑坡导致公路被埋

图 2. 1—3　芦山地震造成砂土液化的地质灾害

流滑是砂土液化引起的最具灾难性的场地破坏现象。由完全液化的土和盖在液化土层面的完整土层组成的长达几十米甚至更大范围的土体可能以每小时几十公里的速度沿着斜坡下滑。1920 年,我国甘肃地震触发了坡谷土体惊人的连续流滑。

4. 软土震陷

软土震陷虽在地震中时有发生,但是人们研究得很少。一般软土系指水下天然沉积的饱和黏性土(包括淤泥、淤泥质土、泥炭质土等),具有高压缩性及高孔隙比、含水率高、承载力偏低等特点。我国滨海城市(如天津、上海等地)的部分地区属于这一类土。

软土震陷的主要特征是在强烈地震作用下,孔隙水压力增大,并从边界排出,软黏土被压密,产生沉陷或不均匀沉陷。对于工程结构特别是超静定结构来说,不均匀沉陷引起的内力重分布可导致结构破坏乃至倒塌。

2.1.2 建筑物破坏

强烈地震时,房屋等建(构)筑物因强烈振动或地面变形而受到破坏,是最普遍、最常见的现象。图 2.1—4 为 5·12 汶川地震中倒塌的聚源中学。

图 2.1—4 5·12 汶川地震中倒塌的聚源中学

建筑物在地震时按其破坏程度可以分为基本完好、轻微破坏、中等破坏、严重破坏、毁坏五个等级。建筑物的破坏程度既与地震烈度有关,也与建筑物所在地的场地条件、建筑物本身的类型及质量等因素有关。

2.1.3 生命线工程破坏

对社会生活和生产有重大影响的交通、通信、供水、排水、供电、供气、输油等工程称为生命线工程,它就像人体的血管和神经一样,非常重要。强烈地震可能使桥梁倒塌、路面开裂下陷、铁路扭曲、电缆拉断、管道破裂，也可能使发电厂、变电站、水库、大坝、配气站、油库、自来水厂、电信局、电视台、电台等要害部门遭到破坏，从而使现代化的城市瘫痪。1995 年日本阪神地震中，部分高架桥倒塌，三条高速公路和著名的“新干线”铁路完全中断，100 万户停电，120 万户停水，城市生命线工程受到严重破坏。5 · 12 汶川地震造成公路网、铁路网严重破坏，通往汶川、茂县、青川、平武等重灾县的乡镇公路交通一度中断，给受灾地区的救援工作带来极大困难，如图 2. 1—5 所示。

图 2. 1—5　5 · 12 汶川地震中铁路、公路工程的损毁

最近四十年的几次大地震都对生命线工程造成严重毁坏和巨大的经济损失，同时也对抗震设计研究起到了推动作用。

1. 1971 年美国圣 · 费尔南多地震(San Fernando earthquake)

美国圣 · 费尔南多地震发生在 1971 年 2 月 9 日当地时间上午 6 时 07 分，震级为里氏 6. 7 级。震中位置在北纬 34°24. 0′，西经 118°23. 7′，震源深度约为 13 km。虽然此次地震震级不高，且震中位于人烟稀少、远离城镇的山区，但极震区发生了很大的地面变形和强烈的地面运动，导致高层结构倒塌以及生命线工程的毁坏。此次地震中受损最为严重的当属洛杉矶市立医院，有 49 人死于其中。地震共造成 64 人死亡，经济总损失近 10 亿美元(1971 年币值)。

虽然此次地震只是中等强度的，但从被破坏的桥梁结构的严重灾情观察，估计地面运动加速度值相当高。最大记录是在靠近桥台附近的石脊上得到的，地面水平运动加速度峰值(PGA)为 1. 26g，垂直运动加速度峰值达 0. 72g，这两个数值均大于以前任何记录，可能是由于地面破裂的局部影响所引起的。在毁坏的五座高速公路桥桥址场地，判断其地面运动加速度峰值约为 0. 60g，接近那次地震作用的上限。

圣 · 费尔南多地震造成的大范围破坏，令人震惊。根据这次地震震害教训，对原《建筑结构抗震设计规范》中允许建筑抵抗较低水准的地震动而不破坏、在中等水平地震动作用下主体结构不破坏但非结构构件有一些破坏、在强烈地震作用下建筑不会倒塌以确保生命安全的三级性能标准进行了修订。提高了设计内力的水准;对重要的建筑结构,特别是涉及公共健康与安全的建筑结构,采取更加保守的标准;对高烈度地震作用下的混凝土结构延性提出了强制性要求。

圣·费尔南多地震也是美国桥梁抗震设计研究与发展的一个重要的折转点。在这之前,桥梁抗震设计一直套用建筑结构抗震设计规范。在圣·费尔南多地震之后,经过10年的研究工作,美国于1981年出版了《桥梁抗震设计指南》,又经过11年的应用与修改,于1992年,桥梁抗震规程被正式收入美国各州公路运输工作者协会(AASHTO)编辑的美国《公路桥梁标准规范》(俗称美国AASHTO规范)中。这次桥梁和建筑结构的震害,使人们开始从单一强度抗震设防原则转入结构强度与延性双重抗震设防原则的研究,并进一步促进了对结构减隔震的研究,以及随后的结构振动控制研究。

2. 1976年唐山地震

我国唐山地震发生在1976年7月28日北京时间凌晨3时42分,震级为里氏7.8级,震中位置在唐山市区东南部,震源深约11 km,有明显的地震断裂带贯通全市。唐山地震中,唐山市区大部分位于地震烈度高达Ⅺ度的极震区,结构物普遍倒塌,所剩无几,震害极为严重,为世界地震史上所罕见。此次地震造成24万余人死亡,重伤16余万,经济总损失约在百亿人民币以上。

震后调查统计结果表明,在烈度Ⅺ度及Ⅹ度区内,公路、铁路桥梁普遍倒塌或严重破坏;在Ⅸ度区,桥梁破坏较重;位于Ⅷ度区的桥梁,多数受到不同程度的损坏,少数被破坏,个别倒塌;在Ⅶ度区,少数桥梁遭到严重破坏,部分桥梁中等破坏或轻微损坏。对位于Ⅶ度至Ⅺ度区内的130座大、中型钢筋混凝土梁式桥的震害调查表明,有18座桥梁倒塌,占调查总数的13.8%;20座严重破坏,占15.38%;34座中等破坏,占26.15%;25座轻微损坏,占19.23%;33座桥梁保持完好或基本完好,占调查总数的25.38%。在倒塌的18座桥梁中,有15座主要是由于不同程度的岸坡滑移、地基失效等原因造成的;其余三座主要是由于桥墩断裂、支座破坏、梁体碰撞、相邻墩发生过大的水平相对位移造成的。

唐山地震中,位于Ⅷ度区的许多单孔石拱桥和双曲拱桥,在地基良好的条件下,即使是延性很差的圬工拱桥,也都表现出良好的抗震能力,大多基本完好或仅有轻微损坏。但建于较差地基条件的单孔拱桥和采用柔性墩柱的多孔连拱桥,震害则较严重,主要表现为拱上建筑和腹拱破坏,拱圈在拱脚、拱顶产生破损裂缝,拱圈整个隆起变形,甚至倒塌。在震后调查的32座拱桥中,有6座倒塌,占调查总数的18.75%;2座严重破坏,占6.25%;8座中等破坏,占25%;6座轻微损坏,占18.75%;10座基本完好,占31.25%。可见震后需要重建或修复的拱桥占总数的50%,而梁桥中在震后需要重建或修复的则占55.59%。

唐山地震给桥梁带来巨大的震害的同时,也推动了我国桥梁抗震的各项研究工作,是我国桥梁抗震设计研究的一个转折点。近40年来,我国在桥梁抗震研究方面取得了丰硕的成果。1971 年,我国首次颁发了《铁路工程抗震设计规范》(试行);1972 年,我国首次颁发了《公路工程抗震设计规范》; 1988 年,正式颁布施行了《铁路工程抗震设计规范》(GBJ 111—87);1990 年,颁布施行了《公路工程抗震设计规范》(JTJ 004—89)。近些年来,由于铁路和公路发展的需要,在总结我国铁路和公路工程抗震设计的经验和教训,吸收了专题科研成果,借鉴国内外有关标准的前提下,我国于 2006 年又颁布了《铁路工程抗震设计规范》(GB 50111—2006),后经修订于 2009 年重新颁布实施;2013 年,颁布施行了《公路工程抗震规范》(JTG B02—2013)。

3. 1989 年美国洛马·普里埃塔地震(Loma Prietia earthquake)

美国洛马·普里埃塔地震发生在 1989 年 10 月 17 日太平洋夏令时间 17 点 04 分,震级为里氏 7. 0 级,震中位于加利福尼亚州 Santa Cruz 山脉东北大约 16 km 处,距旧金山市东南大约 100 km,强震总共持续时间大约为 15 s。这次地震使大旧金山海湾地区的大量桥梁和建筑遭受破坏,地震共造成 62 人死亡和 3 757 人受伤,1. 2 万余人无家可归,直接经济损失总计约为 70 亿美元(按当时币值计算,下同),震后用于修复桥梁的费用估计约为 20 亿美元。

在地震发生后,美国应用技术委员会(ATC)和地震工程研究所(EERI)组成了一个联合调查组,对位于地震区内的所有桥梁立刻进行调查。在洛马·普里埃塔地震中,多数桥梁震害发生在阿拉梅达、圣贝尼托、旧金山、圣克拉拉和圣克鲁斯。这 5 个地区的公路系统中约有 1 500 座桥梁,其中 80 座以上受到轻微损害,10 座需要临时支撑,而 10 座则因有较大结构破坏而关闭。有 3 座桥梁发生了一跨或多跨坍塌。将这些桥梁修复到震前运营水平所需费用估计为 18 到 20 亿美元。这次地震中最引人注目的结构坍塌发生在几座公路桥。最大的损坏发生在软土地上较旧的桥梁,如赛普里斯高架道路及旧金山—奥克兰海湾大桥连接跨。

这次地震最高烈度区为Ⅷ度,大多数建筑物的情况良好,这使美国建筑抗震规范信誉倍增,并使人们认识到拟订和执行抗震规范的重要性。在 1989 年,美国只有《桥梁抗震设计指南》,尚没有统一的桥梁抗震规范。

4. 1994 年美国北岭地震(Northridge earthquake)

美国加州北岭地震发生在 1994 年 1 月 17 日太平洋标准时间凌晨 4 时 31 分,震级为里氏 6. 7 级,震中位于加州洛杉矶市中心西北大约 32 km 处,震源深度 16 km,地震动总共持续了大约 20 s,其中 10 s 为破坏性的震动。地震共造成 65 人死亡,至少 5 000 余人受伤,2. 5 万余人无家可归,直接经济损失估计在 300 亿美元左右,是美国历史上付出代价最大的一次自然灾害。

从地震动现场附近和结构物上都记录到前所未有的地面运动加速度峰值,在圣·费尔南多北部地区,记录到的地面水平运动加速度峰值一般都在 $0.5g \sim 1.0g$ 之间,远远超过美国当时规范规定的设计地震动水平。这次地震尤其引人注目的地方,在于它包含了一个持续约 1 s、峰值高达 $1.0g$ 左右的加速度脉冲。地震对洛杉矶地区高速公路系统的破坏十分严重,进出洛杉矶市区的干道近一半在地震发生后陷入混乱状态,四条主要干道部分关闭了几个月,其中包括全美交通流量最大的洲际 10 号公路和加州南北交通大动脉的洲际 5 号公路。

在加州境内,共有 12 176 座由加州运输局负责的桥梁,其中位于洛杉矶市内的有 2 523座。这些桥梁均是在 20 世纪 70 年代之前或 70 年代初期修建的,在北岭地震发生之前,已有 120 座桥梁经过加州运输局第二阶段的抗震加固(主要对桥墩进行加固)。据估计,在地震中,洛杉矶市内有将近 1 600 座桥梁位于地面运动加速度峰值超过 $0.25g$ 的强震区内,其中包括约 60 座经过第二阶段抗震加固的桥梁;约有 20 座经过第二阶段抗震加固的桥梁位于地面运动加速度峰值超过 $0.5g$ 的地区。在地震发生后,加州运输局立即详细调查了 640 座桥梁,发现其中有 9 座桥梁遭受严重破坏(包括 5 座桥梁部分垮塌或完全倒塌),占调查总数的 1.4%;2 座中等程度破坏,占 0.3%;17 座轻微破坏,占 2.7%;其余基本保持完好。对 60 座经过第二阶段抗震加固的桥梁的震后调查发现,除了一些桥梁的上部结构在梁端附近出现少量混凝土剥落现象外,其余的都没有遭受破坏。

总结这次地震中桥梁的震害,发现以下特点:在本次地震中遭受严重破坏的钢筋混凝土桥墩都是按 1971 年以前的规范设计的,而且没有经过按美国加州准则 Caltrans 第二阶段的抗震加固,这些桥墩明显缺少延性能力;位于强震区内经过第二阶段抗震加固的桥梁,基本只遭受轻微破坏;纵向约束装置在防止落梁方面的有效作用再次得到证实,但同时也暴露出一些自身设计方面的问题;按较新的设计规范设计建造的桥梁,在这次地震中无一遭受结构破坏,但这些桥梁基本没有受到强震作用,因此还需要未来地震的进一步考验;近场地震大速度脉冲对结构位移反应的影响重新得到重视。除此之外,这次地震再次暴露出支承连接是设计的薄弱环节,再次突出了细部设计缺陷对桥梁抗震性能的不利影响。

5. 1995 年日本阪神地震

日本阪神地震发生在 1995 年 1 月 17 日当地时间上午 5 时 46 分,震级为里氏 7.2 级,震中位于淡路岛的东北部,距神户市中心西南大约 20 km,震源深度 20 km,地震动总共持续了大约 15 s,记录到的最大地面水平运动加速度峰值为 8.33 m/s^2,竖向运动最大加速度峰值为 5.56 m/s^2,卓越周期为 1 s 前后及 0.25 ~ 0.4 s 前后。这次地震使神户地区所有铁路、公路和快捷交通系统均遭受严重破坏,陆上对外交通系统几乎全部中断,都市机能完全陷于瘫痪状态。地震共造成 6 500 多人死亡和 3.4 万余人受伤,30 多万人无家可归,直接经济损失总计约为 1 000 亿美元,是日本自 1923 年关东大地震之后损失最惨重的一次自然灾害,也是世界上现代化都市前所未遇的地震灾害,灾后重建和恢复的费用超过 1 000 亿美元,除此之外,这次地震对日本经济社会发展的负面影响至今犹存。

在地震发生之后,日本道路协会(JRA)对神户及其周围 6 座城市的数千座桥梁进行了震害调查。调查包括 4 157 孔上部结构、3 396 个桥墩和 5 741 个支座。在被调查的桥墩中，有81%的桥墩是根据1964年或更早的设计规范设计的，仅有2%的桥墩是根据1990年的设计规范设计的。根据调查结果，共有320座桥梁遭受破坏，其中约27座公路桥梁严重破坏，除此之外，还有大量的支座和伸缩缝也遭受严重破坏。

此次地震最受人瞩目的结构是位于震中附近正在建设的明石海峡大桥。地震时，主跨1990 m的悬索桥主缆已架好，正在吊设钢梁。地震中，该桥桥塔和锚台均发生偏移，幸运的是，桥塔和锚台由于地面运动导致的位移并不大，原结构基本完好。

阪神地震重复了美国北岭地震中桥梁的震害规律，但是神户地区高架桥的钢筋混凝土桥墩大量遭受破坏；在多处发生地基液化的地方，没有因地基液化而产生落梁现象，防落梁措施充分发挥了作用；大跨度桥梁的行波效应在这次地震中得到反应；按较新规范设计的桥梁整体性能比较好。

6. 2008年汶川地震

汶川地震发生在2008年5月12日14时28分，震级为里氏8.0级，震中以四川省汶川县映秀镇和北川县城两个中心呈长条状分布，震中烈度达Ⅺ度，面积约2400 km^2，持续时间约100 s。距震中22.2 km的卧龙地震台记录的峰值加速度达9.577 m/s^2。距断层0.74 km的绵竹清平台记录的峰值速度达1.31 m/s，位移达1.3 m。断层附近的震动持续时间平均为160 s；水平加速度主要频率平均在6 Hz以下，竖向加速度主要频率平均在6 Hz以上。大部分加速度反应谱较大值出现在1 s、2 s时，部分加速度反应谱在3 s、4 s时仍有较大值出现。

汶川地震是新中国成立以后破坏性最强、波及范围最大的一次地震，地震的强度、烈度都超过了1976年的唐山地震。这次地震是印度洋板块向亚欧板块俯冲，造成青藏高原快速隆升导致的地震。高原物质向东缓慢流动，在高原东缘沿龙门山构造带向东挤压，遇到四川盆地之下刚性地块的顽强阻挡，造成构造应力能量的长期积累，最终在龙门山北川—映秀地区突然释放，是逆冲、右旋、挤压型断层地震。汶川地震发生在地壳脆—韧性转换带，震源深度约为14 km，持续时间较长，因此破坏性巨大，影响强烈。汶川地震的断裂带分布如图2.1—6所示。

国务院新闻办公室公布，截至2008年6月2日12时，四川汶川地震已造成69019人遇难，373573人受伤，失踪18627人，紧急转移安置1514.74万人，累计受灾人数4555.2965万人。另据2008年9月4日国务院新闻办公室报告，汶川地震造成直接经济损失8451亿元，其中四川的损失占到总损失的91.3%，甘肃占5.8%，陕西占2.9%。在这些损失中，民房和城市居民住房的损失占总损失的27.4%，包括学校、医院和其他非住宅用房的损失占总损失的20.4%，另外还有基础设施（道路、桥梁和其他城市基础设施）的损失约占总损失的21.9%。

5·12汶川地震中，城镇道路交通设施损毁严重。据交通运输部统计，因地震受损高速公路19条，国道、省道公路159条，农村公路7605条，累计长度53288 km。受损桥梁5560座，隧道110座，直接经济损失650亿元。另外，汶川的1657座公路桥中，

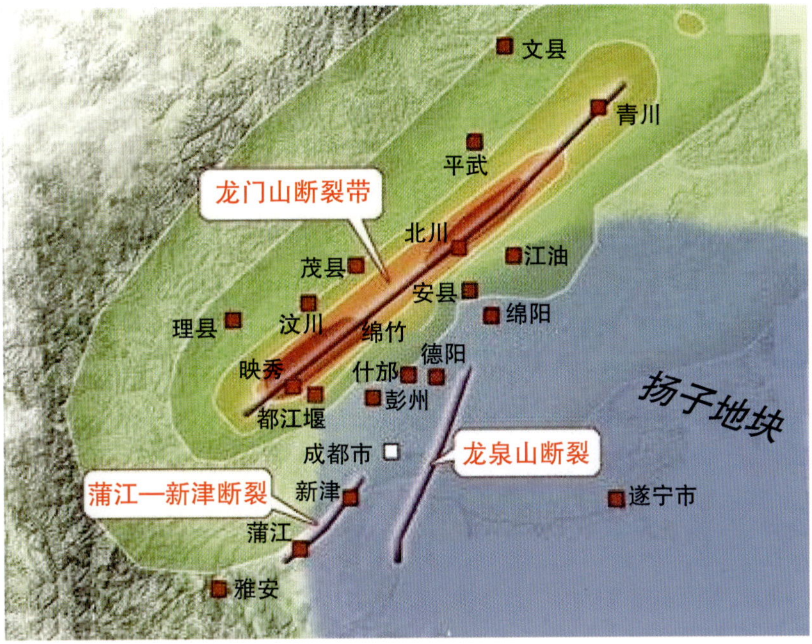

图 2.1—6 汶川地震断裂带分布

1.6% 完全损毁,6.6% 严重破坏,9% 中等破坏,26.5% 轻微破坏,56.3% 未出现震害。四川省内高速公路及省国道干线桥梁 34.18% 需小修,45.68% 需中修,2.97% 需大修或改造,11.45% 需改建或重建,0.53% 损毁。

汶川地震给铁路工程同样带来极大破坏。受地震影响,宝成、成昆、达成、成渝四条主要干线和成汉、德天、广岳三条支线被迫中断行车。地处震中的宝成铁路广元至成都段、广岳支线,线路扭曲变形、桥梁支座螺栓剪断、梁体横向位移、隧道衬砌开裂、大量崩坍落石、路基严重下沉。仅成都铁路局管段就损坏线路 2 500 km、桥梁 236 座、隧道 98 座。

宝成铁路为国家Ⅰ级铁路,在该次大地震之前,宝成铁路沿线历史上无强震记录,主要受龙门山构造带强震的波及影响,宝成铁路震害较严重段落的地震烈度达Ⅸ度。既有宝成铁路修建于 20 世纪 50 年代,当时国家无统一地震设防标准。90 年代初该线阳平关至成都段增建二线时,增建段施工图设计依据 1990 年《中国地震烈度区划图》(1:400 万),沿线地震烈度为Ⅵ度,桥梁工程建筑物没有抗震设防。在广元至广汉 280 km长的线路中,桥梁、涵洞震害共 60 余座。

广岳铁路位于汶川地震震中映秀镇东侧约 52 km,与汶川地震同属龙门山活动断裂带内,次生断层发育。该线修建于 20 世纪六七十年代,经查阅原设计资料,系按Ⅲ级铁路干线设计。由于该线修建年代较早,建筑物的抗震设防标准未明确。广岳铁路桥梁的所有桥墩几乎均被剪断,水平断缝多为 2 ~3 道,且均在墩身施工缝处,其位置在墩底以上 1/6 ~ 1/3 居多，且高墩、较矮墩更为严重。图 2. 1—7 为广岳铁路出现的震害。

(a)柿子坪大桥上轨道扭曲

(b)某中桥上落石震害

图 2. 1—7　广岳铁路震害

汶川地震后，相关部门对铁路、公路等生命线工程相关的地震规范进行了更新或者修改。铁路部门对 2006 年颁布的《铁路工程抗震设计规范》(GB 50111—2006) 进行了局部修订，并于 2009 年重新颁布实施。2008 年，公路部门针对公路桥梁颁布了《公路桥梁抗震设计细则》(JTG/T B02-01—2008)。另外，在 2011 年，国家住房与城乡建设部颁布了适用于城市桥梁的《城市桥梁抗震设计规范》(CJJ 166—2011)。

2.2 间接或次生灾害

地震引发的水灾、火灾、有毒物质泄漏、地质次生灾害和疫病流行等灾害,称为地震的次生灾害。

2.2.1 水　　灾

1. 海　　啸

海啸通常被认为是由地震导致的最具破坏性的次生灾害。海啸指由某种自然力引起的、伴随巨响的、涌向海湾内和海港时形成的大浪或巨浪,是一种具有强大破坏力的海浪,是地球上最强大的自然力。按照自然力的不同,海啸可分为四种类型:由气象变化引起的海啸叫风暴潮,由火山爆发引起的海啸叫火山海啸,由海底滑坡引起的海啸叫滑坡海啸,由海底地震引起的海啸叫地震海啸。

地震海啸是海底发生地震时,海底地层发生断裂,部分地层出现猛然上升或者下沉,由此造成从海底到海面的整个水层发生剧烈"抖动"。这种"抖动"与平常所见到的海浪大不一样。海浪一般只在海面附近起伏,涉及的深度不大,波动的振幅随水深衰减很快。地震引起的海水"抖动"则是从海底到海面整个水体的波动,其中所含的能量惊人。

部分地层出现猛然上升引起的地震海啸称为"隆起型"海啸,即由于某些构造地震引起海底地壳大范围的急剧上升,海水也随着隆起区一起抬升,并在隆起区域上方出现大规模的海水积聚,在重力作用下,海水必须保持一个等势面以达到相对平衡,于是海水从波源区向四周扩散,形成汹涌巨浪。这种隆起型的海底地壳运动形成的海啸波在海岸首先表现为异常的涨潮现象。1983 年5 月 26 日,日本海 7.7 级地震引起的海啸即属于此种类型。

部分地层出现猛然下沉引起的地震海啸称为"下降型"海啸,即由于某些构造地震引起海底地壳大范围的急剧下降,海水首先向突然错动下陷的空间涌去,并在其上方出现海水大规模积聚,当涌进的海水在海底遇到阻力后,即翻回海面产生压缩波,形成长波大浪,并向四周传播与扩散,这种下降型的海底地壳运动形成的海啸在海岸首先表现为异常的退潮现象。1960 年智利地震海啸就属于此种类型。

海啸的传播速度与它移行的水深成正比。在太平洋,海啸的传播速度一般为 200 ~ 1 000 km/h。海啸不会在深海大洋上造成灾害,正在航行的船只甚至很难察觉这种波动。海啸发生时,越在外海越安全。一旦海啸进入大陆架,由于深度急剧变浅,波高骤增(可达 20 ~ 30 m),这种巨浪可带来毁灭性灾害。

破坏性的地震海啸,只在震源深度小于 20 ~ 50 km、出现垂直断层、里氏震级大于 6.5 级的条件下才能发生。

1896 年日本本州岛东北岸发生海啸，死亡约 2.8 万人；1960 年智利大海啸横跨太平洋，袭击了智利、美国、日本、前苏联以及新西兰等多个国家，最大浪高达 25 m；1964 年美国阿拉斯加地震中，因海啸死亡的人数远超过地震本身；1976 年菲律宾海啸致使 4 000余人死亡，4 000 余人失踪；2004 年的印度洋海啸，波及范围远至波斯湾的阿曼、非洲东岸索马里及毛里求斯、留尼汪岛等地，仅印尼的死伤人数就达 23 万人之多。图 2.2—1为 2004 年印度尼西亚亚齐省首府班达亚齐在海啸袭击前后部分卫星图片。最近的一次引发大海啸的地震是 2011 年 3 月 11 日，日本东北部海域发生 9.0 级强震，引发海啸，最大浪高达 23.6 m，造成大量人员伤亡与财产损失。图 2.2—2 为 2011 年日本地震引发海啸后满目疮痍的景象。

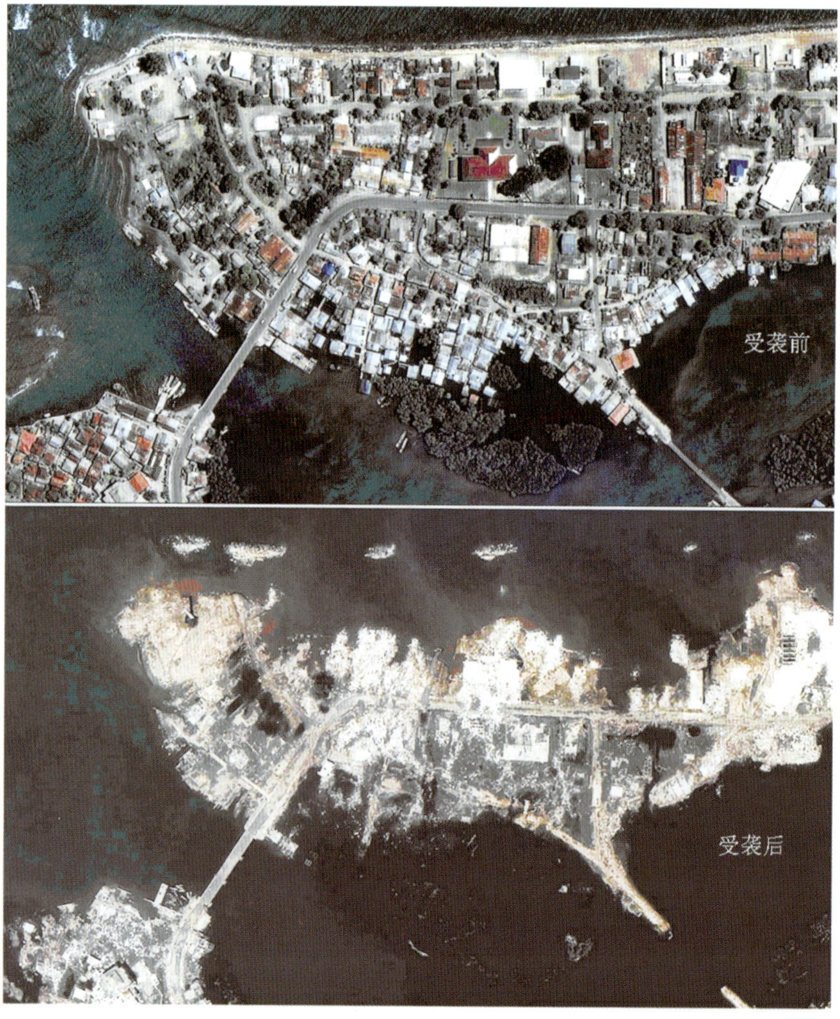

图 2.2—1　2004 年印尼班达亚齐在海啸袭击前后部分卫星图片（源自 Digital Globe 公司）

图 2.2—2 2011 年日本地震引发海啸所造成灾难的景象

2. 堰塞湖

除海啸外，地震导致的水灾还有地震时山体崩塌堵塞河道，形成“堰塞湖”，使上游一些地区被水淹没，而一旦堰塞湖溃决，会危及下游城市、村镇的生命财产安全。

2008 年汶川地震中，主灾区形成对下游构成威胁的堰塞湖有 34 处。其中唐家山堰塞湖是最大一座，如图 2.2—3 所示。汶川地震引发唐家山发生巨型滑坡，滑坡体落入湔河河道形成一座长 803.4 m，高度在 82 ~ 124 m 之间，体积约为 2 037 万 m^3 的堆积坝体，堰塞湖库容达 3.2 亿 m^3。奔流直下的湔河被阻断，水位迅速上升，北川县许多房子没入水中，如图 2.2—4 所示。6 月 10 日最大库容达 2.5 亿 m^3，一旦崩溃，将直接冲毁宝成铁路涪江大桥和兰成渝输油管，将给绵阳市等众多城市、乡镇的数百万人民的生

图 2.2—3 5·12 汶川地震引发的唐家山堰塞湖

命财产造成无法挽回的损失。

图 2.2—4　堰塞湖回水淹没北川县城

另外,地震时如果水库大坝遭到破坏,也会造成水灾。1971 年美国洛杉矶发生 6.6 级地震,该市最大的水坝受地震破坏后产生裂缝,威胁下游安全,迫使下游 8 万多居民紧急搬迁。

2.2.2 火　灾

火灾也是地震导致的破坏性次生灾害。地震时,由于电线短路、煤气泄漏、油管破裂、炉灶倾倒等原因,往往造成火灾。1906 年美国旧金山 8.3 级大地震,全城五十多处起火,大火烧了三天三夜,吞没了约 10 平方公里的市区。1923 年关东大地震中,东京、横滨变成了一片火海,因火灾死亡的人口超过了因地震死亡的人口,其中一座安置了约 4 万地震幸存者的公园遭到火流袭击,只有约 30 人幸存。1995 年日本阪神地震中,全城同时出现的大片火灾有 170 多处,整个神户市区燃烧了数日之久,这些火灾多半都是由于煤气储备与输送系统被破坏导致爆炸引起的。

2008 年汶川地震中,宝成铁路 109 号隧道油罐车着火是典型的地震引发次生灾害事件。5 月 12 日 14 时 28 分,装有 12 节油罐车的 21043 次货物列车进入宝成铁路 109 号隧道时,地震导致山体突然坍塌,巨石堵住了隧洞出口,接触网断电,虽然司机立即采取了紧急制动措施,但因事发突然,列车仍以 20 km/h 的速度撞上巨石,机车和 38 节车辆脱线,油罐车着火燃烧,两名司机受伤,造成宝成铁路中断中行车 283 小时,经济损失巨大,如图 2.2—5 所示。

图 2.2—5　109 号隧道油罐车发生火灾及救灾现场

2.2.3　有毒物质泄漏

2011 年 3 月 11 日,日本东北部海域发生里氏 9.0 级地震,地震引起海啸,海啸又造成日本福岛第一核电站 1 ~4 号机组发生核泄漏事故(如图 2.2—6 所示),由此导致的对大气、海洋以及周边陆地等的环境影响难以估量。

图 2.2—6　2011 年日本地震引发海啸引起核泄漏前后对比

2.2.4 地质灾害

地震发生后,灾区许多地质灾害隐患点有可能成灾,滑坡、崩塌、泥石流将造成建筑物和民房倒塌,人员伤亡,也使公路、铁路、桥梁、通讯等大量基础设施被摧毁。另一方面,地震会使山体稳定性降低,形成大量新的地质灾害和新的地质灾害隐患点,在余震和降雨的共同作用下,极可能导致灾区地质灾害频发,再次造成灾区重大损失,给灾区抗震救灾、人民生活安置、重建家园造成新的更加严重的后果。

2008 年汶川地震中,仅震中映秀镇 24 km^2 范围内,崩塌、滑坡、泥石流就达上百处,没有受到地质灾害影响的面积只占了 24 km^2 的 20%。根据航空遥感资料和专家实地调查分析,汶川地震引发的地质灾害呈现范围广、程度深、危害大、持续长四个特点,地震引发的大量地质灾害造成灾区的巨大损失。图 2.2—7 和图 2.2—8 为 2008 年汶川地震中出现的滑坡、泥石流等地质灾害。

图 2.2—7 汶川地震形成的滑坡灾害

2.3 桥梁地震破坏等级划分

桥梁细部结构的破坏能反映结构的受力特点,但是还不足以评定一座桥梁的损坏程度。为了便于桥梁震害调查、损失评估及震害预测等工作,国家质量监督检验检疫总局和国家标准化管理委员会于 2009 年颁布《生命线工程地震破坏等级划分》(GB/T 24336—2009)。该标准以"座"为单位来评定桥梁结构破坏等级。桥梁结构根据其破坏程度,将破坏等级划分为基本完好、轻微破坏、中等破坏、严重破坏、毁坏共五个等级。

图 2.2—8 汶川地震后形成的泥石流灾害

Ⅰ级(基本完好):结构构件完好,桥面无明显变形,个别非结构构件可有破损,不需修理可继续使用;

Ⅱ级(轻微破坏):桥台、桥面、桥墩、桥拱、桥塔、主梁等的混凝土部件表面出现细裂缝,局部表面混凝土剥落,支撑连接部位轻微变形,不需修理或稍加修理即可通行;

Ⅲ级(中等破坏):桥墩混凝土出现明显裂缝,梁部移位,梁端混凝土出现明显裂缝,拱脚有明显裂缝,桥塔结构轻微变形,墩台轻微移动,出现明显裂缝,引桥下沉,支座与梁连接的螺栓部分剪断,震后需限制通行(限速、限载),需要进行加固修复后才能正常通行;

Ⅳ级(严重破坏):桥墩混凝土出现贯通裂缝、剥落,梁、拱出现贯通裂缝或破碎,桥塔结构变形,悬索或拉索(杆)锚具出现滑动,墩台滑移、断裂或严重倾斜,基础破坏明显,需要进行大修后才能通行;

Ⅴ级(毁坏):落梁、塌拱、墩台折断、倒塔、断索等现象已经发生或随时可能发生,整个桥梁已不能使用,需重建。

上述等级定义中,“个别”指10%以下;“部分”指10%~50%之间;“多数”指50%以上。“细裂缝”指出现在表面的微裂缝隙;“明显裂缝”指波及内部但非贯通缝隙;“贯通裂缝”指贯通截面厚度方向的缝隙。

等级划分虽然给出了桥梁结构的破坏等级划分标准,但是实际应用起来还是有一定局限性,划分时还应考虑经济损失的大小对各等级的影响。例如“落梁”有时造成的经济损失远远比下部结构的破坏所造成的经济损失小,而且“落梁”破坏较下部结构破坏相对容易保证救援生命线的抢通。所以在桥梁结构设计时,应尽量避免桥梁下部结构的破坏,应在避免落梁的前提下,使桥梁结构的薄弱环节发生在上部结构或支座处。在支座处设置抗震减震装置是途径之一。

2.4 桥梁震害

国内外的地震灾害表明,震区桥梁的损坏坍塌,不仅阻碍当时的救灾行动,而且影响灾后的恢复重建工作。桥梁工程为生命线工程之一,调查与了解桥梁的震害及其产生的原因是建立正确的抗震设计方法,采取有效抗震措施的依据。地震对桥梁的破坏现象,系统地揭示出结构设计和施工中的缺陷,甚至是最微小的缺陷。因此,调查研究过往地震中幸存或发生类似破坏的桥梁结构,对于优化桥梁结构设计和改进施工方法都具有很高价值。

由于人们关注的重点是由地震引起的桥梁结构震害及其产生的原因,因此对地震引起的环境破坏(如山体滑坡、岩石崩塌、海啸、泥石流、溃坝等)所造成的桥梁间接或次生震害不作专门论述。但由于这些震害往往有巨大的破坏性,应引起充分重视,新线设计时需要结合线路情况进行综合研究。

据资料显示,世界上由于地震原因而破坏的桥梁数量远远多于因船舶撞击、风振等其他原因而破坏的桥梁数量。

从历次破坏性地震中,人们经过调查总结发现,桥梁的震害主要反映在结构的各个部位。

1. 桥梁上部结构震害

上部结构自身因直接的地震动力效应而毁坏的现象极为少见,但因支承连接件失效或下部结构失效等引起的落梁现象,在早期的破坏性地震中常有发生。从梁体下落的形式看,有顺桥向的、也有横桥向的和扭转滑移的,顺桥向的落梁占绝大多数。梁在顺桥方向发生坠落时,梁端撞击桥墩侧壁,会给下部结构带来很大的破坏。

2. 桥梁支座震害

桥梁支座、伸缩缝和剪力键等支承连接件历来被认为是桥梁结构体系中抗震性能比较薄弱的一个环节,在历次破坏性地震中,支承连接件的震害现象都较普遍。

3. 桥梁墩台震害

严重的桥梁墩台破坏现象包括墩台的倒塌、断裂和严重倾斜;对钢筋混凝土桥台和桥墩,破坏现象还包括墩台轻微开裂、保护层混凝土剥落和纵向钢筋屈曲等。

4. 桥梁基础震害

扩大基础自身的震害现象极少发现,然而有时因不良的地质条件,也会出现沉降、滑移等;桩基础的承台由于体积、强度和刚度都很大,因此也极少发生破坏,但桩基的破坏现象还是时有发现,尤其是深桩基础。桩基的破坏可能出现在桩身任意位置,往往位于地下或水中,不利于震后迅速发现,而且修复的难度相当大。

对结构震害现象进行调查研究,从中总结和吸取经验教训,是结构抗震理论得以发展的一种重要手段。每次大地震的发生都会造成很多结构的破坏,但同时也让工程界从结构的破坏中提取了结构对于地震反应的极其宝贵的资料,促进了对地震现象和工程抗震的研究工作,从而使结构抗震设计水平不断地得到提高。

2.4.1 桥梁上部结构震害

桥梁上部结构的震害,按照震害产生原因的不同,可分为上部结构自身震害、上部结构移位震害、上部结构碰撞震害以及坍落体砸坏梁体等。

1. 桥梁上部结构自身震害

桥梁上部结构自身遭受震害而被毁坏的情形比较少见。在发现的少数桥梁结构自身遭受震害中,主要是钢结构的局部屈曲破坏、混凝土梁连接部位的损坏等。图2.4—1 为 2008 年汶川地震中铁路预应力混凝土 T 梁体翼缘板和横隔板处开裂破损的情况。

(a) T梁体翼缘板局部开裂、破坏

(b) T梁横隔板拉裂破损

图 2.4—1 梁体震害

2. 桥梁上部结构移位震害

桥梁上部结构的移位震害在破坏性地震中极为常见,表现为桥梁上部结构的纵向移位、横向移位以及扭转移位。一般来说,设置伸缩缝的地方比较容易发生移位震害。在破坏性地震中,最为常见的是桥梁上部结构的纵向移位和落梁震害。如果上部结构的移位超出了墩、台等的支承面,则会发生更为严重的落梁震害。上部结构发生落梁时,如果撞击桥墩,还会给下部结构带来很大的破坏。当然,桥梁支座和墩台的毁坏也会导致上部结构的坠落。在历次大地震中,都有大量由于地震造成落梁的震害。

在 1971 年美国圣·费尔南多地震中,最引人关注的是两座互通式立交桥的坍塌。

一是加州 5 号高速干道与洲际 210 干道的立交桥；另一是加州 5 号高速干道与 14 号高速公路的立交桥。图 2. 4—2 为加州 5 号高速干道与洲际 210 干道立交桥部分梁跨塌落的情况。

图 2. 4—2　加州 5 号高速干道与洲际 210 干道立交桥部分梁跨塌落
（源自 Reuben Kachadoorian，USGS）

致使两座立交桥部分塌落的主要外因是墩台间和桥墩间的水平相对位移过大，另外还有结构本身的内因：

一是桥墩墩顶的支承面过窄。

二是在设计钢筋混凝土桥墩时，仅从强度方面考虑，没有配置足够的箍筋，导致延性较差。较高的桥墩大多弯曲破坏，较矮的桥墩大多是剪切破坏。横向箍筋的明显不足是导致这两种破坏的主要内因。

三是桥墩主筋锚固长度不足，导致主筋从承台或桩基中被拔出。

1989 年美国洛马 · 普里埃塔地震中，金山—奥克兰海湾大桥的落梁破坏引人注意。金山—奥克兰海湾大桥建成于 1934 年，为悬索和桁架组合体系的双层钢桥。在此次地震中，桁架墩上方的连接跨发生落梁现象，如图 2. 4—3 所示。海湾大桥连接相邻支墩相对位移过大，致使一处连接螺栓剪断破坏，再加上桥面板大梁的支撑宽度不足，致使落梁。E9 桁架的东桁架锚固螺栓毁坏，使该桁架在 E9 桁架墩处不受西桁架约束而向东移动。E9 桁架上方的连接跨大梁失去支承而使该跨落梁。

图 2.4—3　旧金山—奥克兰海湾大桥一跨落梁(源自 C. E. Meyer)

1994 年美国北岭地震中，建于 1967 年的 Gavin Canyon 跨线桥遭受严重破坏。该桥上部结构由两个分离的钢筋混凝土箱梁组成，支承在双柱式桥墩上，桥轴方向与下部支承呈 24°斜交。该桥共有 5 跨，中跨连续，两端各有短的伸臂，左右边跨均为伸臂梁结构，伸臂部分一端支承在桥台上，另一端通过牛腿搭接在中跨梁上，牛腿宽度仅为 20 cm(按美国现行 Caltrans 规范要求，该处牛腿宽度至少应为 76 cm)。该桥于 1974 年安装了纵向约束装置。地震中，该桥第二跨和第四跨完全塌落(如图 2.4—4 所示)，斜交和牛腿连接处过窄的支承面是其主要原因；纵向约束装置也遭受破坏，没有发挥出作用。

图 2.4—4　Gavin Canyon 跨线桥两跨落梁

2008年5·12汶川地震中也发生了较多桥梁上部结构的移位震害。图2.4—5(a)是某桥左侧梁体纵向位移较大,已发生支座脱落,但由于墩顶顶帽足够大,没有发生落梁事故。图2.4—5(b)中,地震使得某桥梁体纵向梁缝抵死。

(a)纵向支座脱落　　(b)纵向梁缝顶死

图2.4—5　纵向位移震害

图2.4—6为广岳铁路在汶川地震中发生落梁震害的化肥厂小桥。该桥为一孔8 m简支π梁,地震发生后,该桥梁部掉落。图2.4—7为G213线白水溪大桥墩顶梁体横向移位,墩顶挡块破裂,有横向落梁的危险。

图2.4—6　化肥厂小桥梁体掉落

图 2.4—7 白水溪大桥 3 号墩梁体横向移位

图 2.4—8 为汶川地震中庙子坪大桥引桥发生的落梁震害。该桥为一座正在建设中的跨越水库的桥梁。汶川地震时,该桥主体结构已完工,伸缩缝还未安装,桥面混凝土铺装层已经完成。沿着都江堰至汶川方向,桥跨布置为 2×50 m 简支梁 +(125+220+125)m 连续刚构 +5×50 m 桥面铺装连续的简支梁 +3(4×50 m)桥面铺装连续的简支梁,桥墩最高 103 m。

地震使桥梁在纵向和横向都发生了较大位移,紧邻连续刚构桥的 5×50 m 简支梁第 5 孔由于桥墩变形使得跨度增大了约 0.69 m,整孔 50 m 跨的简支梁全部落入水中,如图 2.4—8 所示。绝大部分板式橡胶支座被推出或破坏,横向防落梁挡块大部分严重损毁,有的桥墩在水下部分出现裂缝。由桥面伸缩缝处可以明显看出相邻两联桥面系纵、横向的相对位移,并且护栏接缝处由于碰撞出现混凝土局部脱落。

落梁孔是 5×50 m 联的桥面连续简支梁靠近映秀侧的一孔,与另一联 4×50 m 桥面连续简支梁之间设有伸缩缝,但是地震时伸缩缝装置还没有安装。推断是该孔梁靠近伸缩缝的一端首先纵向位移脱落,然后另一端连续的桥梁铺装被拉断,使整孔梁落入水中;高桥墩底部出现裂缝是由于地震中在该部位产生较大弯矩而引起的;橡胶支座被挤出是由于地震中梁墩之间产生了较大的反复相对运动;伸缩缝处护栏混凝土脱落是由于相邻两联桥面系在地震中相互碰撞造成的。

小鱼洞大桥是彭(彭州)白(白水河)公路上跨渝江的一座重要桥梁,是银厂沟、小鱼洞镇、龙门山镇与外界连接的唯一通道。全桥总长 187 m,主桥采用 4×40 m 上承式

图 2. 4—8　岷江庙子坪大桥中间一孔落梁

钢筋混凝土刚架拱，桥宽 12 m，由 5 片拱肋组成，桥墩为双柱式墩。该桥于 1998 年开工修建，1999 年竣工通车。小鱼洞桥距离震中较近，震感异常强烈。桥梁场地周围出现两条地表破裂带，桥梁处于断层上盘，冲击力巨大，地震作用和断层影响导致小鱼洞桥倒塌破坏。

该桥龙门山镇侧两跨完全垮塌成“W”形（图 2. 4—9），彭州侧两跨发生显著竖向位移（图 2. 4—10）。此外，主拱腿和斜撑均发生沿水平向裂缝，并且桥台处护坡及侧墙还发生了剪切破坏。部分桥墩发生了显著倾斜。

图 2. 4—9　小鱼洞大桥龙门山镇侧两跨垮塌

图 2.4—10 小鱼洞大桥彭州侧两跨显著竖向位移破坏

根据对桥梁震害、地表断层的调查和分析，大致推测桥梁破坏过程如下：

(1)主断层导致地表破裂带，桥台后侧出现较大隆起和路面破裂，同时1号桥台受到桥跨撞击发生断裂，进而使得第一跨(由龙门山镇侧对桥墩、梁跨进行编号)拱片与1号桥台之间出现较大纵向和竖向相对变位，结构滑落，主拱腿和斜撑发生破坏，导致第一跨桥梁垮塌。

(2)第一跨桥梁垮塌后，由于水平力的不平衡，2号桥墩出现倾角，此时场地的液化效应加剧了桥墩的变形，从而导致第二跨桥梁的倒塌。由于3号墩及其基础牢固，第二跨的倒塌对其影响不大，未出现连续倒塌效应。但由于断层巨大的纵向冲击作用，第三跨上出现了明显的竖向位移，结构上的裂缝主要为受弯裂缝，少量为剪切裂缝。

(3)由于地表运动，5号桥台上出现明显裂缝及变位，第四跨出现整体竖向位移，主拱腿和斜撑端部发生沿水平向剪切破坏，桥跨跌落至河岸护坡。

(4)小鱼洞桥按Ⅷ度设防地震，但该场地地震烈度达到Ⅹ度，超过设防标准。另外，桥梁结构处在断层附近，断层挤压冲击力导致结构产生巨大的相对位移，成为桥跨倒塌的重要原因。

3. 桥梁上部结构碰撞震害

如果相邻结构的间距过小，在地震中就有可能发生碰撞，且撞击力非常大，从而使结构受到破坏。桥梁在地震中，相邻跨上部结构的碰撞、上部结构与桥台的碰撞比较常见。图 2. 4—11 为 5 · 12 汶川地震中发生的上部结构碰撞震害。

4. 桥梁上部结构被塌落体砸坏

地震中,危岩落石是一种常见病害,会危及行车安全,对公路、铁路等结构物产生巨大破坏。地震会引起并加剧危岩落石,在 5 · 12 汶川地震中,多处大面积岩石脱离母体成为危岩,最大孤石体积达到上百万立方米。图 2. 4—12 为 5 · 12 汶川地震中梁体、桥面系被落石砸坏的情景。

(a) 相邻跨上部梁体碰撞，梁体破坏

(b) 上部梁体与桥台碰撞，梁体破坏

(c) 相邻桥梁碰撞，桥面系破坏

图 2.4—11　上部结构碰撞震害

(a) 梁体腹板被砸坏

(b) 桥面系被砸坏

图 2.4—12　上部结构被塌落体砸坏

2.4.2 桥梁支座震害

在地震中,桥梁支座震害较为普遍,历来被认为是桥梁结构体系中抗震性能比较薄弱的环节。如在日本阪神地震中,支座损坏的比例达到调查总数的 28%。支座的破坏形式主要表现为支座移位、锚固螺栓拔出或剪断、活动支座脱落、支座本身构造上的破坏、连接与支挡等构造措施不足以及某些支座形式和材料本身的缺陷等,其原因主要是支座设计没有充分考虑抗震的要求。

支座破坏的同时,伴随着支座下支承垫石混凝土被压碎破坏。支座脱落、倾倒、移位后,会引起结构传力路径的改变甚至中断,从而对结构其他部位的抗震产生影响,严重的则会直接导致落梁,进一步加重结构震害。因此,支座震害需要特别给予关注。

位于宝成铁路上行线的清江 7 号特大桥修建于 20 世纪 90 年代,与之平行的是修建于 20 世纪 50 年代的宝成铁路下行线清江 2 号大桥,如图 2.4—13 所示。

图 2.4—13　宝成铁路清江大桥(左为上行线 7 号特大桥,右为下行线 2 号大桥)

宝成铁路清江 7 号特大桥为 1×32 m 预应力混凝土 T 梁 +(53 +2 ×88 +53)m 预应力混凝土连续箱梁 +6 ×32 m 预应力混凝土 T 梁,全长 524.69 m,主桥连续梁采用圆形空心墩,最大墩高 53 m,基础为桩基础,采用盆式橡胶支座;简支 T 梁采用矩形实体墩,基础为扩大基础,采用铸钢支座。5·12 汶川地震后,连续梁支座下板锚栓(锚栓直径为 42 mm)全部被剪断,支座上板 6 颗锚栓松动,连续梁梁体横向位移最大 20 mm,纵向位移 20 mm,支座全部破坏,如图 2.4—14 所示。

(a)盆式橡胶支座横向限位钢板破坏

(b)支座下板螺栓被剪断

（c）铸钢支座连接螺栓弯曲　　（d）铸钢支座连接螺栓被剪断

图 2.4—14　支座破坏

以上支座的破坏主要表现为支挡破坏、支座移位、锚固螺栓拔出或剪断等，5·12汶川地震中也出现了活动支座脱落，支座自身完全破坏的震害，如图 2.4—15 所示。

图 2.4—15　支座脱落及完全破坏

桥梁支座是梁体和桥墩的联系和传力部件，它的破坏将直接影响到梁体和桥墩。以往常采用加强构造设计、增加支挡限位措施来保证支座在地震中不受破坏。但是近几十年来，由于桥梁跨度的不断增大，支座通过加强构造设计来提高抗震能力的设计方法遇到一定困难，因此工程界开始研究减、隔震耗能式的抗震支座。

2.4.3 桥梁墩台震害

下部结构和基础的严重破坏是引起桥梁倒塌并在震后难以修复使用的主要原因。桥梁墩台除因砂土液化、地基下沉、岸坡滑移或开裂等地基毁坏的情况外，桥梁墩台的震害是由于受到较大的水平地震力，经瞬时反复振动，在相对薄弱的截面产生破坏而引起的。

1. 桥梁墩柱震害

早期石砌或混凝土桥墩墩身的震害大都从施工接缝处的轻微裂缝开始，继而扩展至四周造成剪断面破坏，甚至导致墩身移位或断落。这种剪切破坏是脆性的，伴随着强度和刚度的急剧下降。钢筋混凝土桥墩常出现受压边缘混凝土崩溃，钢筋裸露屈曲，从而导致变形过大而破坏，这种破坏称为弯压破坏或弯曲破坏。弯压破坏是延性的，随着混凝土的开裂压溃剥落、钢筋裸露弯曲而产生很大的塑性变形。比较高柔的桥墩多为弯压破坏，矮粗的桥墩或混凝土桥墩多为剪切破坏，介于两者之间的为混合破坏。公路桥梁普遍采用的钢筋混凝土墩柱，其破坏形式主要有弯压破坏和剪切破坏。铁路桥梁对桥墩有刚度要求，桥墩刚度相对较大，其破坏形式主要是剪切破坏，但是高墩仍会出现弯压破坏。桥梁墩柱的基脚破坏也是一种典型的震害形式。另外，桥墩顶帽局部开裂、掉块也是震害之一。

2008 年汶川地震中，百花大桥的桥墩震害是比较典型的。百花大桥建成于 2004 年，全桥长 496 m，桥宽 8 m，最大墩高 30.3 m。上部结构分为六联，跨径组合为 4×25 m（连续梁）$+5\times25$ m（连续梁）$+1\times50$ m（简支 T 梁）$+3\times25$ m（连续梁）$+5\times20$ m（连续梁）$+2\times20$ m（连续梁），第一至第二联、第五至第六联之间（第 18、19 跨间）采用牛腿构造搭接。下部构造为双柱式桥墩、轻型桥台、桩基础。平面上，大桥第一、二联位于左偏曲线内，第五、六联位于右偏曲线内。纵断面上，全桥基本位于 1% 单坡内。2008 年 5 月 12 日，该桥在汶川大地震中遭到严重损毁，大桥距震中映秀镇只有 2 km。

该桥第五联 5×20 m 连续梁完全倾覆倒塌，全部桥墩均已倒塌，墩柱普遍存在折断、压溃、系梁破坏等状况，也有斜剪破坏，如图 2.4—16 所示；主梁梁体混凝土压碎，梁肋箍筋失效，主筋拉断、崩离。倒塌后，主梁断裂或折断的共有 7 处。该桥第一至四、六联梁体和桥面基本完好，震害主要表现为整体移位、平面转动，如图 2.4—17 所示。以横桥向向右横移为主，伴随少量平面转动，其纵向位移非常小，表现为横向破坏占主导地位。第六联纵桥向向北位移很大，并伴随较大的平面转动，以及平面转动造成的横桥向位移，表现为虽然以纵向破坏为主，但横向破坏也较为严重。上述情况表明，对于梁式桥梁，只要下部结构不倒塌，上部结构震害多表现为刚体移动，而主梁开裂、破坏等结构性震害较少，这一现象与日本阪神地震中的情况较为相似。

图 2. 4—16　百花大桥第五联整体坍塌

图 2. 4—17　百花大桥第一至第四联震后情况

震后调查分析表明，主梁的破坏是由于桥墩的破坏所致，是桥墩破坏的次生震害。全桥 19 个桥墩的 38 个墩柱中倒塌、压溃的共 24 个，比例高达 63%；环向开裂的 6 个，占 16%；墩柱震害不明显的 8 个，占 21%。通过调查墩、梁之间横向相对滑移及桥墩的破坏情况发现，设置有固定支座的桥墩，其破坏均较为严重；设置板式橡胶支座的桥墩，如墩、梁之间横向相对滑移较大，则墩柱受损程度较轻。

（1）墩柱弯压破坏

桥梁墩柱弯压破坏是在历次破坏性地震中非常常见的震害形式，其主要原因是约束箍筋布置不足、纵向钢筋搭接或焊接不牢等引起墩柱的延性不足。

图 2.4—18 为 2008 年汶川地震中的百花大桥发生的框架墩墩柱弯压破坏。这种破坏可能是由于桥墩墩柱底部在地震中反复受到弯曲和剪切作用，混凝土保护层脱落，核心混凝土受弯被反复拉压而破碎，纵筋发生屈曲。造成这一震害的主要原因是纵向钢筋和约束箍筋配置不足，箍筋间距太大。

图 2.4—18　2008 年汶川地震中百花大桥墩柱弯曲破坏

（2）墩柱剪切破坏

桥梁墩柱剪切破坏也是十分常见的。由于剪切破坏是脆性的，往往会造成墩柱以及上部结构的倒塌，震害较为严重。

在 1976 年唐山地震中，滦县京榆公路滦河大桥位于Ⅷ度区，全长 600 多米，宽约 8 m，于 1974 年 8 月竣工。桥墩由块石砌成，上部结构为钢筋混凝土简支梁。大桥虽遭受 7.8 级地震而破坏，但仍能通车；7.1 级余震时，桥墩遭受剪切破坏而折断，桥面塌落，如图 2.4—19 所示。

在 1994 年美国北岭地震中，I118 高速公路的 Mission Gothic 跨线桥大量桥墩遭受破坏，并导致部分倒塌。该桥设计于 1973 年，建成于 1976 年，上部结构为现浇后张法预应力混凝土箱梁，支承在 Y 形双柱式排架墩上。桥墩下部截面为外径 1.8 m 的正八边形，在墩顶宽度渐变为 3.6 m，配有 45 根直径 35.6 mm 的主筋和直径 16 mm 的箍筋，

图 2.4—19　京榆公路滦河大桥整体垮塌

箍筋间距为 89 mm,体积配筋率约为 0.5%。震后调查分析,该桥桥墩所配箍筋足以保证墩顶首先形成弯曲塑性铰,但在弯曲塑性铰形成后,因塑性铰区抗弯强度超强和截面抗剪能力大大下降,共同造成一些桥墩在墩顶截面削弱处的弯剪破坏,如图 2.4—20 所示。

图 2.4—20　I118 高速公路部分桥跨塌落

最为惨重的墩柱剪切破坏发生在 1995 年日本的阪神地震。在地震中，阪神高速公路在神户市内的高架桥共 18 个独柱墩剪断，长 500 m 左右的梁侧向倾倒，如图 2.4—21 所示。震后研究表明，独柱墩剪切破坏的主要原因是纵向钢筋过早切断（有 1/3 纵筋在距墩底 1/5 墩高处被切断）和约束箍筋不足；独柱墩剪切破坏导致重量较大的梁体侧倾，造成桥梁倒塌。

图 2.4—21　阪神高速公路神户段内高架桥部分倾倒

2008 年汶川地震中也有多座桥的墩柱发生剪切破坏。广岳铁路穿心店大桥全长 174.8 m，孔跨布置为 1×20 m（半穿钢梁）+1×20 m 简支 T 梁 +3×32 m 简支 T 梁 +1×24 m简支 T 梁。地震后，该桥上部梁体纵向位移非常大，后四孔梁在大里程段活动支座滑落，梁体一端高一端低，呈现倾斜状态。其中 6 号台倾斜，1 号～5 号墩墩身倾斜且均有一道或多道贯通水平裂纹和不同程度的竖向裂缝，墩柱下部大片混凝土剥落，如图 2.4—22 所示。

（3）墩柱基脚破坏

墩柱基脚震害相当少见，但一旦出现，则可能导致墩梁倒塌的严重后果。1971 年美国圣·费尔南多地震中就发生了一例，如图 2.4—23 所示。图中，22 根螺纹钢筋从桩基础中拔出，导致桥墩倒塌。很显然，这种破坏是由于墩底主钢筋的构造处理不当，造成主钢筋的锚固失败引起的。可见，保证墩柱和下部基础的整体作用是相当重要的。

图 2.4—22　2008 年汶川地震中穿心店大桥墩柱剪切破坏

图 2.4—23　1971 年圣·费尔南多地震中墩柱基脚主筋拔出

(4)桥墩顶帽开裂和掉块

桥墩顶帽开裂和掉块是一种常见震害。这种震害是由于地震时上部梁体与下部桥墩位移不一致并受到约束而产生的震害。公路桥一般设置帽梁横向挡块,当梁体与桥墩相对位移过大时,就会出现帽梁挡块被拉裂破坏的震害,如图 2.4—7 所示。铁路桥一般不设置帽梁挡块,而是在桥墩顶帽设置防落梁设施及梁部至墩顶的检查设备,当地震作用强烈时,梁体与桥墩的相对位移受到相互约束,于是在这些设施、设备与桥墩顶帽的连接部位出现裂缝,甚至掉块,如图 2.4—24 和图 2.4—25 所示。

2. 框架墩震害

城市高架桥中常见的框架墩,在地震中有不少震害的例子。在 1989 年美国洛马·普里埃塔地震中,就出现了大量框架墩毁坏的情况。框架墩的震害主要表现为盖梁破坏、墩柱破坏以及节点破坏。盖梁破坏形式主要有剪切强度不足(当地震力和重力叠

图 2. 4—24　桥墩顶帽混凝土掉块

图 2. 4—25　桥墩顶帽混凝土局部开裂

加时）引起的剪切破坏、盖梁负弯矩钢筋过早截断引起的弯曲破坏以及盖梁钢筋锚固长度不够引起的破坏。墩柱破坏形式与其他墩类似，而节点破坏主要是剪切破坏。

在 1989 年美国洛马·普里埃塔地震中，880 号洲际公路赛普里斯（Cyptess）高架桥上层框架墩断裂使上层桥梁塌落，造成惨重的灾害。该桥建成于 1957 年，上层框架柱底普遍采用与下层框架铰接的形式。该桥在地震发生之前，已按加州运输局的第一阶段加固计划在相邻梁跨间安装了纵向约束装置，并计划在 1990 ~ 1992 年对下部结构进行加固。地震中，该桥有一段 800 m 长的上层桥面因墩柱断裂塌落在下层桥面上，上层框架完全毁坏，如图 2. 4—26 所示。该桥塌落的主要原因是结构上梁柱节点配筋不足、垂直柱体配筋连续性和横向箍筋不足。另外，盖梁钢筋的锚固长度不够，也是其震害大的原因之一。

图 2.4—26 1989 年美国洛马·普里埃塔地震中 Cyptess 高架桥框架墩剪切破坏
（源自 H. G. Wilshire, U. S. Geological Survey）

在 2008 年汶川地震中，位于震中映秀镇的百花大桥采用了柱式框架桥墩，设置了系梁。全桥 6 联 20 跨，其中第 5 联整体性坍塌。全桥 19 个桥墩的 38 个墩柱中倒塌、

图 2.4—27 2008 年汶川地震中百花大桥框架墩节点区域破坏

压溃的共24个，比例高达63%；环向开裂的6个，占16%；墩柱病害不明显的8个，占21%。系梁除了7道没破坏外，其余均有不同程度的破坏。图2.4—27为地震后百花大桥框架墩在系梁与墩柱的节点区域发生破坏的情况，系梁端部和墩柱局部发生剪切破坏。

3. 桥台震害

桥台震害在历次地震中均较为常见。除了地基丧失承载力（如砂土液化）等引起的桥台滑移外，桥台的震害主要表现为台身与上部结构（如梁）的碰撞破坏、桥台倾斜以及桥台锥体破坏。图2.4—28为2008年汶川地震中的桥台震害，包括台身结构破坏、锥体护坡垮塌及台尾过渡段破坏等。

（a）桥台被梁顶裂

（b）桥台台身水平裂缝和斜裂缝

（c）桥台锥体坍塌

（d）桥台锥体护坡开裂

(e)桥台台尾过渡段破坏

(f)桥台尾部被落石砸坏

图 2.4—28 桥台震害

2.4.4 桥梁基础震害

桥梁基础破坏是国内外许多地震的重要震害现象之一。基础的破坏,会使结构整体丧失承载力,导致结构倒塌的严重后果。由于基础一般埋置于地下,具有隐蔽性,震害不易被发现。

地基失效(如土体滑移和砂土液化)是桥梁基础产生震害的主要原因。明挖扩大基础的震害一般由地基失效引起;桩基的破坏,除了地基失效这一主要原因外,群桩基础还会发生由于上部结构传下来的惯性力所引起的桩基剪切和弯曲破坏,更有桩基设计不当所引起的震害,如桩基没有深入稳定土层足够长度,桩顶与承台连接构造措施不足等。如在中国 1975 年的海城地震和 1976 年的唐山地震中,都有大量地基失效引起桥梁基础震害的实例。在 1976 年唐山地震中,京山铁路蓟运河上行桥为 2 × 62.8 m 下承式钢桁梁 + 2 × 20 m上承式钢板梁,淤泥质砂黏土地基,沉井基础。1 号、3 号墩(由山海关侧开始编号)沉井比 2 号墩沉井浅,1 号、3 号墩相对于 2 号墩分别下沉 0.68 m 和 0.57 m,全桥下承式钢桁梁成折线,如图 2.4—29 所示。

图 2.4—29 蓟运河上行桥严重破坏

虽然在软弱地基上采用桩基础

的结构往往比无桩基础的结构具有更好的抗震性能，但是在地震作用下，群桩基础依然是整座桥梁中的抗震薄弱部位。图 2.4—30 所示为 1989 年洛马·普里埃塔地震中穿过 Struve 沼泽地的桩基公路桥倒塌震害。桥址处上部土层由软黏土和冲积砂土组成，所以没有液化问题，桩基没有发生竖向沉降，但桩与桩周土发生了 30～45 cm 的脱空，造成地基土对桩身的横向约束力不足。在上部结构传下来的地震惯性力作用下，桩身产生了过大的横向位移，桥墩和盖梁节点首先发生弯剪破坏，再引起上部结构过大的相

（a）桩基破坏引起一联塌落(源自J.C. Tinsley, United States Geological Survey)

（b）墩柱破坏　　　　（c）桩土脱空

图 2.4—30　Struve Slough 桥桥梁基础震害

对位移,使桥墩与盖梁脱开,墩柱贯穿桥面。该桥一联塌落,其余联也遭受严重破坏,但是桥面仍保持连续,这是由于纵向约束装置发挥了重要作用。

桩基震害有极大的隐蔽性,许多桩基的震害都是通过上部结构的震害体现出来的。但是,有时上部结构震害轻微,而开挖基础却发现桩基已产生严重损坏,甚至发生断裂破坏。在中国唐山地震中就有这样的实例。

2.5 桥梁震害发生的原因

对结构震害现象进行调查研究,从中总结和吸取经验教训,是结构抗震理论得以发展的一个重要手段。调查与分析桥梁的震害及其产生的原因是建立正确的抗震设计方法,采取有效抗震措施的科学依据。尽管早在1926年,世界上就有了第一部涉及桥梁抗震设计条款的规范,但对桥梁的地震动力反应有一个比较清楚和全面的认识,还只是最近三四十年之内的事情。因此,早期桥梁震害产生的原因,很大一部分应归结于对桥梁地震反应认识的局限。可以说,桥梁抗震设计的历史,也是人类对桥梁震害认识的历史。近四十余年发生的几次大地震使大量桥梁结构遭到了严重破坏,但也使我们获取了关于结构地震反应的极其宝贵的资料,从而可以对抗震设计理论和设计方法进行检讨、修正和发展,使桥梁抗震设计水平不断地得到提高。

大量的震害分析表明,引起桥梁震害的原因主要有三个:

(1)桥梁场地对抗震不利,地震引起地基失效或地基变形;

(2)发生的地震强度超过了抗震设防标准;

(3)桥梁结构的设计、施工不合理,结构抗震能力不足。

从结构抗震设计的观点出发,可以将桥梁震害归为两大类,即地基失效引起的破坏和结构强烈振动引起的破坏。两种破坏的原理不同:前者属于静力作用,是由于地基失效产生的相对位移引起的结构破坏;后者属于动力作用,是由于振动产生的惯性力引起的破坏。实际上,引起桥梁结构破坏的因素可能是一种因素起主要作用,也可能是几种因素共同作用。

2.5.1 地基失效或变形

发生强烈地震时,地裂缝、滑坡、砂土液化、软土震陷等可使地基产生开裂、滑动、不均匀沉降等,进而丧失稳定性和承载力,使建造在其上面的工程结构受到破坏。一般说来,地基失效引起的桥梁结构的破坏是难以抵御的,因此,应该重视通过场地选择避开不利地段。如果无法绕避,则应该考虑对地基进行处理或采用深基基础。

2.5.2 地震强度超出抗震设防标准

桥梁结构遭遇的地震动强度远远超过预期设计的强度,桥梁结构无法抵御而遭受破坏,这是导致桥梁结构破坏的外因。桥梁工程的抗震设防标准就是如何确定地震作用力的标准。荷载定得越大,抗震设防的要求就越高,桥梁在使用寿命期间为抗震设防需要投入的费用也越大。然而,桥梁在使用寿命期间遭遇抗震设防标准所期望的地震总是少数。这就是矛盾点所在:一方面要求保证桥梁抗震安全,另一方面又要适度投入抗震设防的费用,使投入费用取得最好的效益。一个国家的抗震设防标准与一个国家的国民经济的发展水平息息相关。可以毫不夸张地说,国家的经济实力决定了国家的抗震设防标准的制订。

从 20 世纪 70 年代开始,人们认识到工程设防标准不能追求绝对的安全性,而是需要从危险概率的大小出发来定义安全度,从而形成了以概率为基础的设防准则。基于概率的合理的安全度是指在经济与安全之间的合理平衡,这是工程抗震设计的总原则,也是一切设计的总原则。目前我国铁路、公路都是按三阶段三水准设计,简略概括为"小震不坏,中震可修,大震不倒"。

同时,从我国目前的具体情况出发,考虑到铁路工程的重要性和震后修复的困难程度,本着确保重点和节约投资的原则,将不同工程给予不同的抗震安全度进行抗震设防分类,并按抗震设防类别确定不同的设防标准和设防目标。

2.5.3 结构抗震能力不足

位于地震区的桥梁在结构设计、施工方面存在不合理因素,可能导致结构抗震能力不足,以至于地震发生时,桥梁结构遭受破坏甚至倒塌。这是桥梁结构破坏的内因,主要表现为支承连接失效和下部结构失效。

在地震中,如果上部、下部结构的相对位移过大,支承连接件不能承受,支承连接件就可能失效。由于支承连接件失效,上部结构和下部结构之间会产生更大的相对位移,如果没有受到其他约束,上部结构就可能与下部结构脱开,最终导致落梁。在落梁过程中,由于落梁的冲击力作用,可能会导致下部结构遭受严重破坏。支承连接件失效的原因,主要是低估了相邻梁跨之间的相对位移。相邻梁跨间在随机发生地震作用下的相对位移是难以准确确定的,因此支承连接件破坏是很难避免的,但应该避免因支承连接件失效而导致的落梁现象。对此一般有两种做法:一是规定支承连接部位的支承面宽度必须满足一定要求;二是规定在简支的相邻梁之间安装纵向约束装置。

下部结构失效主要是指桥墩和桥台失效。如果下部结构不能抵抗自身的惯性力和由支座传递的上部结构的地震力,桥墩和桥台就会破坏。桥墩和桥台产生破坏的原因可归纳为:设计抗弯能力不足、设计抗剪强度不足和构造缺陷。设计抗弯能力不足往往是设计地震力取值偏低,当地震发生时,实际地震力超过设计地震力,桥墩中的纵向钢筋过早屈服,造成桥墩发生弯剪破坏。这种破坏一般发生在轻型墩、高墩和柔性墩中。另外,过去由于对桥墩地震破坏的认识不足,纵向钢筋往往在墩底搭接或焊接,桥墩的主筋通常未达到设计强度就因焊接强度不够或搭接失效而弯曲破坏。设计抗剪强度不足是由于以前对地震力的作用机理认识不全,地震发生时,产生的横向剪切力超过预期设计值。过去设计的桥墩,其横向钢筋直径通常较小,间距往往较大,不足以抵抗强烈地震引起的横向剪切破坏。构造缺陷包括:横向约束箍筋数量不足和间距过大,因而不足以约束混凝土和防止纵向受压钢筋屈服;纵向钢筋在墩底搭接和焊接;纵向钢筋过早切断;纵向钢筋和横向箍筋锚固长度不足;箍筋端部没有做成弯钩等。另外,过去铁路桥梁常采用素混凝土桥墩,且桥墩混凝土分多次灌筑,施工接缝未作连接处理或处理措施不到位等,常造成铁路素混凝土桥墩横向剪切破坏。

2.6 从桥梁震害中得到的教训和启示

最近40年,是桥梁抗震设计理论取得长足进展的时期。在这一时期,大多数地震国家根据各国国情,制订了专门的桥梁抗震设计规范,我国也于1971年首次颁发了《铁路工程抗震设计规范》,于1972年首次颁发了《公路工程抗震设计规范》。但在最近40年里,许多经过专门抗震设计的现代桥梁,在遭遇到低于设计强度的地震时仍发生倒塌或严重破坏。典型的例子如美国1971年圣·费尔南多地震、1989年洛马·普里埃塔地震和1994年北岭地震,以及日本1995年阪神地震等。这种情况引起人们的普遍关注,有关专家和学者也纷纷对过去的抗震设计原则和设计方法进行反省,提出了一些新的抗震思想,如基于性能的抗震设计原则、能力设计方法和减隔震理论等。

在汲取震害经验、教训的基础上,伴随着对地震产生机理、地震动特性以及地震作用下桥梁结构动力响应特性、破坏机理、构件能力的研究及认识的加深,对桥梁结构在不同水准地震作用下结构预期抗震性能要求的不同和经济因素的限制,促使目前的规范在各个方面需要进行改进。主要涉及几个方面:一是设计原则、设防水准的改进;二是分析方法、设计方法的改进;三是新的抗震技术的应用。总结桥梁震害教训,得到以下一些重要的结论:

(1)桥位选择应综合考虑场地地形、地质、水文等环境条件,绕避地震时易诱发山体滑坡、岩石崩塌、泥石流等地段,重视地震引起的海啸、溃坝等对桥梁结构的影响;

(2)桥梁线形应尽可能顺直,以避免地震反应复杂化;

(3)桥梁抗震设防应考虑工程造价、结构遭遇地震作用水平、紧急情况下维持交通能力的必要性以及结构的耐久性和修复费用等因素,合理确定桥梁的重要性及其允许的损坏程度;

(4)桥梁结构应简单和规则、传力途径短、受力明确,高烈度地震区应选用中小跨度的桥梁;

(5)桥梁抗震设计应同时考虑强度和延性,尤其注重提高桥梁结构整体性和钢筋混凝土桥墩的延性能力;

(6)重视采用减隔震技术,以提高桥梁的抗震性能;

(7)对于复杂桥梁,强调进行空间动力时程分析的必要性;

(8)重视桥梁支座的作用及其设计,同时开发更有效的防止落梁装置。

除了以上这些结论外,对已建桥梁,还充分认识到按早期规范设计的旧桥的地震易损性,认识到对重要旧桥进行抗震加固的紧迫性。最重要的一点是,地震区的一切新建工程,都必须严格按照国家颁布的抗震设计规范进行设防,为此而增加一些基建投资是值得和必要的。

总结过去的桥梁震害教训,对当前我国桥梁的抗震设计有很大的启示作用。当前,我国铁路桥梁抗震设计依据的规范,是于 2006 年正式施行的《铁路工程抗震设计规范》(GB 50111—2006),且 2008 年汶川地震以后,对该规范进行了修订,修订本在 2009 年颁布。目前该规范还是把强度作为主要设计参数,对荷载已经预先明确的静力设计而言,这是一种十分合理的方法,但用于抗震设计,则存在一个基本的缺陷。众所周知,地震动是完全随机的,按目前的认识水平,还无法准确预知某一地区未来发生的地震动水平。事实上,地震实践也已经反复证明,实际发生的地震动水平可能远远超过设计预期的地震动水平。另一方面,出于经济方面的考虑,实际也允许普通桥梁结构在设计预期的大震下出现一定程度的破坏。

因此,对量多面广的普通桥梁结构,其在设计预期的大震作用下,事实上已毫无强度储备可言,如果仅仅单纯地依靠强度去作抗震设防,则其后果是可想而知的。这种设计方法的基本缺陷,已经多次被早期的桥梁震害现象所反复证明,在汶川地震中,则再次被突出地反映出来:处于强震区的现代混凝土桥梁,有的遭受到超过设计地震加速度 2 倍以上甚至更大的地面运动加速度,那些仅进行强度抗震设计的桥梁,因无法抵御如此巨大的地震作用而均遭受严重破坏。因此,单纯依靠强度作抗震设防的原则,是我国当前桥梁抗震设计中存在的最主要问题。

近年来,有学者针对强度设计方法的不足提出了一种改进的方法,即延性抗震设计方法。虽然延性设计的依据仍是构件的强度,但是需要校核构件的延性能力满足设计(强度、变形)要求。这种方法目前正为许多新修订的规范所接受。2009 年重新颁布的《铁路工程抗震设计规范》就将延性设计纳入其中。该规范要求在罕遇地震作用下,钢筋混凝土桥墩能形成塑性铰,具有延性,不使结构发生坍塌。但是具体实现起来有困难:一是地震的不确定性,导致塑性铰形成位置不确定;二是塑性铰一旦形成,结构虽然没有坍塌,但是很难作为生命线工程为抗震救灾提供应急通行和抢修使用,能否作为灾后重建的通道使用也存在不确定性;三是铁路桥墩刚度大,以轴向受压为主,难以形成塑性铰。而采用特殊的支座设计,在保证不落梁的情况下,以支座的塑性变形来换取梁部和下部桥墩的安全是一种很好的方法,也可以理解为广义的延性设计方法。这种方法与目前正为世界各国规范所逐渐接受的抗震设计方法——能力设计方法相符合。能力设计方法通过与强度或延性等设计方法结合,形成一种有效的抗震设计方法。其定义是:对于结构的非弹性响应设计,首先布置可能出现塑性铰的位置,使结构或构件屈服后形成一个合理的耗能机构；对塑性铰区进行专门的设计，以提供足够的延性能力；对于其他非塑性铰区，根据塑性铰所具有的超强强度，确定被保护构件的设计强度，从而保证被保护构件在结构塑性铰形成后仍保持弹性。

能力设计方法是结构动力概念设计的一种体现，其主要优点是设计人员可对结构在屈服时、屈服后的性能给予合理的控制，即结构屈服后的性能是按照设计人员的意图出现的，这是传统抗震设计方法所达不到的。此外，根据能力设计方法设计的结构具有很好的韧性，对结构避免倒塌发生提供很高的保护能力，同时也降低了结构对许多不确定因素的敏感性。

传统结构抗震设计方法是依靠增加结构构件自身的强度、变形能力来抗震的。能力设计方法中，容许很大的地震能量从地面传递给结构，而抗震设计主要考虑的问题就是如何为结构提供抵抗这种地震作用的能力。尽管通过适当选择塑性铰的位置和仔细设计构件的细部构造可以确保结构的整体性和防止结构倒塌的发生，但结构构件的损伤是不可避免的。近几十年来，为了提高结构的抗震性能，一些研究人员提出一些新的抗震技术，主要包括减隔震技术、被动控制技术、主动控制技术及混合控制技术等。减隔震技术是指通过采用减隔震装置来尽可能地将结构或部件与可能引起破坏的地震地面运动或支座运动分离开来，大大减少传递到上部结构的地震力和能量。在满足正常使用要求的情况下，这种分离或解耦是通过增加系统的柔性和提供适当的阻尼来实现的。

减隔震技术的应用，一方面提高了结构的抗震性能，另一方面也降低了造价，甚至在有些情况下，采用这些减隔震技术还是解决实际结构抗震问题的唯一有效途径。

3 桥梁抗震设计方法

人类历史对于地震的记载已有几千年,但在工程结构设计中考虑抗震设计还只是20世纪20年代初才刚刚开始。大量的震害资料表明,合理的结构形式和较强的抗震能力可以大大减轻甚至避免震害的发生。随着人们对地震动和结构动力特性理解的加深,目前已发展了多种抗震设计理论。按结构地震反应分析方法,抗震设计理论可归纳为静力理论、反应谱理论和动力理论(动力时程分析)三类,以能量、位移或结构性能为基本参数的抗震设计理论还处于探索和发展阶段。

3.1 桥梁结构抗震计算理论

结构动力响应的计算方法可分为解析法和数值算法两大类。解析法一般是将实体结构简化为简单的理想模型,用力学基本原理求解。由于实体结构的形状往往较为复杂,解析法很难精确地模拟实际结构的刚度、质量和阻尼分布,也很难处理外力作用形式和边界条件。借助计算机分析的数值算法在计算模型处理方面就更为灵活,考虑因素更为全面,因此,在桥梁结构地震响应分析中数值算法是主要的计算方法。

受早期的理论和计算工具限制,桥梁抗震计算中采用简化的静力法,20世纪50年代后期发展了动力法的反应谱理论,在动力阶段中又有弹性和非弹性两个阶段,随机振动和确定性振动是动力一阶段中并列出现的两种分析方法,目前对重要桥梁结构抗震设计普遍采用的是确定性地震反应分析方法。

3.1.1 静力法

静力法是1899年由日本学者大房森吉提出的。它假设结构物各部分与地震力具有相同的振动。此时,结构物上只作用着地面运动加速度 $\ddot{x}_g$ 乘上结构物质量 m 所构成的惯性力,把惯性力视为静力作用于结构物作抗震计算。惯性力计算公式为

$$P = \ddot{x}_g m = \ddot{x}_g \frac{W}{g} = KW \tag{3.1—1}$$

式中　W——结构物各部分重量;

m——结构物各部分质量;

K——地面运动加速度峰值与重力加速度的比值。

静力法将地震加速度作为结构地震破坏的唯一因素。从动力学角度来看，这种方法忽略了结构的动力反应特性，在理论上存在极大的局限性。只有结构物的基本固有周期比地面运动卓越周期小很多时，结构物在地震时才可能几乎不产生变形，可以近似地视为刚体，弹性静力法才能成立。不过，弹性静力法概念简单，对于整体刚度较大的结构或构件是适用的，至今在桥台和挡土结构的抗震设计中仍采用静力法。

3.1.2 反应谱法

20 世纪 30 年代初，美国开始布设强震观测台。从 1933 年起，陆续获得了一批有实际意义的地震加速度过程的记录，尤其是 1940 年 5 月 18 日在距震中 9.3 km 的埃尔森特罗（EL Centro）纪录到的具有强震典型特点的地面加速度记录（图 1.1—8），为反应谱理论的提出奠定了基础。该地震震级为 6.3 级，地震烈度为 8 度，最大水平加速度为 0.34g，持续时间为约 25 s。

20 世纪 40 年代初，在上述地震记录的基础上，比奥特（Biot M）提出了地震力反应谱理论的概念，给出了单自由度弹性振子对应某一强震记录下，体系周期与绝对加速度、相对速度和相对位移的最大反应量之间的关系曲线。20 世纪 50 年代初，豪斯奈（Housner G W）利用上述强震记录，把比奥特（Biot）的理论付诸实施，作出了可供工程设计采用的反应谱曲线，并在实际工程中应用，标志着地震力理论进入动力理论。1958 年第一届世界地震工程会议之后，这一方法被许多国家接受，并逐渐被采纳应用到结构抗震设计规范之中。

动力反应谱法从地震动出发求结构的最大地震反应，但同时考虑了地面运动特性和结构的动力特性（自振周期、振型和阻尼）之间的关系，在设计中仍然把地震惯性力视为静力，以弹性分析为主。

地震动反应谱建立了地震动特性与结构动力反应之间的联系。本质上，地震动反应谱反映了地震动频谱特性，同时，它又描述了一般结构地震反应的某些基本特征。

1. 反应谱的概念

反应谱采用“地震荷载”的概念，它通过理想简化成单自由度体系的地震响应来描述地震动特性，即利用强震记录仪记录到的某次地震的加速度时程曲线，对一组具有不同自振周期和一定阻尼比的单自由度弹性体系计算出的最大加速度反应值与结构周期的关系曲线。反应谱的定义是：一个自振周期为 T、阻尼比为 ξ 的单自由度体系在地震动作用下反应 x 的最大值 $x(T,\xi)$ 随周期 T 而变化的函数。当 x 是单自由度体系的相对位移 d，或相对速度 v，或绝对加速度 a 时，分别称为位移、速度或加速度反应谱。

单自由度体系的质量、刚度和阻尼系数分别表示为 m、k 和 c，其基础受到地面运动加速度为 $\ddot{x}_g$ 的地震作用，单自由度体系的地震振动方程为

$$m(\ddot{x}_g+\ddot{x})+c\dot{x}+kx=0 \tag{3.1—2}$$

即
$$\ddot{x}_g+\ddot{x}+\frac{c}{m}\dot{x}+\frac{k}{m}x=0$$

利用阻尼比 $\xi=c/2m\omega$（$\xi=c/c_c$，其中 c_c 为临界阻尼系数，$c_c=2m\omega$）及无阻尼圆频率 $\omega=\sqrt{k/m}$ 的概念，上式可进一步表示为

$$\ddot{x}+2\xi\omega\dot{x}+\omega^2x=-\ddot{x}_g \tag{3.1—3}$$

式（3.1—3）的通解可根据它的齐次解，利用常数变易法求得

$$x(t)=e^{\xi\omega t}(A_1\sin\omega_d t+A_2\cos\omega_d t)-\frac{1}{\omega_d}\int_0^t e^{-\xi\omega(t-\tau)}\ddot{x}_g(\tau)\sin[\omega_d(t-\tau)]d\tau \tag{3.1—4}$$

式中　ω_d——有阻尼圆频率，$\omega_d=\omega\sqrt{1-\xi^2}$。

式（3.1—4）第一项为自由振动部分，其中 A_1、A_2 为与初始条件有关的常数；第二项为强迫振动部分。设初始条件为 $x(t=0)=\dot{x}(t=0)=0$，对于线性体系，上述运动方程的解为

$$x(t)=-\frac{1}{\omega_d}\int_0^t e^{-\xi\omega(t-\tau)}\ddot{x}_g(\tau)\sin[\omega_d(t-\tau)]d\tau \tag{3.1—5}$$

对式（3.1—5）分别求一次和二次导数，可得单自由度质点地震作用下的相对速度和绝对加速度反映的积分公式，即

$$\dot{x}(t)=-\frac{\omega}{\omega_d}\int_0^t e^{-\xi\omega(t-\tau)}\ddot{x}_g(\tau)\cos[\omega_d(t-\tau)+a]d\tau \tag{3.1—6}$$

$$\ddot{x}(t)+\ddot{x}_g(t)=-\frac{\omega^2}{\omega_d}\int_0^t e^{-\xi\omega(t-\tau)}\ddot{x}_g(\tau)\sin[\omega_d(t-\tau)+2a]d\tau \tag{3.1—7}$$

由于结构的阻尼比 ξ 很小，有阻尼圆频率 $\omega_d=\omega\sqrt{1-\xi^2}\approx\omega$，而且相位差 a 也可以忽略不计，则式（3.1—6）和式（3.1—7）可进一步简化为

$$\dot{x}(t)=-\int_0^t e^{-\xi\omega(t-\tau)}\ddot{x}_g(\tau)\cos[\omega_d(t-\tau)]d\tau \tag{3.1—8}$$

$$\ddot{x}(t)+\ddot{x}_g(t)=\omega_d\int_0^t e^{-\xi\omega(t-\tau)}\ddot{x}_g(\tau)\sin[\omega_d(t-\tau)]d\tau \tag{3.1—9}$$

但当采用了加设阻尼或能量耗散装置以减轻地震给结构物带来的振动响应时例外。由式（3.1—5）~式（3.1—9）可知，对于线性单自由度体系结构，只要知道地震动加速度过程 $\ddot{x}_g$ 以及结构本身的频率特性 ω 和阻尼特性 ξ，就可以得到结构地震反应，如图 3.1—1 所示。反言之，结构反应体现了地震动特性与结构自振特性两种因素。

对于不同频率特性和阻尼比的单自由度体系，在选定的地震加速度 $\ddot{x}_g$ 输入下，可以获得一系列的相对位移 x、相对速度 $\dot{x}$ 和绝对加速度 $\ddot{x}_g+\ddot{x}$ 的反应时程曲线，从中可以得到它们的最大值。多个单自由度质点地震加速度反应如图 3.1—2 所示。

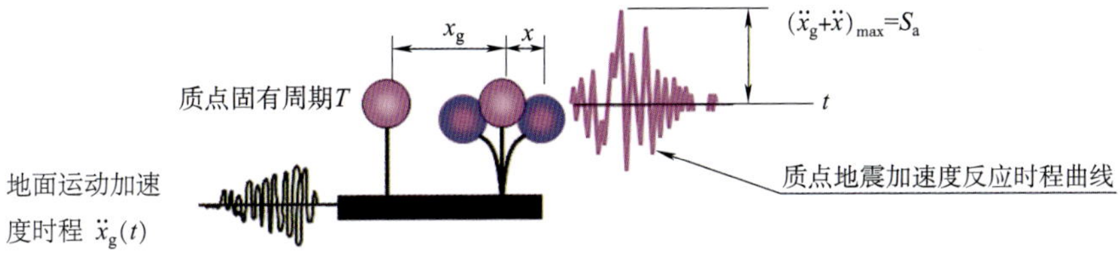

图 3. 1—1 单自由度质点地震加速度反应示意图

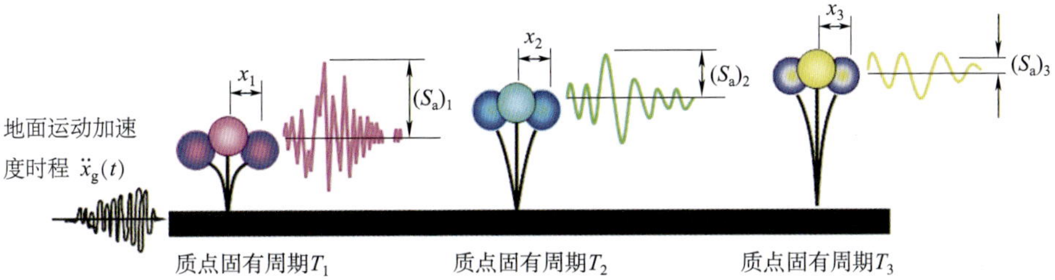

图 3. 1—2 多个单自由度质点地震加速度反应示意图

$$|x(t)|_{max}=\left|-\frac{1}{\omega_d}\int_0^t e^{-\xi\omega(t-\tau)}\ddot{x}_g(\tau)\sin[\omega_d(t-\tau)]d\tau\right|_{max} \tag{3.1—10}$$

$$|\dot{x}(t)|_{max}=\left|-\int_0^t e^{-\xi\omega(t-\tau)}\ddot{x}_g(\tau)\cos[\omega_d(t-\tau)]d\tau\right|_{max} \tag{3.1—11}$$

$$|\ddot{x}(t)+\ddot{x}_g(t)|_{max}=\omega_d^2|-x(t)|_{max} \tag{3.1—12}$$

考虑结构频率特性不断变化，即 ω 值（也可反映为周期值）沿坐标不断变化，从而得到连续不同频率下的最大值。加速度反应谱如图 3. 1—3 所示。

$$S_d(\omega,\xi)=|x(t)|_{max} \tag{3.1—13}$$

$$S_v(\omega,\xi)=|\dot{x}(t)|_{max} \tag{3.1—14}$$

$$S_a(\omega,\xi)=\omega_d^2 S_d(\omega,\xi)\approx\omega^2 S_d(\omega,\xi) \tag{3.1—15}$$

式中 $S_d(\omega,\xi)$——相对位移反应谱；

$S_v(\omega,\xi)$——相对速度反应谱；

$S_a(\omega,\xi)$——绝对加速度反应谱。

由图 3. 1—3 可以看出，曲线上不同的点所对应的单自由度体系的自振周期是不同的，所以反应谱不是一个单自由度体系的反应，或者说反应谱曲线是具有不同动力特性的结构对一个地震动过程的动力反应最大值。因此，如果说反应谱反映了所有结构特性的话，还不如说反应谱没有反映结构的特性，或者说基本没有反映结构的特性，而是反映了地震动过程不同成分频率含量的相对关系。从另一个角度来说，曲线上的每一点是通过单自由度体系的最大动力反应来描述地震动频谱特性的，这就建立了地震动特性与结构动力特性的联系。

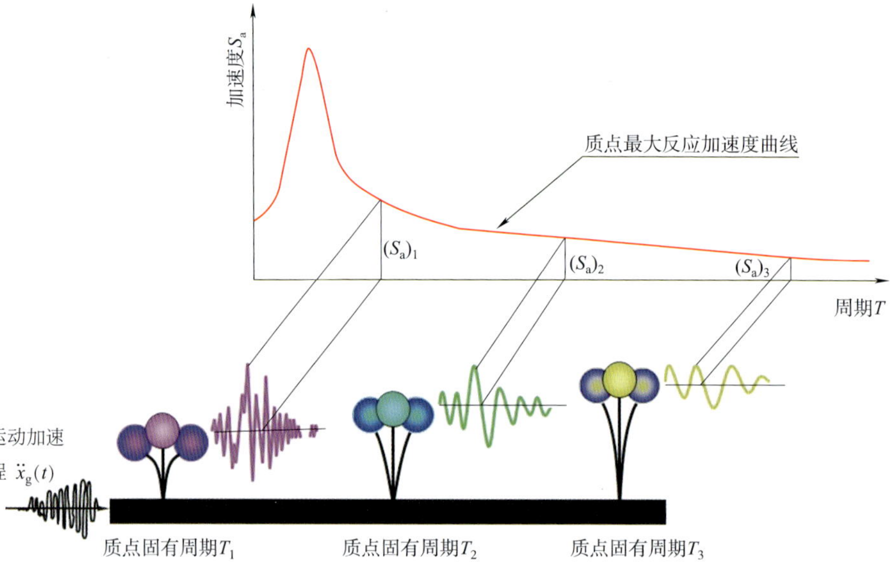

图 3.1—3　地震波作用下地震加速度反应谱示意图

当地震动过程相当长时，式(3.1—10)和式(3.1—11)中 $\sin[\omega_d(t-\tau)]$ 与 $\cos[\omega_d(t-\tau)]$ 两因子只相差一个相位。当仅考虑最大值 $\pi/2$ 时，将两者互换差别不大，又由于 $\omega=2\pi/T$，所以用 T 表示与用 ω 表示是等价的，即式(3.1—10)～式(3.1—12)表示的谱可以写成

$$S_d(T,\xi)=\frac{1}{\omega_d}S_v(T,\xi)\approx\frac{1}{\omega}S_v(T,\xi) \tag{3.2—16}$$

$$S_v(T,\xi)=\left|-\int_0^t e^{-\xi\omega(t-\tau)}\ddot{x}_g(\tau)\sin[\omega_d(t-\tau)]d\tau\right|_{max} \tag{3.2—17}$$

$$S_a(T,\xi)=\omega_d^2S_d(T,\xi)\approx\omega^2S_d(T,\xi)=\omega S_v(T,\xi) \tag{3.2—18}$$

这样计算的相对速度反应谱称为拟相对速度反应谱(PSV)，相应的绝对加速度反应谱称为拟绝对加速度反应谱(PSA)。

2. 反应谱特性

反应谱的形状特性反映了不同类型结构动力最大反应的特点。由式(3.1—10)～式(3.1—12)中还可以看出，反应谱具有以下特征：

(1)自振周期等于0的绝对刚性结构，相对位移、相对速度和相对加速度反应等于0，最大位移反应等于地面最大位移，绝对加速度最大反应等于地震动最大加速度 $\ddot{x}_{gmax}$，即 $S_d=S_v=0$，$S_a=\ddot{x}_{gmax}$。

(2)自振周期趋于无限大的无限柔性结构，最大相对位移反应、相对速度反应和相对加速度反应分别等于地震动的最大位移、速度和加速度，绝对加速度等于0，即 $S_d=x_{max}$，$S_v=\dot{x}_{max}$，$S_a=0$。地面运动对其不产生任何动力影响。

(3)反应谱的高频段最大加速度趋近于地面最大加速度,即由地震动最大加速度决定。低频段最大位移趋近地面最大位移,即由地震动最大位移决定。中频段最大反应均比地面运动大,即存在动力放大效应,由地震动最大速度决定。

(4)结构阻尼比对反应谱的影响很大,大体上呈反比关系,且不太大的阻尼比可将反应谱的峰值减小很多。

3. 设计反应谱

对于一组具有不同自振周期和一定阻尼比的单自由度体系,根据不同的地震加速度时程曲线(即地震动记录),可得到相应的不同反应谱曲线,如图 3. 1—4 所示。

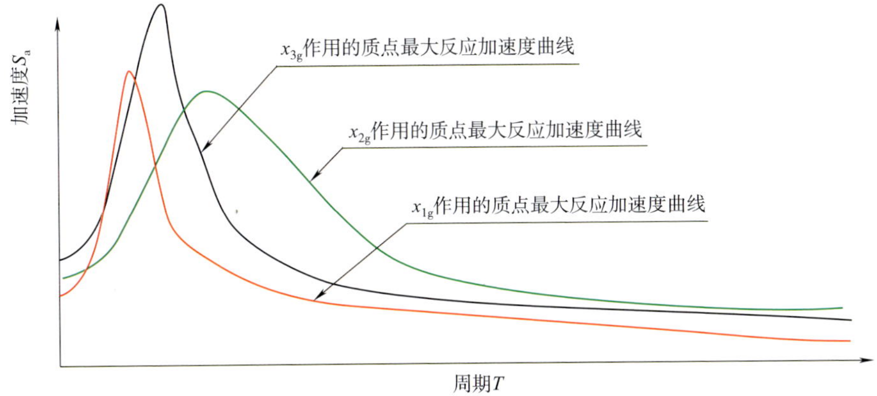

图 3. 1—4 不同自振周期单自由度体系地震加速度反应谱曲线

一个场地记录到的地震动与多种因素(如场地条件、震中距离、震源深度、震级、震源机制和传播途径等等)有关。由于诸多随机因素的影响,使得由不同记录得到的加速度反应谱具有很大的离散性。一次地震记录得到的反应谱曲线有许多峰点和谷点,不同地震记录又有不同的峰点和谷点,这是由于特定的地面运动中局部共振所致。从工程抗震设计角度出发,将不同地震动记录的反应谱曲线加以统计平均、平滑拟合,基于安全、经济因素的修正,应忽略这些峰点和谷点,得到供设计使用的规范反应谱曲线。也就是说,设计反应谱并不是某次特定地震的地面运动描述,而是基于对大量地震动表现的综合认识所做出的对结构地震力的一种规定。

我国现行《公路工程抗震规范》(JTG B02—2013)所采用的反应谱曲线是由水平设计加速度反应谱最大值、结构周期和特征周期所组成的函数所表示,常称为标准反应谱。它是在对 1 050 条国内外地震加速度记录反应谱进行统计分析的基础上,针对四类不同场地条件给出的,如图 3. 1—5 所示。图中的反应谱就是以动力放大系数的形式给出的。动力放大系数定义为

$$\beta(T,\xi)=\frac{PSA(T,\xi)}{\ddot{x}_{\mathrm{gmax}}}=\frac{|\ddot{x}+\ddot{x}_{\mathrm{g}}|_{\max}}{\ddot{x}_{\mathrm{gmax}}} \tag{3. 1—19}$$

该规范采用的反应谱对应四类场地土的放大系数最大值分别在 0.1 ~ 0.2 s、0.1 ~ 0.3 s、0.1 ~ 0.45 s、0.1 ~ 0.7 s 之间，之后就慢慢衰减。需要指出的是，由于规范中反应谱截止周期是 5 s，因而长周期反应谱的取值不能满足较大跨径桥梁抗震反应谱分析的要求；由于阻尼比是影响反应谱值的一个重要参数，规范反应谱曲线是取阻尼比为 5% 绘出的，当结构阻尼比与 5% 明显不同时，就应该考虑修正。为了控制过大变形，在结构中引入阻尼装置，以增加结构的阻尼来耗散输入的地震能量，从而减少结构的位移，附带还可以减小结构的动力加速度。

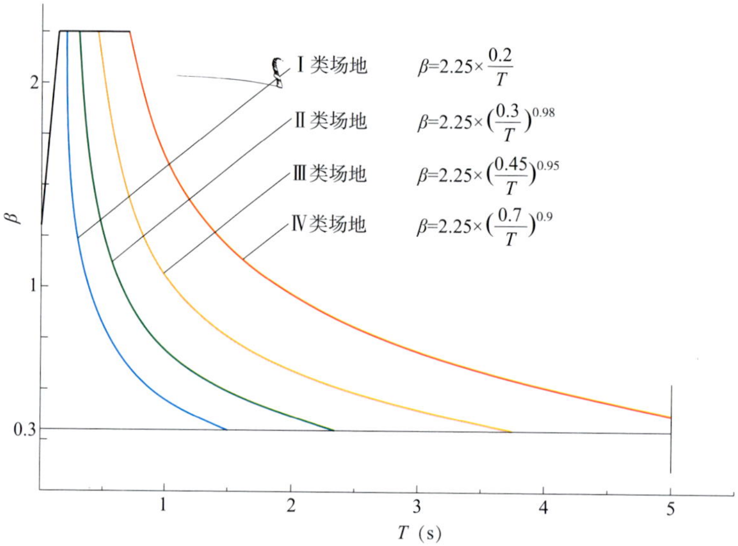

图 3.1—5　标准反应谱曲线

我国《铁路工程抗震设计规范》(GB 50111—2006)规定的反应谱曲线如图 3.1—6

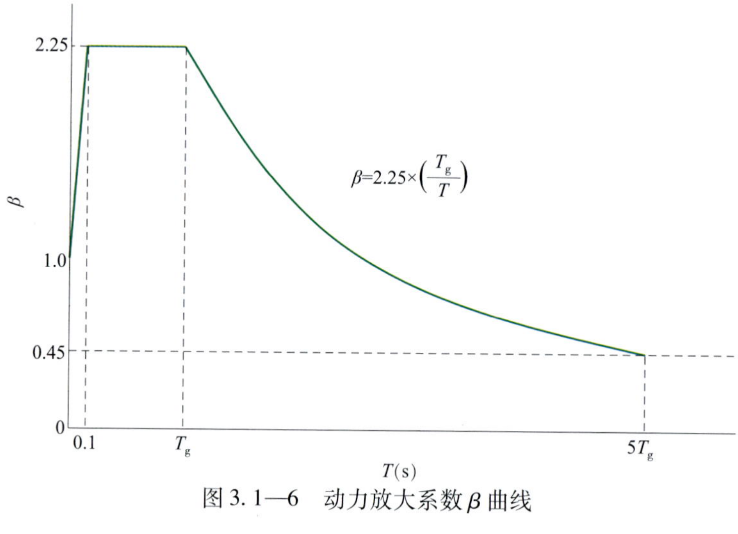

图 3.1—6　动力放大系数 β 曲线

所示。反应谱曲线的横坐标是自振周期 T,纵坐标是无量纲的动力放大系数 β,当结构自振周期小于 2 s,且阻尼比 $\xi=0.05$ 时,动力放大系数 β 可按图 3.1—6 取值,不符合上述条件时则应另行研究。

地震动反应谱特征周期 T_g 应根据场地类别和地震动参数区划按表 3.1—1 取值。

表 3.1—1　地震动反应谱特征周期 T_g(s)

特征周期分区	场地类别			
	Ⅰ	Ⅱ	Ⅲ	Ⅳ
一　区	0.25	0.35	0.45	0.65
二　区	0.30	0.40	0.55	0.75
三　区	0.35	0.45	0.65	0.90

4. 等效线性化方法

等效线性化理论是结构弹塑性地震响应的简化计算方法,在一些国家的桥梁抗震设计中,这种算法常作为分析结构弹塑性地震响应的基本方法之一被采用。该方法是在土动力学研究中发展起来的计算理论,在场地、结构动力分析中得到推广应用。它是通过修改刚度和阻尼比,按线性振动理论计算结构弹塑性地震响应的方法,即用降低结构刚度和增加阻尼的方法,使按线性振动理论得到的地震响应峰值与弹塑性地震响应峰值一致,把复杂的弹塑性地震响应分析简化为简单的线性振动理论计算。

在罕遇地震作用下,桥梁结构通常会产生非弹性变形。为了满足强震作用下结构的性能要求,需要计算结构的非弹性变形能力,但振型分解反应谱方法还无法满足这个要求。利用非线性动力时程分析虽然可以估算结构的非线性地震反应值,但分析过程很复杂。为了得到结构非线性反应的近似估计值,用一个等效的线性系统来代替原来的非线性系统,可直接利用规范弹性反应谱来计算结构的最大地震反应。假设单自由度非线性系统的滞回耗能与输入的地震能量相等,即可建立等效阻尼比的关系式,即

$$\xi_{dff}=0.02+0.2\left(1-\frac{1}{\sqrt{\mu}}\right) \tag{3.1—20}$$

以及具有双线性滞回弹性的等效刚度关系式,即

$$K_{eff}=\frac{1}{\mu}K_0 \tag{3.1—21}$$

式中　μ——结构体系延性系数;

K_{eff},K_0——非线性系统的等效刚度和初始弹性刚度。

在获得非线性系统的等效黏滞阻尼比 ξ_{dff} 和等效刚度 K_{eff} 后,可近似认为结构体系的地震反应与线性系统的反应一致,这样就可以直接应用弹性反应谱法求出最大地震力和最大位移。

弹性反应谱方法通过反映谱概念巧妙地将动力问题静力化,使得复杂的结构地震

反应计算变得简单易行,大大提高了结构的整体抗震设计水平。但是反应谱法也存在一些缺陷,例如它无法反映地震动持时和非线性的影响。基于弹性反应谱理论,现行规范设计方法还往往使设计者只重视结构强度,而忽视结构所具有的非弹性变形能力。

3.1.3 动态时程分析法

从地震运动的振幅、频谱和持时三要素来看,静力法仅考虑了高频振动振幅的最大值。反应谱法虽然考虑了频谱特征,但由于反应谱法以结构的弹性假设为基础,结构在强震下进入塑性状态时不能直接应用。另外,反应谱法只能得到最大反应,不能反映结构在地震动过程中的时间历程和地震动持时效应。对于多自由度结构,由于模态密集而产生的耦合作用,以及平均反应谱中不同模态反应的最大值并非同时出现,使得反应谱法给振型组合造成混乱,往往有较大误差。

20 世纪 60 年代后,重要的建筑物、大跨桥梁和其他特殊结构的抗震设计多采用动态时程分析法。该方法通常采用多节点、多自由度的结构有限元计算图示,将地震强迫振动的激振—地震加速度时程直接输入,借助电子计算机对运动方程进行数值积分,从而获得结构的地震反应时程。地震荷载输入可以直接选用强震仪记录的地震加速度时程,它有两个水平分量(南—北,东—西)和一个竖直分量,国内常用的有 1975 年海城波、1976 年天津波,美国有 1940 年的 EL Centro 波和 1952 年的 Taft 波。选用实测地震加速度时程作为输入,不可能完全符合被输入结构的场地土情况。近 20 年来,地震危险性分析的研究取得了很大的进展,它可以提供基岩面、覆盖土层任何深层上和地面的人工地震波加速度时程。近年,国内重要的建筑物、大跨桥梁或特殊结构的抗震计算,大多进行地震安全性评价,以人工地震加速度时程作为结构的地震输入荷载。

动态时程分析法以输入适合的地震动为出发点,其中考虑了结构、土和深基础相互作用、地震波相位差及不同地震波多分量多点输入等因素,采用多节点、多自由度的结构有限元动力计算模型建立地震振动方程,然后采用逐步积分法对方程进行求解,计算地震过程中每一瞬时结构的位移、速度和加速度反应。同时,考虑结构几何非线性和材料非线性以及各种减隔震装置非线性的精确分析也能在动态时程分析中得以实现。该分析方法是随着强震记录的丰富和计算机技术的广泛应用而发展起来的。动态时程分析法计算量大,并且需要对结果进行统计分析,因此,大多数国家的抗震设计规范对中小跨度桥梁仍采用反应谱方法计算,对重要、复杂、大跨的桥梁抗震计算建议采用动态时程分析法,中国、日本和美国规范都已将此方法列为规范采用的分析方法之一。

应用有限元方法时,结构的地震反应动力方程是一个二阶微分方程组,而且方程阶数通常很高,因此在工程结构有限元动力分析中,经常采用的数值算法可分为两类:一类是差分算法(如中心差分法),另一类是积分算法(如 Newmark-β 法、Wilson-θ 法)。一般情况下,这些方法是同时有效的,因此在选择方法时不仅要考虑结果的精度还要计算的时间。不论选择哪种算法,其基本步骤均如下:

(1)将求解的时间段[0,T]分为多个离散点 0,Δt,$2\Delta t$,…,$t+\Delta t$;

(2)将这些离散的时间点上引用动力平衡方程,在 Δt 微小的时间段内,假定位移、速度、加速度等物理量按一定规律变化;

(3)求解 $t+\Delta t$ 时刻上述各物理量的地震反应。

3.2 桥梁延性抗震设计

桥梁延性抗震设计是基于性能的抗震设计方法之一。20 世纪 60 年代,以纽马克(Newmark)为首的学者基于结构的非线性地震反应研究,提出用"延性"的概念来概括结构物超过弹性阶段后的抗震能力。他认为,在抗震设计中,除了强度与刚度之外,还必须重视结构的延性。

另一方面,人们也从震害中认识到了结构的延性。震害调查显示,在强烈的地震动作用下,按规范进行抗震设计的结构在很多情况下并不具备抵抗强震的足够强度,但有些结构却没有倒塌,甚至没有发生严重破坏。这些结构能够在地震中幸存,是因为结构的初始强度能够基本维持,没有因非弹性变形的加剧而过度下降,即具有较好的延性。

然而,直到 1971 年美国发生圣·费尔南多地震,桥梁结构遭到严重破坏之后,延性抗震才真正得到重视。这次地震的震害,使人们开始从单一强度设防转入强度和延性双重设防的研究。

20 世纪 70 年代初,以帕克(R. Park)和鲍雷(T. Paulay)为首的新西兰学者在总结震害教训和试验研究成果的基础上,提出了延性抗震设计理论以及能力设计方法。

目前,抗震设计正在从传统的强度理论向延性抗震理论过渡,大多数多地震国家的桥梁抗震设计规范已采纳了延性抗震理论。延性抗震理论不同于强度理论的是,它是通过结构选定部位的塑性变形(形成塑性铰)来抵抗地震作用的。利用选定部位的塑性变形,不仅能消耗地震能量,还能延长结构自振周期,从而减小地震反应。

材料、构件或结构的延性,通常定义为在初始强度没有明显退化情况下的非弹性变形能力。它包括两方面的能力:一是承受较大的非弹性变形,同时强度没有明显下降的能力;二是利用滞回特性吸收能量的能力。

延性概念还分为静力延性和滞回延性。对于强震区的结构,滞回延性概念具有重要的意义。滞回延性是指在抗力始终没有明显降低的情况下,结构和构件所能经受的反复弹性变形循环的能力。

从延性的本质来看,它反映了一种非弹性变形的能力,即结构从屈服到破坏的后期变形能力,这种能力能保证强度不会因为发生非弹性变形而急剧下降。

对材料而言,延性材料是指在发生较大的非弹性变形时强度没有明显下降的材料。与之相对应的脆性材料,则指一出现非弹性变形或在非弹性变形极小的情况下即破坏的材料。不同材料的延性是不同的。低碳钢的延性极好,素混凝土的延性较差,而混凝土当配有适当箍筋时延性就会有显著提高。

对结构和结构构件而言，如果结构或结构构件在发生较大的非弹性变形时，其抗力仍没有明显的下降，则这类结构或结构构件称为延性结构或延性构件。结构的延性称为整体延性，结构构件的延性称为局部延性。结构的整体延性与结构中延性构件的局部延性密切相关，而延性构件的局部延性又和构成构件的材料的延性密切相关。

在地震动这种随机反复荷载作用下，结构和构件的延性会有所降低，因此，在延性抗震设计中，延性系数应具有一定的安全度。

3.2.1　延性指标

在利用延性概念设计抗震结构时，首先必须确定度量延性的量化指标，即延性指标。最常用的延性指标为曲率延性系数（简称曲率延性）和位移延性系数（简称位移延性）。

1. 曲率延性系数

钢筋混凝土延性构件的非弹性变形能力，来自塑性铰区截面的塑性转动能力，因此可以采用截面的曲率延性系数来反映。曲率延性系数定义为截面的极限曲率与屈服曲率之比，即

$$\mu_\phi = \frac{\phi_u}{\phi_y} \tag{3.2—1}$$

式中　ϕ_y，ϕ_u——塑性铰区截面的屈服曲率和极限曲率，如图 3.2—1 所示。

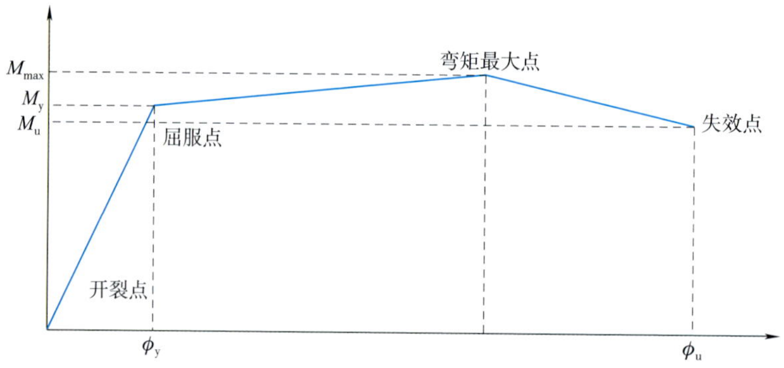

图 3.2—1　截面弯矩—曲率关系示意图

对于钢筋混凝土构件，塑性铰区截面的屈服曲率一般指截面最外层受拉钢筋初始屈服时的曲率（适筋构件）或截面混凝土受压区最外层纤维初次达到峰值应变值时的曲率（超筋构件或高轴压比构件，轴压比为截面所受的轴力与其名义抗压强度之比）。

此外，确定屈服曲率还可采用几何作图法（如等能量法、通用屈服弯矩法等），一般应用于塑性铰区截面的 $M—\phi$ 骨架曲线已经确定，而且曲线上没有明显屈服点的情况。

按不同的屈服曲率定义计算得到的延性指标一般不同，这一点一直被认为是延性

设计理论中的一个缺陷。实际上，只要在计算延性需求和评估延性能力时，基于同样的屈服点定义，这个问题就显得次要了。

在美国加州准则 Caltrans 中，采用的理论屈服曲率定义为

$$\phi_y = \frac{M_i}{M_i'}\phi_y' \tag{3.2—2}$$

理论屈服曲率的定义如图 3.2—2 所示。

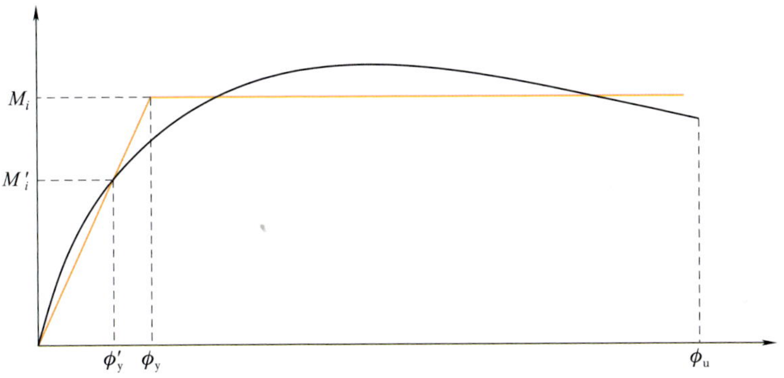

图 3.2—2 理论屈服曲率定义

式中 $\phi_y'M_i'$——截面最外层受拉钢筋初始屈服时的曲率和弯矩；

M_i——理论屈服弯矩，根据实际和理论 M—ϕ 曲线在 ϕ_y' 与 ϕ_u 之间所包围面积相等的原则确定。

钢筋混凝土延性构件塑性铰区截面的极限曲率通常由两个条件控制，即被箍筋约束的核心混凝土达到极限压应变值，或临界截面的抗弯能力下降到最大弯矩值的 85%。

2. 位移延性系数

与曲率延性系数的定义相似，钢筋混凝土构件的位移延性系数定义为构件的极限位移与屈服位移之比，即

$$\mu_\Delta = \frac{\Delta_u}{\Delta_y} \tag{3.2—3}$$

式中 Δ_y，Δ_u——延性构件的屈服位移和极限位移，其定义与临界截面的屈服曲率和极限曲率的定义相似。

钢筋混凝土结构的位移延性系数与结构体系布置有关，一般没有统一的表达式。

3.2.2 延性、位移延性系数和变形能力

构件或结构的延性、位移延性系数和变形能力三者之间既存在密切的联系，又有一定的区别。

材料、构件或结构的变形能力是指其达到破坏极限状态时的最大变形，延性是指其

非弹性变形的能力，而位移延性系数则是指最大位移与屈服位移之比。因此，这三者都是与变形有关的量。图 3. 2—3 显示了这三者的不同定义。

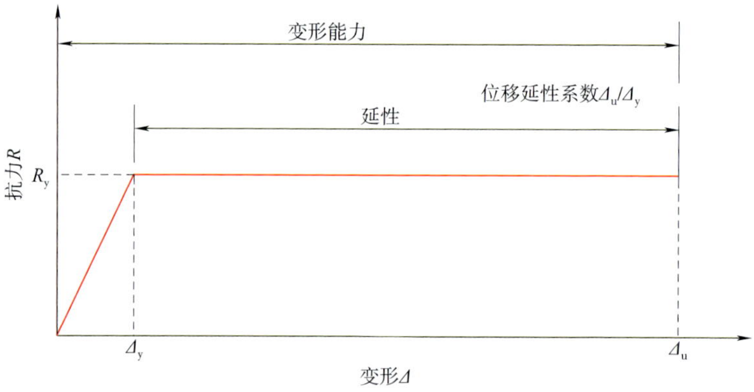

图 3. 2—3　延性、位移延性系数与变形能力

需要指出的是，一个结构或构件可能有较大的变形能力，但它实际可利用的延性却可能较低。如图 3. 2—4 所示，与刚度较大的矮墩相比，柔性高墩的变形能力相对较大，但如果受与矮墩相同的容许变形值的限制，它实际可利用的延性（$\Delta_{su}-\Delta_{ty}$）却反而比矮墩可利用的延性（$\Delta_{su}-\Delta_{sy}$）低。另外，一个结构或构件可能有较大的延性，但最大位移延性系数却可能较低。与刚性矮墩相比，柔性高墩延性较高，但位移延性系数却较低。

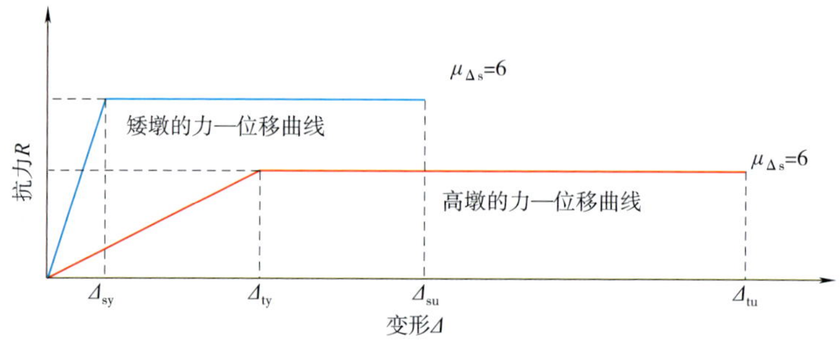

图 3. 2—4　柔性高墩与延性矮墩的比较

3. 2. 3　曲率延性系数与位移延性系数的关系

对于简单的结构构件，可以通过曲率与位移的对应关系，推得曲率延性系数 μ_ϕ 与位移延性系数 μ_Δ 之间的对应关系。下面以悬臂墩为例说明。

图 3. 2—5（a）所示的独柱墩，其墩顶位移与桥墩的曲率分布之间，存在如下关系：

$$\Delta=\iint\phi(x)\,\mathrm{d}x\mathrm{d}x \tag{3.2—4}$$

在墩底截面刚刚屈服时，可认为曲率沿墩高成线性分布，如图 3.2—5(c)所示。

$$\phi(x) = \frac{x}{l}\phi_y \tag{3.2—5}$$

则墩顶的屈服位移为

$$\Delta_y = \frac{1}{3}\phi_y l^2 \tag{3.2—6}$$

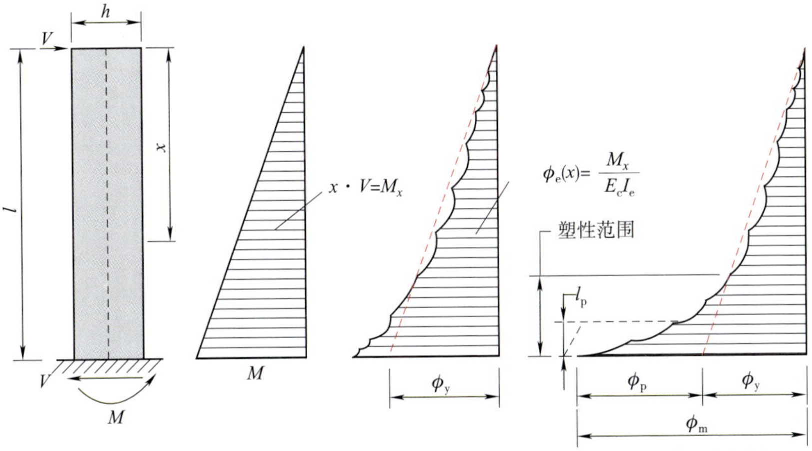

(a) 结构图 (b) 弯矩图 (c) 墩底截面屈服时曲率图 (d) 墩底截面达极限状态曲率图

图 3.2—5 独柱墩曲率分布

在墩底截面达到极限状态时，沿墩高的实际曲率分布曲线如图 3.2—5(d)所示。为了便于计算，引入“等效塑性铰长度”的概念，即假设在墩底附近存在一个长度为 l_p 的等塑性曲率段，在该段长度内，截面的塑性曲率等于墩底截面的最大塑性曲率 ϕ_p，如图 3.2—5(d)所示。由等效塑性铰长度 l_p 计算的墩顶塑性位移，应与在式(3.2—4)中代入实际曲率分布计算的结果相等。

按照等效塑性铰长度的概念，在墩底截面达到极限状态时，桥墩的塑性转角可表示为

$$\theta_p = l_p(\phi_u - \phi_y) \tag{3.2—7}$$

假定在达到极限状态时桥墩绕等效塑性铰区的中心点转动，则墩顶的塑性位移为

$$\Delta_p = \theta_p(l - 0.5l_p) = (\phi_u - \phi_y)l_p(l - 0.5l_p) \tag{3.2—8}$$

于是有

$$\mu_\Delta = \frac{\Delta_y + \Delta_p}{\Delta_y} = 1 + \frac{\Delta_p}{\Delta_y} = 1 + 3(\mu_\phi - 1)\frac{l_p}{l}\left(1 - 0.5\frac{l_p}{l}\right) \tag{3.2—9}$$

从理论上讲，等效塑性铰长度 l_p 可以通过积分来计算，但由于实际曲率分布函数

难以确定，理论计算结果与试验测量结果往往不相吻合。实际应用中，大都以试验得到的经验公式来近似估算。一般来讲，等效塑性铰长度 l_p 与塑性变形历史和混凝土的极限压应变有关，但不同的试验结果离散性很大。表 3.2—1 中列出了国外规范中的一些经验公式。

表 3.2—1　等效塑性铰长度经验公式

公　式	来　源	注　释
$\frac{l_p}{h}=0.5+0.05\frac{l}{h}$	新西兰规范	l、h 分别为墩高和截面高度
$l_p=0.08l+0.022d_s f_y$ 或 $l_p=(0.4\sim0.6)h$	欧洲规范（Eurocode 8）	d_s 和 f_y 分别为纵筋直径和屈服应力
$l_p=0.08l+9d_{bl}$	美国 AASHTO 规范	l 为墩高 d_{bl} 为纵筋直径

根据式(3.2—9)，若给定 $l_p=0.5h$ 和 $\mu_\phi=20$，则墩顶位移延性系数 μ_Δ 与桥墩的长细比 l/h 有关，而且随长细比的增大而减小，如表 3.2—2 所示。根据表 3.2—2 可以得到以下两个重要结论：

（1）临界截面的曲率延性系数比相应的墩顶位移延性系数要大得多；

（2）在截面和截面材料特性均相同的条件下，墩越高，所具有的位移延性系数越低。

表 3.2—2　桥墩位移延性系数与高宽比的关系

l/h	2.5	3	10
μ_ϕ	20	20	20
μ_Δ	11.3	6.4	3.8

3.2.4　桥梁结构的整体延性与构件局部延性的关系

结构的整体延性与结构中构件的局部延性密切相关，但这并不意味着结构中有一些延性很高的构件，其整体延性就一定高。实际上，如果设计不合理，即使个别构件的延性很高，但结构的整体延性却可能相当低。

桥梁具有“头重脚轻”的特点，质量基本集中在上部结构，因此，在很多时候，桥梁结构的地震反应可以近似采用单自由度系统计算。而桥梁结构的位移延性系数，通常也就定义为上部结构质量中心处的极限位移与屈服位移之比。

下面以最为简单的一种情况（即桥梁结构可以简化为单墩模型的情况，如图 3.2—6 所示）为例，说明桥梁结构的整体延性与桥墩的局部延性之间的关系。对于单墩模型，水平地震惯性力作用在上部结构质量中心，结构的屈服位移和极限位移分别定义为墩底截面到达屈服曲率和极限曲率时上部结构质量中心处的位移。

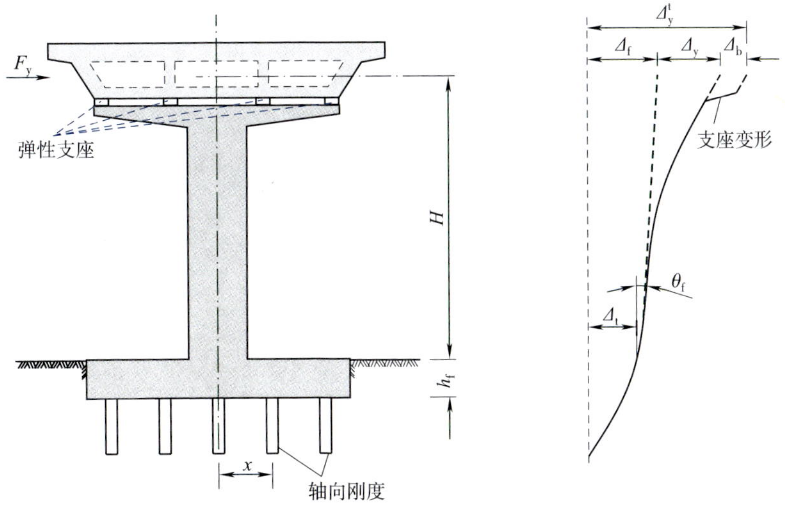

（a）具有可变形的基础和弹性支座　　（b）结构屈服位移

图 3.2—6　“单墩模型”桥梁结构的屈服位移

假如只有桥墩发生非弹性变形，则结构的屈服位移 Δ_y^t 由三部分组成。

$$\Delta_y^t = \Delta_y + \Delta_b + \Delta_f = \Delta_y + \Delta_b + \Delta_t + \Delta_r = C\Delta_y \tag{3.2—10}$$

式中　C——变形增大系数，用于反映支座弹性变形和基础柔性的影响，

$$C = 1 + \frac{\Delta_b + \Delta_t + \Delta_r}{\Delta_y} \geqslant 1$$

Δ_y——桥墩自身的墩顶屈服位移；

Δ_b——支座弹性剪切变形；

Δ_f——基础柔性产生的弹性变形，它包括基础的平动位移 Δ_t 和转动位移 Δ_r 两项。

在桥墩屈服后直到到达极限状态为止，结构的变形能力主要来自墩底塑性铰区的塑性转动，因此，结构的极限位移 Δ_u^t 可表示为

$$\Delta_u^t = \Delta_y^t + \Delta_p = C\Delta_y + \Delta_p = (C-1)\Delta_y + \Delta_u \tag{3.2—11}$$

结构位移延性系数为

$$\mu_\Delta^t = \frac{\Delta_u^t}{\Delta_y^t} = \frac{(C-1)\Delta_y + \Delta_u}{C\Delta_y} = \frac{(C-1) + \mu_\Delta}{C} \tag{3.2—12}$$

上式反映了结构整体延性与构件局部延性之间的关系。当 $C=1$ 时，结构的整体位移延性系数 μ_Δ^t 等于桥墩的局部位移延性系数 μ_Δ；当 $C>1$ 时，μ_Δ^t 小于 μ_Δ。因此，当考虑支座弹性变形和基础柔度影响时，结构的位移延性系数比桥墩的位移延性系数小；

而且支座和基础的附加柔度越大，结构的位移延性系数越小，在截面和截面材料特性一致的条件（即曲率延性系数相同的情况）下，结构位移延性系数随着桥墩高度的增加而降低。

桥墩的位移延性系数可以通过混凝土和钢筋的应力—应变关系进行数值积分，得到塑性铰区截面的弯矩—曲率曲线，从理论上确定屈服曲率和极限曲率，两者的比值即为截面的曲率延性系数，然后，通过曲率延性系数与位移延性系数的关系进一步得到桥墩的位移延性系数。

4 桥梁抗震设防和减隔震标准

最近二三十年，全球发生的多次破坏性地震，对城市损坏严重，造成巨大的生命财产损失。一个很重要的原因是，桥梁工程在地震中遭受了严重破坏，切断了震区交通生命线，造成救灾工作的巨大困难，使次生灾害加重，从而导致非常巨大的经济损失。而现代化城市，随着人口的大量聚集和经济的高速发展，对交通线的依赖性越来越强，一旦地震使交通线遭到破坏，可能导致的生命财产以及间接经济损失也将越来越巨大。

多次破坏性地震一再显示了桥梁工程遭到破坏的严重后果，也一再显示了对桥梁工程进行正确抗震设计的重要性。在多次地震中，一些所谓经过抗震设计的桥梁，在中等强度的地震作用下即遭到严重破坏，说明以往的桥梁抗震设计规范存在着很大缺陷。因此，每次地震后，结构抗震工作者不仅要通过震害调查对震害分类罗列，更要从结构抗震的基本要求出发，通过对典型结构震害的剖析，从结构损伤和破坏的表面现象中找出引起震害的原因，对现行的抗震设计理论、方法和规范进行反省和修订。自 1976 年唐山地震以后，我国的桥梁抗震工作日益受到重视，国家标准《铁路工程抗震设计规范》于 2006 年颁布，并于 2009 年进行了修订；《公路工程抗震设计规范》于 1989 年颁布，并于 2013 年修订为《公路工程抗震规范》；新版《城市桥梁抗震设计规范》于 2011 年颁布；新版《公路桥梁抗震设计细则》于 2008 年颁布。这些规范和细则的相继修订或编制，进一步提高了我国的桥梁抗震设计水平，并对广大桥梁工程师提出了更高的要求。

4.1 桥梁结构的抗震设防标准

工程抗震设防标准是指根据地震动背景，为保证工程结构在寿命期内的地震损失（经济损失及人员伤亡）不超过规定的水平或社会可接受的水平，规定工程结构必须具备的抗震能力。因此，抗震设防标准是工程项目进行抗震设计的准则，也是工程抗震设计中需要解决的首要问题。

桥梁抗震的目标是减轻桥梁工程的地震破坏，保障人民生命财产的安全，减少经济损失。因此，既要使震前用于抗震设防的经济投入不超过我国当前的经济能力，又要使地震中经过抗震设计的桥梁的破坏程度限制在人们可以承受的范围内。换言之，需要在经济与安全之间进行合理平衡，这是桥梁抗震设防的合理安全度原则。

目前,世界各国普遍趋向于采用多级设防的抗震设计思想,“小震不坏,中震可修,大震不倒”的三级设防思想已被广泛接受。这一抗震设计思想常表示为以下三个要求:在小震(多遇地震)作用下,结构物不需要修理,仍可正常使用;在中震(偶遇地震、设计地震)作用下,结构物无重大损坏,经修复后仍可继续使用;在大震(罕遇地震)作用下,结构物可能产生重大破坏,但不致倒塌。

地震作用强度是结构抗震设计中最重要的地震动参数之一。当前,各国的桥梁抗震设计规范中采用两种方法来描述这一参数:一种方式是使用“烈度”这个量,比如我国《公路工程抗震规范》(JTG B02—2013),我国《铁路工程抗震设计规范》(GB 50111—2006,2009 版)采用抗震设防烈度的同时,给出了抗震设防烈度和地震动峰值加速度;另一种是直接使用地震动参数。除了我国之外,其他主要国家均采用地震动参数区划。

从概率统计意义上说,小震是发生机会较多的地震,因此,可将小震定义为烈度概率密度曲线上的峰值所对应的烈度,即众值烈度地震,如图 4.1—1 所示。根据大量数据分析,确认我国地震的概率分布符合极值Ⅲ型,中震一般情况下可采用中国地震烈度区划图所规定的基本烈度,大震采用罕遇烈度,其超越概率约为 2%~3%。由烈度概率分布分析可知,基本烈度与众值烈度相差约为 1.55 度,而基本烈度与罕遇烈度相差大致为 1 度。例如,在图 4.1—1 中,当基本烈度为 8 度时,其众值烈度为 6.45 度,罕遇烈度为 9 度。

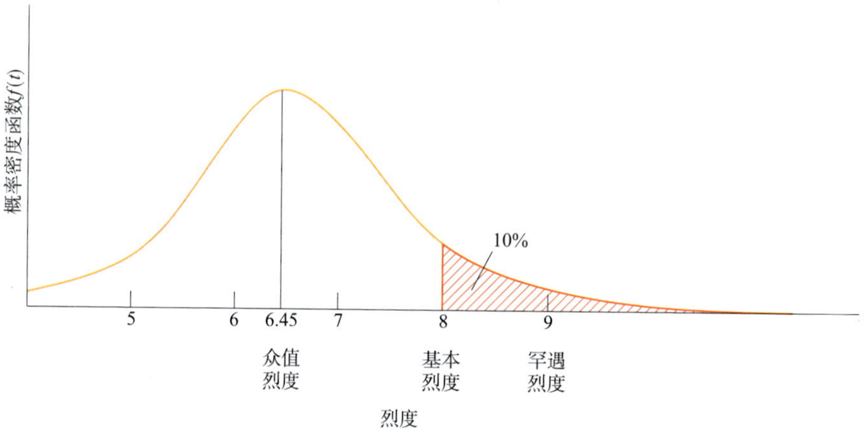

图 4.1—1　三种烈度关系示意

各国的地震动区划中,美国 AASHTO 规范采用 50 年超越概率 10%(重现期 475 年)的地震加速度区划图,但规定以下情况需要进行专门的研究来确定:

(1)场地位于断层附近。

(2)预计会发生持续时间较长的地震。

(3)对于重要的桥梁需要考虑更长的重现期。

美国加州准则 Caltrans 采用场地最大可能地震动加速度。

欧洲规范(Eurocode 8)采用地震加速度区划,重现期 475 年,对应于 50 ~ 100 年的结构寿命,区划图的超越概率为 10% ~ 19%,适用于一般重要的桥梁结构。

日本规范将地震荷载分为两级 3 类,地区划分为 A、B、C 三个地震区类型,相应的区域修正系数分别是 1.0、0.85、0.7,重现期小于 475 年。日本规范确定设计地震动的方法比较独特,主要表现在:

(1)设计地震动的概率特性不是十分明显。第一级设计地震虽然没有统计意义,但仍是确定性成分较多。

(2)第二级设计地震以确定性方法规定,第 1 类主要参考了 1923 年关东地震(大陆边缘地震),第 2 类主要参考了 1995 年阪神地震(都市直下型地震),这与日本地域狭小和地震类型相对比较清楚有关。

加拿大规范采用无量纲分区加速度比 A(概念相当于我国公路工程抗震设计规范中的水平地震系数)进行设计。加拿大规范将其分成 7 个级别(0、0.05、0.1、0.15、0.2、0.3、0.4),分区加速度比可通过 50 年超越概率为 10% 的地面水平峰值加速度(PHA)来确定。桥梁的抗震性能水准划分也是在 A 的基础上考虑结构的重要性分为 4 级,第 4 级是最高级别。

我国《公路工程抗震设计规范》(JTJ 004—89)采用烈度区划,规范给出了烈度和地面加速度最大值之间的对应关系,50 年超越概率 10%,适用于一般结构,重要和特殊结构要进行专门的工程场地地震危险性评估。

采用烈度进行桥梁结构抗震设计,无论是在概念上还是在数值方面都存在很多问题,因此我国第四代的区划图《地震动参数区划图》(GB 18306—2001)使用了地震动参数区划,并在现行《铁路工程抗震设计规范》(GB 50111—2006,2009 版)和《建筑抗震设计规范》(GB 50011—2001)中得到采纳。在新编的《公路工程抗震规范》(JTG B02—2013)中,给出了设防烈度和地面峰值加速度之间的对应关系,针对不同重要性的桥梁,分别采用不同重现期的地震动参数作为 E1 和 E2 地震作用的设计水准,而重要和特殊结构应取用工程场地地震安全性评价的结果。

中国台湾地区公路桥梁抗震规范采用水平加速度系数来进行地震区划,水平加速度系数代表场地重现期 475 年地震地表加速度与重力加速度之比。台湾地区划分为地震第一甲区、地震第一乙区、地震第二区及地震第三区,其对应的加速度系数分别为 0.33、0.28、0.23 和 0.18。

4.1.1 工程抗震设防的基本概念

决定工程抗震设防标准的基本因素有三个,即社会经济状况、地震危险性和工程结构的重要性。确定工程抗震设防标准时,需要综合考虑工程的抗震设防原则、设防目标、设防环境、设防参数、设防水准和设防等级。这些因素直接或间接地决定了工程抗震的设防标准。

设防原则是指对工程进行抗震设防的总要求和总目的。我国《城市桥梁抗震设计规范》(CJJ166—2011)的抗震设防原则是:“使城市桥梁经抗震设防后,减轻结构的地震破坏,避免人员伤亡,减少经济损失。”

设防目标是根据设防原则对工程设防要求达到的具体目标。我国《城市桥梁抗震设计规范》(CJJ166—2011)的设防目标为:在E1地震作用下,各类桥梁结构总体反应在弹性范围,基本无损伤,震后可立即使用;在E2地震作用下,甲类桥梁结构轻微损坏,震后不需修复或经简单修复可继续使用,乙类桥梁有限损伤,经抢修可恢复使用,永久性修复后恢复正常运营功能,丙类桥梁不产生严重的结构损伤,经临时加固,可供紧急救援车辆使用,丁类桥梁震后不致倒塌。

设防环境是指拟设防工程的地震危险性,这应由地震危险性分析或地震区划图给出的地震危险性程度来确定。设防环境是确定设防目标和设防标准的重要依据。

设防参数是指在考虑工程抗震设防时,采用哪种物理量(参数)来进行工程设防。国内外常用的参数为烈度和地震动参数两种。采用烈度的最大缺陷是不单纯代表地震动的强度,还包含过去建筑物的易损性。2001年我国颁布《中国地震动参数区划图》来代替《中国地震烈度区划图》,之后,我国的工程抗震设防参数就逐步由地震烈度向地震动参数过渡。

设防水准是指在工程设计中,根据客观的设防环境和已定的设防目标,并考虑具体的社会经济条件来确定设防地震概率水平,一般用地震超越概率或地震重现期来表示。所谓地震超越概率,是指一定场地在未来一定时间内遭遇到大于或等于给定地震的概率,常以年超越概率或设计基准期超越概率表示。预期地震出现概率的另一种表达方式是重现期。地震重现期是指一定场地重复出现大于或等于给定地震的平均时间间隔。地震重现期 T 与设计基准期 T_0 内超越概率 P 之间的换算关系为

$$T = -\frac{T_0}{\ln(1-P)} \tag{4.1—1}$$

对于极值Ⅲ型分布,众值烈度对应的概率水平为50年63.2%超越概率,其重现期为50年,基本烈度对应的概率水平为50年10%超越概率,其重现期为475年,罕遇烈度对应概率水平为50年2%超越概率,其重现期为2 475年。

同一类建筑在同一个地区由于其政治、经济或文化意义的重要性以及震后后果的影响严重程度有所不同,在考虑工程设防时,其设防目标和采用的设防水准也不同,这就是设防等级不同。重要建筑物和设施一般要给定较高的设防等级。而对同一类建筑,在不同行业和不同地区,也可以采用不同的设防等级。国际上,包括我国在内,往往都采用一组重要性系数乘以设计地震力来反映设防等级。事实上,这种做法并不科学,

因为在地震环境不同的地区，地震加速度峰值与地震概率水平的关系曲线是完全不同的。在强震区，随着概率水平的提高，峰值加速度可能增大较快；而在中等强度地区，超过一定概率水平之后，峰值加速度的变换可能就比较平缓。因此，用重要性系数来体现设防等级，会人为地夸大或缩小工程结构面临的地震危险性，进而导致盲目地增强或减弱结构的抗震能力。比较合理的做法是，通过调整地震重现期来体现不同工程的设防等级。

4.1.2 多级设防的抗震设计思想

随着国内外震害资料的不断增加，人们对地震动特性以及地震作用下各类结构的动力响应特性、破坏机理、构件能力的研究和认识也不断加深，而另一方面，由于经济的原因，社会、团体组织对不同的结构在不同水准地震作用下结构预期抗震性能会有不同的要求。例如对于常规桥梁，一般期望其在发生概率较高的小震作用下不发生损坏，满足正常使用功能要求，以保证地区经济的正常运行，而在发生概率较小的大震作用下，则要求结构不倒塌，以满足安全性的需要。而对于重要交通线路上的桥梁，或隶属于救灾生命线紧急通行计划中的桥梁，则不仅期望其在小震下不发生损坏，还应确保其在大震发生后仍具有一定的可通行能力，以满足应急救灾以及震后恢复重建工作的需要。这些因素不断地促进抗震设计思想和方法的发展，由原来的单一设防水准逐渐向多水准设防、多性能目标准则的基于性能的抗震设计方向发展。

1. 单一水准设防、一阶段设计

我国《公路工程抗震设计规范》（JTJ 004—89）和《铁路工程抗震设计规范》（GBJ 111—87）采用的就是单一设防水准，进行一阶段设计的方法。

美国 AASHTO 规范采用的也是单一水准设防，重现期为 475 年，要求结构具有较小的倒塌风险，但允许发生各类显著的损伤和破坏。抗震设计中首先根据实际情况选择合适的抗震体系，并重点分析地震作用下各部分的位移反应。

但实践证明，采用单一水准设防、一阶段设计存在许多不足，正逐渐为多水准设防、多性能目标的设计方法所代替。

2. 双水准设防或三水准设防、两阶段设计

近几十年来，美国、日本及我国等国家的地震工程专家先后提出了分类设防的抗震设计思想，即“小震不坏，中震可修，大震不倒”。这一抗震设计思想常表示为以下三个要求：在小震（多遇地震）作用下，结构物不需修理，仍可正常使用；在中震（偶遇地震）作用下，结构物无重大损坏，经修复后仍可继续使用；在大震（罕遇地震）作用下，结构物可能产生重大破坏，但不致倒塌。所谓多遇地震、偶遇地震和罕遇地震都是相对的，主要由工程所在地区的地震活动性质来决定。各地的地震活动存在明显的差异，很难在这三种地震之间寻找一个统一的关系。各国根据自己的国情，分别制定了不同的设防水准和设计方法。

我国《建筑抗震设计规范》(GB 50011—2010)就是采用三水准设防、两阶段设计方法:第一阶段设计取第一水准的地震动参数计算结构的弹性地震作用标准值和相应的地震作用效应,进行构件截面的承载力验算;第二阶段设计取第三水准的地震动参数进行结构薄弱部位的弹塑性层间变形验算,并采取相应的构造措施。我国《公路桥梁抗震设计细则》(JTG/T B02-01—2008)以及《城市桥梁抗震设计规范》(CJJ 166—2011)分别给出了两个等级的地震动参数(E1 地震作用和 E2 地震作用),进行两个阶段的抗震设计,如表 4.1—1 和表 4.1—2 所示。

表 4.1—1　《公路桥梁抗震设计细则》规定的公路桥梁抗震设防目标

桥梁抗震设防类别	设防目标	
	E1 地震作用	E2 地震作用
A 类	一般不受损坏或不需修复可继续使用	可发生局部轻微损伤,不需修复或经简单修复可继续使用
B 类	一般不受损坏或不需修复可继续使用	应保证不致倒塌或产生严重结构损伤,经临时加固后可供维持应急交通使用
C 类	一般不受损坏或不需修复可继续使用	应保证不致倒塌或产生严重结构损伤,经临时加固后可供维持应急交通使用
D 类	一般不受损坏或不需修复可继续使用	

表 4.1—2　《城市桥梁抗震设计规范》规定的城市桥梁抗震设防目标

桥梁抗震设防类别	E1 地震作用		E2 地震作用	
	震后使用要求	损伤状态	震后使用要求	损伤状态
甲	立即使用	结构总体反应在弹性范围,基本无损伤	不需修复或经简单修复可继续使用	可发生局部轻微损伤
乙	立即使用	结构总体反应在弹性范围,基本无损伤	经抢修可恢复使用,永久性修复后恢复正常运营功能	有限损伤
丙	立即使用	结构总体反应在弹性范围,基本无损伤	经临时加固,可供紧急救援车辆使用	不产生严重的结构损伤
丁	立即使用	结构总体反应在弹性范围,基本无损伤		不致倒塌

从 20 世纪 90 年代开始,我国已修建了很多特大跨度桥梁,如杨浦大桥、徐浦大桥、广东虎门大桥、广东南澳大桥、江阴长江公路大桥、南京长江二桥、广东丫髻沙特大拱桥等。这些桥梁的抗震性能研究都单独立项进行,均采用了两水准设防、两阶段设计的抗震设计方法,用结构是否满足强度和延性要求来判断结构的抗震安全性。

日本公路桥梁抗震设计规范(1996 年修订版)采用了双水准设防、两阶段设计方法。设计预期地震动分为两个标准,其中 L_1 地震动为结构物在设计使用期可能发生数次的地震动,L_2 地震动为结构物在设计使用期内发生的概率很低但强度非常大的地震动。该规范规定了结构物应达到的三个抗震性能标准:

(1)抗震性能Ⅰ——地震后不必修补即能保持其性能,且不产生过大的变形;

(2)抗震性能Ⅱ——地震后虽需修补,但能很快恢复其功能;

(3)抗震性能Ⅲ——结构物不会因地震而整体倒塌。

L_1 地震动时,应满足抗震性能Ⅰ的要求;L_2 地震动时,重要性高的结构物应满足抗震性能Ⅱ的要求,其他结构物满足抗震性能Ⅲ的要求。

欧洲规范(Eurocode 8)在总体设防原则上要求桥梁在设计地震水平下需满足不倒塌的要求,震后结构保持完整并具有足够的剩余抗力,在超越概率较高的地震作用下,应仅发生微小损伤,不发生任何功能退化,也不需要立即进行修复。在具体操作上则主要针对设计水平的地震,按照结构自身的荷载—位移特性选取相应的性能系数对设计反应谱进行折减,并从强度和位移两个方面对结构进行设计和检算;对于小震下的正常使用性能可以不做检算,认为其自动满足要求。

欧洲规范(Eurocode 8)采用的是双水准设防目标:

(1)第一水准——不倒塌要求。当遭受 50 年内超越概率 10%(重现期为 475 年)的设计地震作用时,结构应设计和建造成能抵抗设计地震作用,无局部或整体倒塌,并在地震后能够继续保持结构的整体性和一定的残余承载力。

(2)第二水准——限制破坏要求。当遭受 10 年内超越概率 10%(重现期为 95 年)的比设计地震作用出现概率更大的地震作用时,结构应设计和建造成能抵抗地震作用,无损坏和使用上受限的情况发生。

欧洲规范的抗震性能准则根据地震发生的概率,定义了两种基本需求:

(1)安全极限状态——设计地震出现后,桥梁应保持其结构的完整性和适度的残余抗力,允许桥梁的部分构件发生重大破坏;易于破坏的构件设计应使得由于它们的耗能作用能够保证结构在震后仍有应急交通功能,并且易于检测与维修;允许在桥墩中指定的截面出现弯曲屈服,且在高地震活动地区是必需的,以达到削减设计地震作用的目的;防止主梁或桥面板由于过大的位移而发生落梁。

(2)使用极限状态——当多遇地震发生后,专门设计用来耗能的桥梁构件只能发生极小的破坏,不应导致交通量的减少,不需要立即维修。

3. 三水准设防、三阶段设计

新西兰抗震设计规范采用三水准设防、三阶段设计的抗震设计方法,用正常使用极限状态、承载能力极限状态和结构完整性极限状态相应的结构性能目标作为控制目标,如表 4.1—3 所示。

表 4.1—3 新西兰桥梁工程抗震性能设防目标

新西兰规范(NZS4203)	
抗震等级	桥梁抗震设计性能准则
小于设计水平地震	遭受很小的损坏,并且不导致阻断交通
设计水平地震	桥梁结构可发生损坏并需要一些临时修复,但桥梁可供紧急通车使用,并且损坏的修复是可行和合理的
大于设计水平地震	桥梁结构不应倒塌,但可以发生严重的破坏,桥梁经过紧急修复可允许使用,但仅限于轻载

新西兰规范(NZS4203)设防水准的重现期为 475 年,50 年超越概率为 10%。

美国铁路工程建设及道路维护协会(AREMA)的《铁路工程手册》采用三级设防,如表 4.1—4 所示。正常使用极限状态的主要目标是确保列车安全,最终极限状态的主要目标是减少损坏程度及确保桥梁的整体结构完整,残存性极限状态的主要目标是防止桥梁整体坍塌。

表 4.1—4 AREMA 的《铁路工程手册》采用的三级设防目标

地震动等级	频 率	平均重现期(年)	性能指标极限状态
1	偶 然	50 ~ 100	正常使用性
2	罕 遇	200 ~ 500	终 极
3	极罕遇	1 000 ~ 2 400	残存性

我国的《铁路工程抗震设计规范》(GB 50111—2006,2009 版)规定了铁路工程构筑物应达到的三个抗震性能标准,以及对应的构筑物设防目标和分析方法,如表4.1—5 所示。

表 4.1—5 铁路工程构筑物抗震设防目标及分析方法

地震动水准	多 遇 地 震	设 计 地 震	罕 遇 地 震
构筑物	桥 梁	路基,挡土墙,隧道,桥台,桥梁上下部结构连接构造	采用钢筋混凝土桥墩的桥梁
抗震设防标准	达到抗震性能要求 Ⅰ	达到抗震性能要求 Ⅱ	达到抗震性能要求 Ⅲ
分析方法	D 类桥梁采用反应谱法; B、C 类桥梁及新结构桥梁采用反应谱法或时程反应分析法	采用静力法; 连续梁支座可采用反应谱法	简支梁钢筋混凝土桥墩采用延性设计的简化方法; B 类桥梁及新结构桥梁采用非线性时程反应分析法

性能要求Ⅰ:地震后不损坏或轻微损坏,能够保持其正常使用功能;结构处于弹性工作阶段;

性能要求Ⅱ:地震后可能损坏,经修补,短期内能恢复其正常使用功能;结构整体处于非弹性工作阶段;

性能要求Ⅲ:地震后可能产生较大破坏,但不出现整体倒塌,经抢修后可限速通车;结构处于弹塑性工作阶段。

三阶段设计:桥梁达到抗震性能要求Ⅰ,设计地震条件下桥台、桥梁上下部结构连接构造达到抗震性能要求Ⅱ,罕遇地震条件下钢筋混凝土桥墩的桥梁达到抗震性能要求Ⅲ。但是,采用了减隔震设计的桥梁不适用上述规定。

4. 多水准设防、多性能目标的抗震设计

前面提到的"小震不坏,中震可修,大震不倒"的抗震设计思想将抗震设计与结构性能相联系,可以视为基于性能的抗震设计的雏形。但其缺点是性能表现和灾害程度的定义比较模糊,没有针对为实现某一个性能指标而明确其评估方法。基于受力的规范是一个错综复杂甚至自相矛盾的规范,与期待的结构性能无直接关系。于是,美国学者提出了基于性能的抗震设计思想,而且越来越多的学者已认同将来的抗震设计应是基于性能的抗震设计。基于性能的抗震设计思想,主要包括结构抗震性能等级的定义、抗震性能目标的选择以及通过正确设计实现性能目标三部分。

对于具体的工程结构,基于性能的抗震设计过程是:

(1)设计人员提出几种抗震性能目标及对应的造价;

(2)由社会团体或业主选择结构应达到的性能目标;

(3)由设计人员根据所选定的性能目标进行抗震设计,使结构满足预期的抗震性能目标。

基于性能的结构抗震设计,是对"多级抗震设防"思想的进一步细化。这一设计思想使抗震设防目标与设计过程直接联系起来,设计人员可以更准确地把握结构在不同地震动水平下的实际性能,使所涉及的结构更加经济、合理。同时,有利于从不同角度和过程确定结构物的性能目标。

要实现基于性能的抗震设计,目前还需要在以下几个方面进行大量的研究:

(1)不同场地、不同超越概率设计地震的确定。

(2)结构抗震性能等级的定量描述。进行工程设计时,用"不倒塌"、"确保生命安全"等定性的术语描述性能等级是远远不够的,工程技术人员所需要的是可用于设计的、由工程术语明确表达的性能指标(如强度、变形、延性等)。

(3)在设计和性能校核过程中对需求与能力计算的研究,包括不同设计阶段所应用的分析方法和与之相协调的分析模型的建立,不同性能等级下结构构件、附属物以及整个结构体系、各力学参数的定量计算等。

4.1.3 桥梁工程抗震设防标准的确定

对于桥梁工程,抗震设防标准的科学决策是很困难的,因为桥梁工程的地震损失分析，特别是桥梁工程遭到地震破坏而引起的经济损失和人员伤亡分析在目前条件下几乎无法进行。因此，现行的桥梁工程抗震设防标准在很大程度上是依据人们的主观经验和判断决定的，一般考虑以下三个方面因素：

(1)桥梁的重要性、抢修和修复的难易程度；

(2)地震破坏后，桥梁结构功能丧失可能引起的损失；

(3)业主所能承担抗震防灾的最大经济能力。

在确定桥梁工程的抗震设防标准时，除了必须规定抗震设防水准外，还必须同时规定对应的结构性能目标。如采用统一的结构性能目标，抗震设防标准就归结为抗震设防水准的确定，建立多级设防的抗震设计思想。

桥梁工程的抗震设防标准可以是指行业的最低设防标准，由桥梁抗震设计规范规定，这主要是政府的行为和决策；也可以是指某项重大工程具体采用的抗震设防标准，应高于行业的最低标准，由业主进行决策和选择。

1. 桥梁的最低抗震设防标准

我国铁路桥梁、公路桥梁和城市桥梁的抗震设防标准应分别满足现行《铁路工程抗震设计规范》、《公路桥梁抗震设计细则》和《城市桥梁抗震设计规范》的要求。

《铁路工程抗震设计规范》根据铁路等级及其在路网中的重要性和修复(抢修)的难易程度，分为A、B、C、D类四个抗震设防类别，根据不同设防等级取不同的重要性系数。各类别铁路桥梁的划分应符合表4.1—6的规定。

表4.1—6　铁路桥梁工程抗震设防类别的划分

A类	跨越大江、大河，且技术复杂、修复困难的特殊结构桥梁
B类	(1)客货共线铁路混凝土简支梁跨度大于等于48 m，简支钢梁跨度大于等于64 m，混凝土连续梁主跨大于等于80 m，连续钢梁主跨大于等于96 m (2)高速铁路及客运专线(含城际铁路)跨度大于等于40 m的桥梁 (3)墩高大于等于40 m的桥梁 (4)常水位水深大于8 m的桥梁 (5)技术复杂、修复困难的特殊结构桥梁
C类	(1)高速铁路及客运专线(含城际铁路)的普通桥梁 (2)墩高大于30 m但小于40 m的桥梁 (3)常水位水深5～8 m的桥梁
D类	属A、B、C类以外的其他铁路桥梁

《公路桥梁抗震设计细则》和《城市桥梁抗震设计规范》的结构抗震性能目标差别不大，但在设防地震概率水准上，后者稍大。

《公路桥梁抗震设计细则》根据公路等级和桥梁的重要性和修复的难易程度，将桥梁划分为A、B、C和D四个抗震设防类别，桥梁抗震设防应根据各桥梁设防类别的适用范围按表4.1—7的规定确定。但对抗震救灾以及在经济、国防上具有重要意义的桥梁或破坏后修复(抢修)困难的桥梁，可按国家批准权限，报请批准后，提高设防类别。

表 4.1—7 各类公路桥梁抗震设防类别适用范围

桥梁抗震设防类别	适用范围
A 类	单跨跨径超过 150 m 的特大桥
B 类	单跨跨径不超过 150 m 的高速公路、一级公路上的桥梁，单跨跨径不超过 150 m 的二级公路上的特大桥、大桥
C 类	二级公路上的中桥、小桥，单跨跨径不超过 150 m 的三、四级公路上的特大桥、大桥
D 类	三、四级公路上的中桥、小桥

对各类别桥梁，基于场地的地震基本加速度，通过赋予不同的抗震重要性系数规定了 E1 和 E2 两级设防地震，对应的重现期如表 4.1—8 所示。考虑到场地条件和设防环境对不同概率水平的地震动参数的影响，规范采用了场地系数来调整地震动加速度峰值，如表 4.1—9 所示。

表 4.1—8 各类公路桥梁抗震重要性系数及对应的重现期

桥梁分类	E1 地震作用		E2 地震作用	
	重要性系数	重现期(年)	重要性系数	重现期(年)
A	1.0	475	1.7	2 000
B	0.43(0.5)	75(100)	1.3(1.7)	1 000(2 000)
C	0.34	50	1.0	475
D	0.23	25	—	—

注：高速公路和一级公路上的大桥、特大桥，其抗震重要性系数取 B 类括号内的值。

表 4.1—9 公路桥梁场地系数

场地类型 \ 设防烈度	6	7		8		9
	0.05g	0.10g	0.15g	0.20g	0.30g	0.40g
Ⅰ	1.2	1.0	0.9	0.9	0.9	0.9
Ⅱ	1.0	1.0	1.0	1.0	1.0	1.0
Ⅲ	1.1	1.3	1.2	1.2	1.0	1.0
Ⅳ	1.2	1.4	1.3	1.3	1.0	0.9

《城市桥梁抗震设计规范》将桥梁按其在城市交通网络中位置的重要性以及所承担的交通量分为甲、乙、丙、丁四个抗震设防类别，如表 4.1—10 所示。

表 4.1—10 城市桥梁抗震设防分类

桥梁抗震设防分类	桥梁类型
甲	悬索桥、斜拉桥及大跨度拱桥
乙	除甲类桥梁以外的交通网络中枢纽位置、快速路上的桥梁
丙	城市主干路和轨道交通桥梁
丁	除甲、乙、丙三类桥梁以外的其他桥梁

对各类城市桥梁分别规定了 E1 和 E2 两级设防地震参数。对于甲类桥梁，E1 和 E2 地震动参数应按地震安全性评价结果取值，其他各类桥梁的 E1 和 E2 地震峰值加速度 a 的取值，则基于场地基本地震加速度值，乘以地震调整系数得到，如表 4.1—11 所示。甲类桥梁的 E1 和 E2 地震相应的地震重现期分别为 475 年和 2500 年，乙、丙和丁类桥梁的 E1 地震作用时在《建筑结构抗震设计规范》中多遇地震（重现期 50 年）参数的基础上，分别乘以 1.7、1.3 和 1.0 的重要性系数得到，而 E2 地震作用直接采用《建筑结构抗震设计规范》中的罕遇地震（重现期为 2000～2450 年）。

表 4.1—11　各类城市桥梁 E1 和 E2 地震调整系数

桥梁分类	E1 地震作用				E2 地震作用			
	6 度	7 度	8 度	9 度	6 度	7 度	8 度	9 度
乙类	0.61	0.61	0.61	0.61	—	2.2(2.05)	2.2(1.7)	1.55
丙类	0.46	0.46	0.46	0.46	—	2.2(2.05)	2.2(1.7)	1.55
丁类	0.35	0.35	0.35	0.35	—	—	—	—

欧洲规范（Eurocode 8）将桥梁重要程度分为三类：

重要程度Ⅲ类——对保持灾区与外界沟通至关重要的桥梁，特别是要保证在震后短期内与外界沟通。如果桥梁在地震中失去工作能力，将导致大量人员由于无法获得救济而死亡，在此便需要设计一个比普通桥梁设计寿命更长的重要桥梁。

重要程度Ⅰ类（低于平均重要性程度）——只要同时满足以下两个条件的桥梁，都属于此类：

一是对于与外界的沟通不是至关重要；

二是采用 50 年一遇的地震作用下的超越概率或采用 50 年的标准设计寿命均不经济的桥梁。

重要程度Ⅱ类（平均重要性程度）——除Ⅰ、Ⅲ类重要等级桥梁外的桥梁。

对于第Ⅰ类桥梁，重要性系数 $\gamma=0.85$；对于第Ⅲ类桥梁，重要性系数 $\gamma=1.3$。

日本规范对于国道与高速公路主线上的桥梁一般都归为 B 类桥（重要桥梁），支路或与主线相交的桥梁一般归为 A 类桥（普通桥梁）。

新西兰规范通过 4 个重要等级水平来区分不同桥梁的重要程度：

重要等级为 4 的桥梁——对灾后重建非常重要的桥梁，如在主要城市地区通向医院和应急供电的桥梁，或者港口、机场 10 km 半径内的桥梁；建设费用超过一千万美元的桥梁。

重要等级为 3 的桥梁——在主要生命线上的桥梁。

重要等级为 2 的桥梁——普通桥梁，不属于其他等级的桥梁。

重要等级为 1 的桥梁——在环线的农村公路上或者没有出口的农村公路上，不起直达公路作用的线路上的桥梁，或服务人数少于 50 人的人行桥。

美国加州准则由加州交通局工程服务部制订，它将所有桥梁分为一般桥梁和重要桥梁。重要桥梁是提供震后救援的生命线工程、中断交通修复桥梁将产生重大经济影响的桥梁及按照当地紧急规划设计的关键工程；不具备以上特征的桥梁为一般桥梁。一般桥梁又分为标准桥梁和非标准桥梁。几何不规则、特殊的框架结构、特殊地质条件的桥梁称为非标准桥梁，其他的桥梁为标准桥梁。

我国台湾地区的桥梁设计规范以设置用途系数来考虑桥梁的重要程度。一般性桥梁采用的用途系数为 $I=1.0$，对于重要道路、跨越重要设施及地震后仍需维持使用功能之重要桥梁应提高其设计标准，用途系数采用 $I=1.2$。

重要度系数的取值主要考虑以下几点：

(1)地震之后救灾、恢复重建对该桥梁的依赖程度；

(2)桥梁受损破坏后其他构造物或其他基础设计的影响程度；

(3)桥梁丧失其功能之后，是否有其他构造物替代其机能；

(4)桥梁修复所需要的时间及费用。

国内外抗震重要性比较如表4.1—12所示。

表4.1—12　各国规范的桥梁重要性对比

规范		适用范围	重要性
外国	欧洲规范(Eurocode 8)	桥梁	分为Ⅰ、Ⅱ、Ⅲ三类
	日本		分为A、B两类
	新西兰		分为1、2、3、4四类
	美国		分为重要桥梁和普通桥梁两类
中国	台湾地区		设用途系数来考虑桥梁的重要程度
	公路桥梁抗震规范	公路桥梁	分为A、B、C、D四个设防类别
	铁路工程抗震规范	铁路桥梁	分为A、B、C、D四个工程类别，按抗震设防等级确定重要性系数

2. 重大桥梁工程的抗震设防标准

对于重大的桥梁工程，其抗震设防标准可由业主根据工程重要性、自身经济能力和所能承受的风险水平选择报批，应不低于规范的抗震设防标准。但应强调的是，抗震设防标准应同时明确每一设防水准对应的结构性能要求以及验算指标。

重大桥梁工程往往包括主桥和引桥，其中主桥为大跨度桥梁，而引桥往往为梁式桥。在考虑桥梁工程的抗震设防标准，确定E1、E2两级地震概率水平及对应的性能要求时，主、引桥既要通盘考虑，又应有所区别。整个桥梁工程的最大设防地震是由E2地震决定的，在确定E2地震的概率水平时，应考虑到对于整个交通网来说，主、引桥同等重要，因为引桥对于主桥具有不可替代性，所以主、引桥应采用统一的概率水平。另一方面,应考虑到桥梁各部分结构的震后抢修和加固的难易程度有所不同。如引桥相对主桥而言,比较易于震后抢修和加固,而在主桥中,辅助墩和过渡墩又比主塔易于抢修和加固,对于比较容易抢修和加固的,可以采用较低的性能水平。

例如,某铁路跨度 600 m 钢桁梁悬索桥方案设计考虑到该桥梁工程投资巨大,且为该铁路线的控制性工程,在政治、经济上具有非常重要的地位,一旦在地震中遭到破坏,可能导致的人员生命财产以及间接经济损失将会非常巨大,因此,该桥的抗震设计采用了较高的设防标准。根据各部分桥梁的重要性以及地震破坏后桥梁结构修复的难易程度,依据我国《铁路工程抗震设计规范》(GB 50111—2006,2009 版),其抗震设防标准如下:

主塔为悬索桥主要受力结构,考虑桥址处以后水库蓄水,桥塔的修复困难。主塔的抗震设防目标是,在罕遇地震作用下达到抗震性能要求Ⅰ,即地震后不损坏或轻微损坏,能够保持其正常使用功能,保证桥塔结构处于弹性工作状态。

主缆为悬索桥主要传力和受力结构,其受损修复难度大,对结构影响巨大。主缆的抗震设防目标是,在罕遇地震作用下达到抗震性能要求Ⅰ。

钢梁主要传递列车荷载,并参与全桥受力,考虑吊索作用,钢梁修复容易,短期能恢复使用功能。钢梁的抗震设防目标是,在罕遇地震作用下达到抗震性能要求Ⅱ,即地震后可能损坏,经修补,短期内能恢复其正常使用功能,结构整体处于非弹性工作阶段。

4.2　国内外桥梁结构的减隔震标准

桥梁在社会生活、经济发展中占有重要地位。各国为保证桥梁结构的安全,均会根据本国的情况制订相应桥梁抗震或减隔震设计规范,并且在每次典型的大地震之后都会根据结构震害情况进行及时的修改和补充。各国抗震规范中关于地震作用的描述一般均采用反应谱的形式,但由于其抗震水准和抗震目标不同,各国抗震规范中提及的表达式和各参数的取值有所不同,即使重现期相同,但由于各国的背景、经济和技术实力以及地域条件不同,地震力的取值大小也会有很大差别。

减隔震技术虽然已经有几十年的研究历史,但该技术被写入各国规范的时间并不长,应用还处于起步阶段,相应的技术法规还欠完善,实际的效果也有待观察。

4.2.1　欧洲标准技术委员会《抗震装置》标准

欧洲标准技术委员会标准《抗震装置》由欧洲标准抗震装置技术委员会于 2008 年 5 月编制,共计 12 章和 9 个附录。标准在“适用范围”一章中指出:该标准为安装在结构物中且可改变结构物对地震作用反应的装置所制定的设计标准,并对装置的地震响应,以及材料特性、生产和测试要求、合格评定、安装和维修要求等规定了总体设计原则和功能要求。

该标准分别从范围、参考的相关标准、术语定义符号和缩写、设计总则、连接装置、位移装置、速度相关装置、隔震装置、组合装置、合格评估、安装、使用中的检查等方面进行了明确规定。标准中列举了表 4.2—1 所示最常用的抗震装置类型。

表 4.2—1 《抗震装置》中列举的最常用的抗震装置类型

装置描述			相关条目	示意图			相对运动			反应			注释
				平面图	立面图		方向			方向			本表中所列的各装置提供绕三个主轴的转动(Y = 是, N = 否)
					X 方向	Y 方向	x	y	z	x	y	z	
刚性连接装置(RGDs)	永久连接装置(PCDs)	固定	5.1				N	N	Y	Y	Y	N	
		活动	5.1	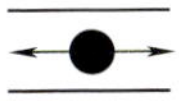	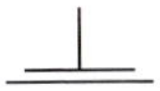		Y	N	Y	N	Y	N	本类装置对应于 prEN-的 type 8 装置
	熔断抑制	机械熔断减震(MFRs)	5.2		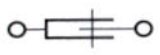	—	Y	Y	Y	N	N	N	运动和反作用力见地震状况
		液压熔断减震(HFRs)	5.2	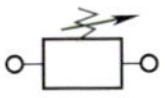	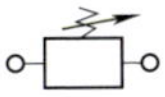	—	Y	Y	Y	N	N	N	运动和反作用力见地震状况
	临时连接装置(TCDs)		5.3			—	N	Y	Y	Y	N	N	
位移装置(DDDs)	线性装置(LDs)		6.1			—	Y	Y	Y	Y	N	N	
	非线性装置(NLDs)		6.2			—	Y	Y	Y	Y	N	N	
速度相关装置	黏性流体阻尼器(FVDs)		7.1	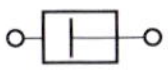		—	Y	Y	Y	Y	N	N	本示意图也适用于二轴阻尼器
	弹簧流体阻尼器(FSDs)		7.1			—	Y	Y	Y	Y	N	N	
抗震隔震装置	弹性体		8.2				Y	Y	N	Y	Y	Y	隔震装置在变形的位置显示以强调横向灵活度
	曲面滑块		8.3				Y	Y	N	Y	Y	Y	
	平面滑块		8.4		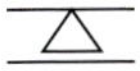	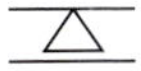	Y	Y	N	N	N	Y	除非专门用于消耗能量,摩擦产生的反作用力可忽略不计

4.2.2 美国 AASHTO 减隔震设计规范

1998 年发布的美国 AASHTO 减隔震设计规范共计 18 章和 1 个附录。规范在第 1 章“适用性”中指出：只考虑到系统在水平平面上进行隔离，即系统被假定在竖直方向是刚性的。该规范提出了抗震隔离设计的大体要求，并指出了将结构物与地震的破坏作用隔离并不是一个新概念。早在 130 年前（作者注：从 1998 年往前推算）就有了第一个基础隔离设计的专利，但直到过去的二十年（作者注：从 1998 年往前推算），仍很少结构物在建造时采用这些专利。早期的建筑更多地关注在隔离界面发生的位移，通过采用机械能量耗散装置将这一问题基本克服。当能量耗散器和一个弹性装置配套使用时，能量耗散器通过限制其位移和作用力能控制被隔离结构物的反应，作为在地震中保护桥梁的有效手段，近年来对抗震隔离的关注大大增加。迄今为止，在新西兰、日本、意大利和美国的几百个桥梁抗震设计中使用了抗震隔离的原理和技术。

抗震隔离的基本意图是为了提高振动的基本周期，以使结构物在发生地震时只遭受较小的地震作用力。但是，地震作用力的减小通常伴随对位移有更高的要求，而位移方面的要求又必须限制在塑性铰引起的位移允许范围（或桥梁屈服位移允许范围）内。需要注意的是，屈服后的桥梁在工作荷载作用下可能发生剧烈振动。

减隔震系统应具有以下三个特性：

（1）承受竖向荷载的装置，能提供水平向位移，以使整个系统的振动周期延至足够长，以减小反作用力；

（2）阻尼器或能量耗散装置能使其塑性变形面上的结构相对位移限制在合适的设计范围内；

（3）能在低的荷载水平（如风荷载和制动力）下提供刚度。

规范分别从实用性、定义和符号、加速度系数、地震反映范围、场地效应和场地系数、分析程序、减隔震系统设计性能、间隙、地震反应 A 类的设计作用、地震反应 B、C 和 D 类的设计受力、其他要求、对减隔震系统的测试、人造橡胶支座设计、人造橡胶支座制造、滑动支座设计、滑动支座制造、其他减隔震系统等方面进行了明确规定。

1991 年美国 AASHTO 减隔震设计规范给出了附加弹性支座减隔震装置桥梁的分析和设计步骤。1999 年对这个规范进行了修编并重新颁布，使其与美国 AASHTO 高速公路标准规范一致。新规范中给出了摩擦减隔震支座的设计步骤，介绍了界定减隔震桥梁地震反应的方法。在 20 世纪 90 年代和 21 世纪初，促使地震保护系统得到贯彻执行的重要成果还包括：HITEC 的隔震及消能装置测试指导条文（HITEC，1996）与大型隔震支座和消能装置的测试指导条文（HITEC，2002）。

4.2.3 台湾《铁路桥梁耐震设计规范》

中国台湾地区《铁路桥梁耐震设计规范》共计八章。规范在第八章“有关耐震其他规定”的第3节“隔震消能系统之使用”中指出：

桥梁传统上通常以其强度与韧性来抵抗地震，但近年来美国、日本及新西兰等先进国家已使用减隔震消能新技术来抵抗地震，并已达到实际应用之阶段。

减隔震系延长结构物的周期，使其引致的地震力降低，但不可避免地会增加位移量。消能可以降低结构物的反应，所以合并使用，常有不错的效果。

隔震消能系统用于铁路桥梁则有较多的限制，例如长钢轨是否会阻碍其周期的延长及位移的产生，是否会影响消能系统的消能效果。此外，行车时引致的桥梁及车厢动态反应以及列车启动、制动所作用的水平力是否会引致太大的变形而影响行车的舒适性与安全性，均应做适当的考虑。

由于上述限制，隔震消能元件之选择可能要有制动装置，遇到大地震时才启动隔震消能系统。如此可降低启动、行车及制动引起的位移，不至于影响行车的舒适性。此外，也可能适合使用阻尼力与速度成比例的消能元件，此种元件也兼具分散地震力至活动支承桥柱的功能。

4.2.4 其他国家和地区减隔震规范介绍

日本规范对减隔震设计的适用范围与设计原则进行了较为严格的规定。对于是否适合采用减隔震设计，应从地震情况和正常使用情况两方面考虑，并结合延长桥梁结构固有周期和消耗能量的效果进行研究后方可决定。在下列条件下，日本规范规定不得采用减隔震设计：

(1)基础土层不稳定；

(2)下部结构柔性大，原有结构的固有周期比较长；

(3)位于软弱场地，延长周期可能引起共振；

(4)支座中出现负反力。

日本规范要求将减隔震设计的重点放在提高结构耗能能力和合理分配地震力上，而不过分追求结构周期的延长。减隔震设计的定义是指满足以下三个条件的设计方法：

(1)上部结构支承在水平刚度较高的减隔震装置上，当惯性力超出一定限值时，通过桥梁固有周期的延长折减惯性力；

(2)使用阻尼器，通过增加结构耗能能力使梁部和桥面位移降低到可接受的范围内；

(3)在正常使用荷载(如风荷载、制动力等)作用下，桥梁不发生有害的振动，因而要求当惯性力不超过某一限值时，减隔震装置和阻尼器必须具有足够的刚度和屈服强度,以避免结构发生有害振动。

采用减隔震设计时,必须在桥台、桥墩等主要结构与相邻梁之间设置足够的间隙,以保证满足设计位移的要求。

为了充分发挥减隔震装置的作用,要求采用减隔震设计后的桥梁固有周期原则上应为不采用减隔震装置时固有周期的两倍,从而使减隔震的上部结构与下部结构振动特性分离开来,上下部结构一起振动的影响降到最小,以至于桥的所有变形都集中于减隔震装置。同时,对减隔震装置的要求是:减隔震装置的机构应尽可能简单、性能可靠;应在其性能明确的范围内使用。

桥梁减隔震设计的预期性能安全水准与传统桥梁抗震设计的要求相同,采用两水准设计:第一水准是采用地震系数法,下部结构基本保持弹性,只考虑减隔震周期延长对地震力的折减,忽略减隔震装置阻尼的影响;第二水准是采用极限承载力法,允许下部结构构件发生屈服,但大部分耗能应集中在减隔震装置中。对于复杂结构,建议采用反应谱分析或动力时程分析。

新西兰规范类似美国 AASHTO 规范,强调利用周期的延长来降低地震力、使用阻尼装置来控制结构发生的位移,同时要求减隔震支承具有较高的自复位能力,以避免震后存在过大的残余变形。

5 桥梁减隔震设计

对于地震作用,传统的结构设计所采用的对策是“抗震”,即主要考虑如何为结构提供抵抗地震作用的能力。一般来说,通过正确的“抗震”设计可以保证结构的安全,防止结构的倒塌,但由于是通过结构或结构中某些选定的构件产生非弹性响应来耗散地震产生的能量,结构或构件的损伤是不可避免的,因此往往会造成维修和加固等直接损失、道路中断引起的间接损失以及人员的伤亡。有些结构甚至无法选定耗散地震能量的非弹性响应构件,例如由于运营需要较大刚度的铁路桥梁。在有些情况下,要靠结构自身去抵抗地震作用是非常困难的,需要付出很大的代价。更为重要的是,传统的“抗震”分析和设计方法不能对结构变形和破坏进行精确的评估,不能对可能造成的直接和间接损失以及伤亡进行预测。因此,必须寻求更为有效的抗震手段,如结构控制技术或地震保护系统。

结构控制技术是工程抗震的研究热点之一。这种技术在工程结构的特定部位装设某种装置(如耗能支承等),或某种子结构(如调频质量 TMD 等),或施加外力(外部能量输入),以改变或调整结构的动力特性或动力作用,确保结构本身及各种附属结构物的安全。结构控制技术的应用,不仅可以提高结构的抗震性能,还可以降低造价。在有些情况下,它还是解决实际结构抗震问题的唯一有效途径。结构控制技术可以分为被动控制、主动控制及混合控制。其中,发展相对成熟、实际应用较为广泛的是被动控制技术中的减隔震技术。

减隔震技术是一种简便、经济、先进的工程抗震手段。减震是利用特殊减震构件或装置,使之在强震时率先进入塑性区(或产生与塑性区相同的效应),产生大阻尼,大量消耗进入结构体系的能量。而隔震则是利用隔震体系,设法阻止地震能量进入主体结构。在实践中,常常把这两种体系合二为一,通过选择适当的减隔震装置与设置位置,达到控制结构内力分布与大小的目的。减隔震是目前在地震保护系统中广泛应用的经济、有效的保护措施。

5.1 减隔震原理

减隔震设计起源于隔震技术。现代减隔震技术除了切断地震波的传播、阻止地震能量输入的含义之外,同时还考虑了阻尼效果,利用隔震和阻尼双重效果来达到减隔震目的。

5.1.1 基本原理

减震是通过在桥梁结构某些部位增设耗能(阻尼)减震装置或耗能组件来达到抗震目标的方法。安装耗能减震装置的桥梁,在制动力、牵引力、风载以及中小地震作用下,具有足够的沿桥梁纵向的抗弯刚度以满足桥梁结构正常使用要求;在强烈地震作用下,随着桥梁结构纵向变形的增大,耗能(阻尼)减震装置进入耗能状态,大量耗散输入桥梁结构的地震能量,迅速地衰减桥梁结构的地震响应,使桥梁结构避免或延迟出现明显的非弹性变形,确保桥梁结构的安全性。

根据能量概念,地震时结构能量转换过程的平衡方程可表达为

$$\text{传统抗震结构} \quad E_{in} = E_e + E_k + E_c + E_h \tag{5.1—1}$$

$$\text{耗能减震结构} \quad E'_{in} = E'_e + E'_k + E'_c + E'_h + E_d \tag{5.1—2}$$

式中 E_{in},E'_{in}——地震时输入传统结构、耗能减震结构体系的总能量;

E_e,E'_e——传统结构、耗能减震结构体系的弹性应变能;

E_k,E'_k——传统结构、耗能减震结构体系的动能;

E_c,E'_c——传统结构、耗能减震结构体系的黏滞阻尼耗能;

E_h,E'_h——传统结构、耗能减震结构体系的滞回耗能;

E_d——耗能装置吸收耗散的能量。

在上述能量方程中,E_e、E_k 和 E'_e、E'_k 仅是能量转换,不能耗能,E_c 和 E'_c 只占总能量的很小部分,可忽略不计。在传统抗震结构中,主要依靠增大结构体系的非弹性变形滞回耗能 E_h 消耗输入结构的地震能量,但因结构构件在利用自身变形耗能的同时,构件本身将遭到损伤甚至破坏,而且耗能越多,破坏越严重。而在减震耗能结构中,增加了耗能装置耗散能量 E_d 一项,耗能减震装置或耗能组件在主体结构进入非弹性状态前率先进入耗能工作状态,大量耗散输入结构的地震能量,因而结构本身耗散的能量 E'_h 很少,使其免受损伤和破坏。

一般来说,结构损伤 D_h 与结构的最大变形 X_h 和滞回耗能(或累积塑性变形)E_h 成正比,可表达为

$$D_h = f(X_h, E_h) \tag{5.1—3}$$

由于减震耗能结构的最大变形 X'_h 和滞回耗能 E'_h 比传统抗震结构的最大变形 X_h 和滞回耗能 E_h 大大减小(图 5.1—1),故采用耗能减震方法更为合理。

阻尼是结构振动衰减的根本原因。与传统结构相比,增大结构阻尼比是采用耗能减震结构的主要特征。下面以单自由度结构为例,分析结构在不同阻尼比下受脉冲作用和正弦波作用时的响应。

图 5.1—2 是在不同阻尼比下圆频率为 10 rad/s 的单自由度体系受初始速度为 50 cm/s的脉冲振动下的响应。由图 5.1—2 可以看出,体系响应的初始幅值随阻尼比

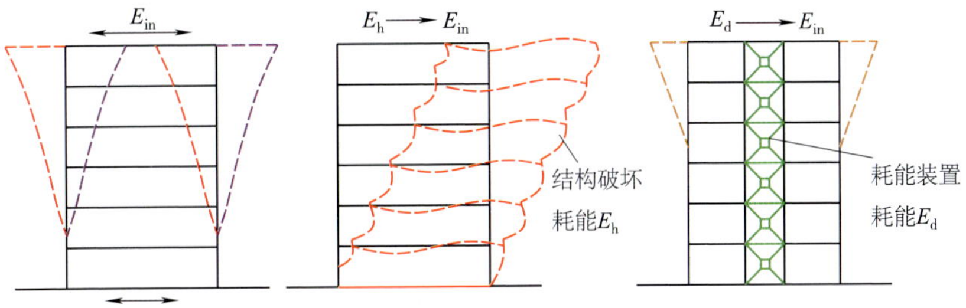

（a）地震输入 （b）传统抗震结构 （c）耗能减震结构

图 5.1—1 结构的能量转换途径对比

的增加而减小，初始幅值从阻尼比为 2% 时的 4.5 cm 降低到阻尼比为 50% 时的不到 3 cm；体系响应的衰减速率随阻尼比的增加而增大。因此，在体系中增加耗能装置，体系的阻尼比增大，从而使体系的响应减小，且响应衰减得较快，可以减小体系在地震中受到的损伤累积。

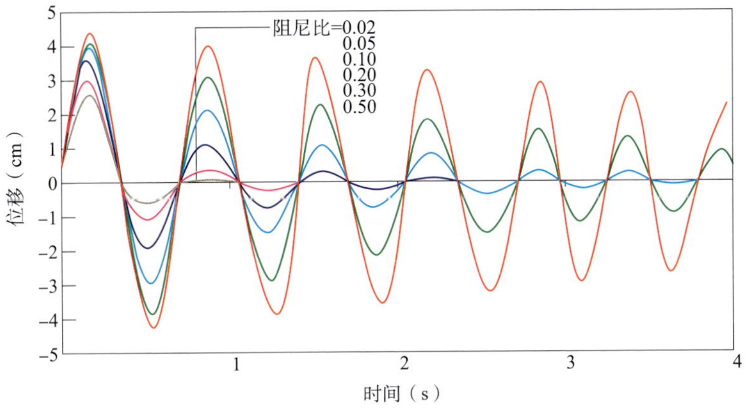

图 5.1—2 具有初速度的自由振动

图 5.1—3 是在不同阻尼比下结构受正弦波振动的响应。由图 5.1—3 可以看出，在共振频率附近，体系的阻尼比具有显著的减震效果，阻尼比增加一倍，动力放大系数将降低 50%；在远离共振频率处，体系的阻尼仍有减震效果，但不及在共振频率附近的减震效果明显。因此，对于固有周期接近于地震动卓越周期的结构，采用增设减震耗能装置的方法来降低结构在地震作用下的响应，效果良好。

5.1.2 能量耗散分析

能量分析方法是振动分析中的一种重要方法，也是结构抗震设计中的一种重要手段。下面按结构动力学原理对振动过程中的能量关系及能量耗散作一介绍。

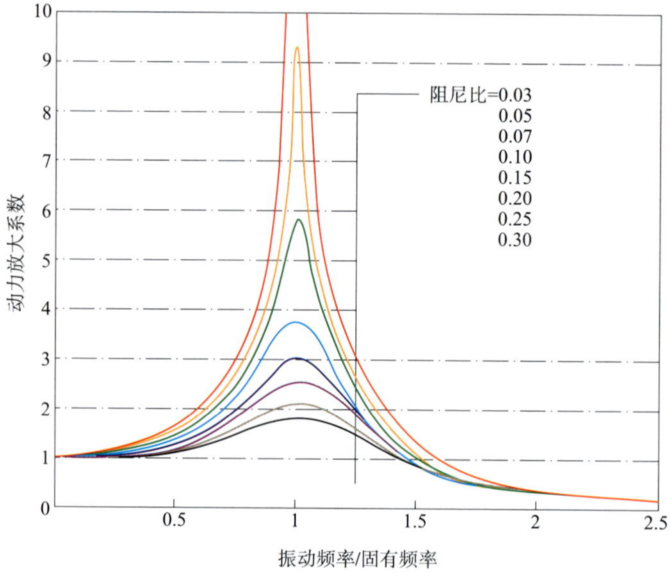

图 5.1—3　动力放大系数随阻尼比和频率的变化

1. 自由振动过程中的能量

自由振动输入到单自由度体系，输入的能量源于初始位移 $x(0)$ 和初始速度 $\dot{x}(0)$，如图 5.1—4 所示。前者使弹簧产生应变能，后者使质点产生动能。若以 E_0 表示体系初始时刻具有的总能量，则

$$E_0=\frac{1}{2}k[x(0)]^2+\frac{1}{2}m[\dot{x}(0)]^2 \tag{5.1—4}$$

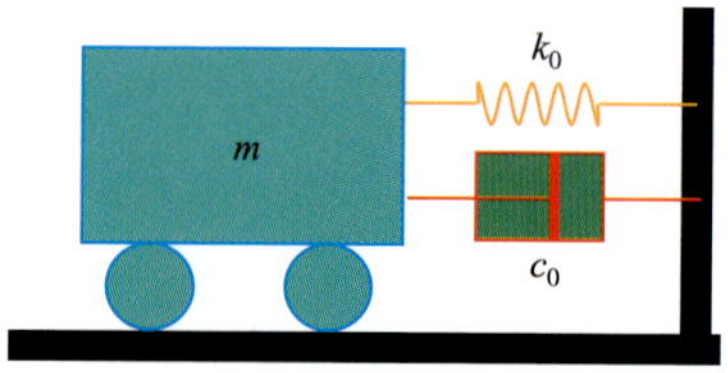

图 5.1—4　单自由度体系动力模型

在自由振动过程中的任意时刻，体系中的总能量包括质点的动能 E_k 和弹簧变形产生的应变能 E_s，即

$$E_k=\frac{1}{2}m[\dot{x}(t)]^2 \tag{5.1—5}$$

$$E_s=\frac{1}{2}k[x(t)]^2 \tag{5.1—6}$$

首先讨论无阻尼体系中的能量。无阻尼体系自由振动的解析式为

$$x(t) = x(0)\cos\omega t + \frac{\dot{x}(0)}{\omega}\sin\omega t \tag{5.1—7}$$

将式(5.1—7)代入动能和势能表达式,即式(5.1—5)和式(5.1—6),有

$$E_k = \frac{1}{2}m\omega^2\left[-x(0)\sin\omega t + \frac{\dot{x}(0)}{\omega}\cos\omega t\right] \tag{5.1—8}$$

$$E_s = \frac{1}{2}k\left[x(0)\sin\omega t + \frac{\dot{x}(0)}{\omega}\sin\omega t\right] \tag{5.1—9}$$

总的能量为

$$E = E_k + E_s \tag{5.1—10}$$

将式(5.1—8)和式(5.1—9)代入式(5.1—10),考虑到 $\omega^2 = \dfrac{k}{m}$,

$$\begin{aligned}
E = E_k + E_s &= \frac{1}{2}m\omega^2\left[-x(0)\sin\omega t + \frac{\dot{x}(0)}{\omega}\cos\omega t\right]^2 + \frac{1}{2}k\left[x(0)\cos\omega t + \frac{\dot{x}(0)}{\omega}\sin\omega t\right]^2 \\
&= \frac{1}{2}k\left[x^2(0)\sin^2\omega t - 2\frac{\dot{x}(0)}{\omega}x(0)\sin\omega t\cos\omega t + \frac{\dot{x}^2(0)}{\omega^2}\cos^2\omega t\right. \\
&\quad \left. + x^2(0)\cos^2\omega t + 2\frac{\dot{x}(0)}{\omega}x(0)\cos\omega t\sin\omega t + \frac{x^2(0)}{\omega^2}\sin^2\omega t\right]^2 \\
&= \frac{1}{2}k\left[x^2(0) + \frac{\dot{x}^2(0)}{\omega^2}\right]
\end{aligned} \tag{5.1—11}$$

可得体系的总能量为

$$E = \frac{1}{2}k[x(0)]^2 + \frac{1}{2}m[\dot{x}(0)]^2 = E_0 \tag{5.1—12}$$

以上理论证明,无阻尼体系自由振动过程中总能量守恒,不随时间而变化,等于初始时刻输入的能量,因此维持等幅振动。对于有阻尼体系,在自由振动过程中,阻尼不断消耗着机械能,导致位移和速度的振幅在不断减小,系统要维持振动,就必须从外界不断输入能量。对于有阻尼体系,在 $0\sim t_1$ 时刻由黏性阻尼耗散的能量可用阻尼力做功的积分计算,即

$$E_D = \int_0^1 f_D \mathrm{d}x = \int_0^1 (c\dot{x})\dot{x}\mathrm{d}t = \int_0^1 c(\dot{x}^2)\mathrm{d}t \tag{5.1—13}$$

可见,与弹簧不同,阻尼在体系中始终在消耗能量,随着 $t_1\to\infty$,体系中的总能量将完全被阻尼所消耗,即当 $t_1=\infty$ 时,$E_D=0$。

2. 黏性阻尼体系的能量耗散

对于具有黏性阻尼体的单自由度体系,在简谐荷载作用下,一个振动循环内能量耗散的各部分可定义为:W_p 为一个振动循环内外力做的功;E_0 为一个振动循环内阻尼引起的能量耗散,即阻尼力做的功;W_s 为一个循环内弹性力做的功;W_I 为一个振动循环内惯性力做的功。在如式(5.1—14)简谐荷载 $P(t)$ 作用下,单自由度体系的位移可用

式(5.1—15)表示。

$$P(t)=P_0\sin\omega t \tag{5.1—14}$$

$$x(t)=x_0\sin(\omega_n t-\varphi) \tag{5.1—15}$$

外力做的功 W_p 为

$$W_p=\int P(t)\mathrm{d}x=\int_0^{2\pi/\omega}P(t)\dot{x}\mathrm{d}t=\int_0^{2\pi/\omega}(P_0\sin\omega t)[\omega_n x_0\cos(\omega_n t-\varphi)]\mathrm{d}t=\pi P_0 x_0\sin\varphi \tag{5.1—16}$$

结合相位角公式：

$$\varphi=\arctan\frac{2\xi\beta}{1-\beta^2} \tag{5.1—17}$$

式中　β——频率比 $\beta=\dfrac{\omega_n}{\omega}$；

ω_n——外荷载自振频率；

ω——单自由度体系自振频率；

ξ——阻尼比。

得到

$$W_p=2\pi\xi\frac{\omega_n}{\omega}kx_0^2 \tag{5.1—18}$$

阻尼引起的能量耗散 E_D 为

$$E_D=\int f_D\mathrm{d}x=\int_0^{2\pi/\omega}c\dot{x}\mathrm{d}t=c\int_0^{2\pi/\omega}[\omega_n x_0\cos(\omega_n t-\varphi)]^2\mathrm{d}t=\pi c\omega_n x_0^2=2\pi\xi\frac{\omega_n}{\omega}kx_0^2 \tag{5.1—19}$$

由式(5.1—19)可以看到黏滞阻尼引起的耗散与振幅 x_0^2 成正比，与阻尼比 ξ 和外荷载自振频率 ω_n 成正比，振动的频率越高，一个周期内阻尼耗散的能量越多，因此与低频率振动相比，高频率振动更容易被阻尼衰减。

弹性力的功 W_s

$$W_s=\int F_S\mathrm{d}x=\int_0^{2\pi/\omega}kx\dot{x}\mathrm{d}t=c\int_0^{2\pi/\omega}k[x_0\sin(\omega_n t-\varphi)][\omega_n x_0\cos(\omega_n t-\varphi)]\mathrm{d}t=0 \tag{5.1—20}$$

惯性力的功 W_I

$$W_I=\int f_I\mathrm{d}x=\int_0^{2\pi/\omega}m\ddot{x}\dot{x}\mathrm{d}t=c\int_0^{2\pi/\omega}m[-\omega_n^2 x_0\sin(\omega_n t-\varphi)][\omega_n x_0\cos(\omega_n t-\varphi)]\mathrm{d}t=0 \tag{5.1—21}$$

可见，在简谐振动中的一个循环内，弹性力和惯性力做功均等于零，而由阻尼耗散的能量等于外力所做的功。

当有阻尼体系做稳定强迫振动时，图 5.1—5 给出了外力做的功 W_p、阻尼引起的能

量耗散 E_{D} 与振幅 x_0 的关系。如果系统的振幅为 $x_{0\,\mathrm{I}}$ 时，一个周期内外力做的功 W_{p} 大于阻尼耗散的能量 E_{D}，则振幅将增加。由于输入的能量(即外力做功)与振幅 x_0 成正比，而耗散的能量与振幅 x_0^2 成正比，故当振幅达到 $x_{0\,\mathrm{II}}$ 时，有 $W_{\mathrm{p}}=E_{\mathrm{D}}$，振动又变成稳定振动，由此可见，系统的振幅表示系统对外界能量的吸收能力。

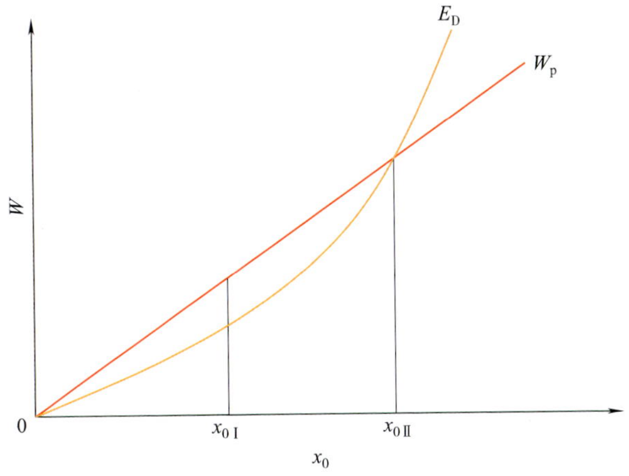

图 5.1—5　做功、耗能与振幅的关系

3. 确定等效黏性阻尼的方法

阻尼是振动系统能量耗散的直接结果。在振动系统分析中，常常应用能量方法将复杂的阻尼简化成等效黏性阻尼，这样就可把非线性运动方程简化为线性运动方程，使其求解比较容易。

等效黏性阻尼的等效原则是：使阻尼支座在一个周期内耗散的能量等于要简化的非黏性阻尼力在同一周期内耗散能量。

(1)耗能滞回曲线

耗能滞回曲线是指阻尼力与位移之间的关系曲线，即 F_{D}—x 曲线。将简谐荷载作用下体系振动的反应 $x(t)=x_0\sin(\omega_n t-\varphi)$ 代入黏性阻尼力计算公式，可得

$$F_{\mathrm{D}}=c\dot{x}(t)=c\omega_n x_0\cos(\omega_n t-\varphi)=c\omega_n\sqrt{x_0^2-[x_0\sin(\omega_n t-\varphi)]^2}=c\omega_n\sqrt{x_0^2-x^2(t)} \tag{5.1—22}$$

整理式(5.1—22)可得

$$\left(\frac{x}{x_0}\right)^2+\left(\frac{F_{\mathrm{D}}}{c\omega_{\mathrm{m}}x_0}\right)^2=1 \tag{5.1—23}$$

可见，黏性阻尼的耗能滞回曲线是一个椭圆，如图 5.1—6(a)所示。阻尼力在一个循环内所做的功等于滞回曲线所包围的面积，这可以从功的意义直接得出。对于图 5.1—6(a)所示的阻尼力滞回曲线，可以直接进行证明。滞回曲线面积为

$$E_D = S_D = \pi ab = \pi(c\omega_n x_0)(x_0) = \pi c\omega_n x_0^2 = 2\pi\xi \frac{\omega_n}{\omega} k x_0^2 \tag{5.1—24}$$

式中　$\xi = c/c_c$。

因 $\omega = \sqrt{\frac{k}{m}}$，即 $m = \frac{k}{\omega^2}$，故 $c_c = 2m\omega = 2\frac{k}{\omega^2}\omega = 2\frac{k}{\omega}$。

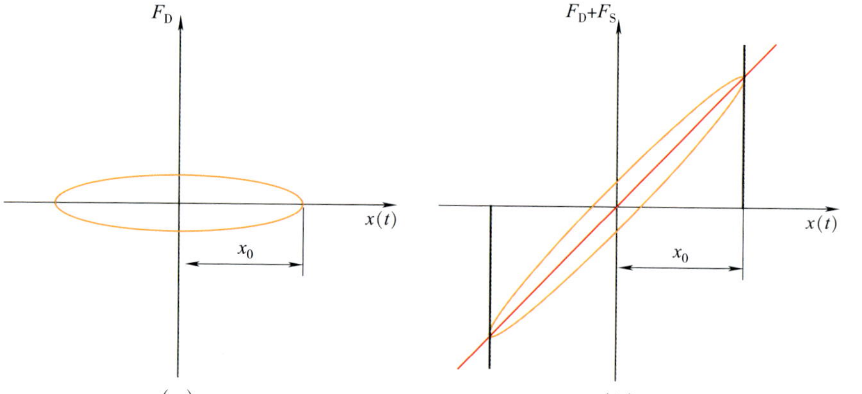

图 5.1—6　黏性阻尼耗能滞回曲线

如果在阻尼力 F_D 的基础上再考虑弹性恢复力 F_S，则相应的滞回曲线如图 5.1—6(b)所示。图中斜线显示了它的弹性特性，这种耗能曲线更符合实际结构的耗能特性。

(2)等效黏性阻尼比

等效黏性阻尼比是基于能量耗散相等的原理，即在一个振动循环内让等效黏性阻尼所耗散的能量等于实际阻尼力所耗散的能量，故有

$$e_D^{eq} = 2\pi\xi_{ep} \frac{\omega_n}{\omega} k x_0^2 \tag{5.1—25}$$

由 $e_D^{eq} = E_D$ 即可确定等效阻尼比 ξ_{eq}，因为 x、x_0、ω、ω_n 已知，故可得到

$$\xi_{eq} = \frac{E_D}{2\pi(\omega_n/\omega) k x_0^2} \tag{5.1—26}$$

在实际测量中，共振时的结构反应最明显，因此一般采用共振时的测量结果，此时 $\frac{\omega_n}{\omega} = 1$。有时采用最大弹性应变能 $E_{S0} = \frac{1}{2} k {x_0}^2$ 来表示，即

$$\xi_{eq} = \frac{E_D}{2\pi E_{S0}} \tag{5.1—27}$$

有时也用损耗因子 ξ 来衡量阻尼体系耗能能力的强弱，这在黏弹性阻尼理论中得到了广泛的应用。对于单自由度体系而言，有

$$\eta = 2\xi \tag{5.1—28}$$

由等效黏性阻尼比可以方便地求解等效黏性阻尼，即

$$c_{eq}=2m\omega\xi_{eq} \tag{5.1—29}$$

可以发现，黏性阻尼的能量耗散与激励频率有关。

4. 摩擦阻尼

摩擦阻尼认为阻尼力大小不变，等于摩擦力，方向与速度方向相反，可表示为

$$F_D(t)=\mu N\frac{\dot{x}(t)}{|\dot{x}(t)|} \tag{5.1—30}$$

式中　μ——摩擦系数；

N——摩擦接触面间所受的正压力。

摩擦阻尼一般应用于摩擦阻力占主导地位的动力系统中，在采用摩擦阻尼减震装置的工程中采用库伦阻尼更合适。

F_D 的方向总是与运动速度方向相反，每四分之一周期做功为 $F_D\times x_0$（滞回耗能曲线是矩形），故一周循环内库伦阻尼（干摩擦阻尼）消耗的能量为

$$E_D=4F_Dx_0 \tag{5.1—31}$$

如果把库伦阻尼等效成黏性阻尼，将式（5.1—31）代入式（5.1—26），可得等效阻尼比为

$$\xi_{ep}=\frac{2F_D}{\pi(\omega_n/\omega)kx_0} \tag{5.1—32}$$

用已有的线性分析技术（如线性时程分析或反应谱分析），就能解出具有辅助减隔震装置的结构动力反应。

5.2　桥梁减隔震设计原则

由之前所述的反应谱曲线可知，对于桥梁结构，当周期超过一定值以后，地震响应总体上随着周期的增加而减小，同时，在同一周期的地震响应又随着阻尼的增加而降低。减隔震设计的基本原理就是利用结构地震响应的这种性质，通过增加结构的周期和提高阻尼值来减轻桥梁地震响应。

科学研究和震害经验都表明，采用减隔震技术可以有效地提高桥梁结构的抗震能力，降低地震引起的损失。但是，减隔震技术不是在任何情况下都是有效的，有一定的使用条件和设计原则。因此，首先要分析是否适合进行减隔震设计，然后才是正确选择、合理布置减隔震装置，最后还要重视其他构件和细部构造的合理设计，以确保减隔震设计的效果。

5.2.1　减隔震方式

工程结构减隔震是指在工程结构的特定部位，装设某些装置［图 5.2—1(a)所示的

隔震支座]或某种机构[图 5.2—1(b)所示的减震耗能节点、装置]或某种子结构[图 5.2—1(c)所示的调谐质量等做被动控制的子结构]或施加外力[图 5.2—1(d)所示的以外部输入的力实现主动控制],以改变或调整结构的动力特性或动力作用。这种使工程结构在地震(或风、制动力)作用下的动力反应(加速度、速度、位移)得到合理的控制,确保结构本身及结构中的人、设备等的安全,使之处于正常使用状况的结构体系,称为工程结构的减隔震体系,其相关的理论和技术方法,统称为工程结构减隔震技术。对于桥梁结构而言,主要就是在其梁部和桥墩之间设置垫层或耗能装置,增大结构的自振周期以避开地震的卓越周期、增大结构的阻尼、对结构反作用外力等,减少地震时梁部的加速度和变形,从而减小桥梁的破坏。

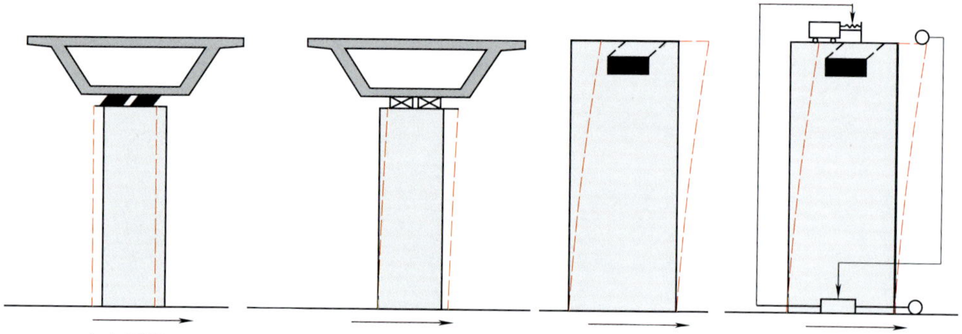

图 5.2—1　常见工程结构减震体系

工程结构减隔震体系的减震原理,可以简单地用单自由度体系的动力方程式予以说明。单自由度体系的动力方程可表示为

$$m\ddot{x}+c\dot{x}+kx=f(t)-m\ddot{x}_g \tag{5.2—1}$$

式中　$f(t)$——外力作用;

其余符号意义详见 3.1.2。

结构的减震实质上就是通过调整结构的自振频率 ω 或自振周期 T(通过改变 m, k),或增大阻尼 c,或施加外力 $f(t)$ 以大大减少结构的地震反应,并设$[\ddot{x}]$、$[\dot{x}]$、$[x]$为确保结构本身及其上的人和设备等安全和处于正常使用环境状况所允许的结构加速度、速度和位移值。要确保结构本身及其上的人和设备等的安全及处于正常使用环境状况,必须满足以下条件:

$$\ddot{x}\leqslant[\ddot{x}],\ \dot{x}\leqslant[\dot{x}],\ x\leqslant[x] \tag{5.2—2}$$

结构减隔震方式大致有以下几种:

(1)增大结构的自振周期。隔震装置具有可变的水平刚度特性,如图 5.2—2 所示。在微小地震发生时($f\leqslant f_1$),具有足够的水平刚度 k_1,上部结构水平位移极小,不影响使用要求;在中强地震发生时($f>f_2$),其水平刚度 k_2 较小,上部结构水平滑动,使

“刚性”的抗震结构体系变为“柔性”的减隔震结构体系，其自振周期 T_2 大大延长，远离上部结构的自振周期 T_1 和场地特征周期 T_g，从而把地面震动有效地隔开，明显地降低上部结构的地震反应，可使上部结构的加速度反应 $\ddot{x}_2$（或地震作用）降低到传统结构加速度反应 $\ddot{x}_1$ 的 1/4 ~ 1/12，如图 5.2—3 所示。

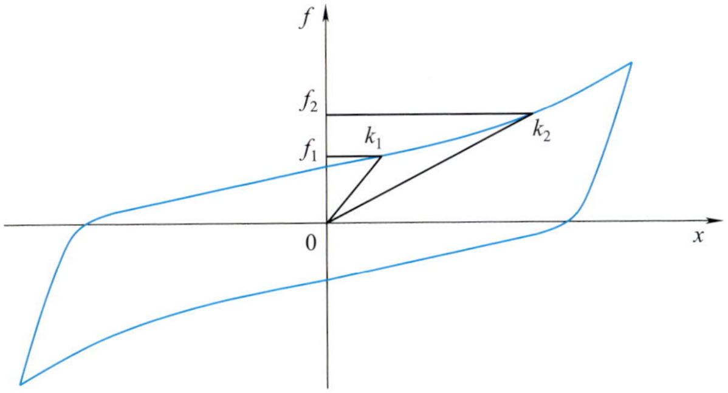

图 5.2—2　隔震装置的水平刚度特性

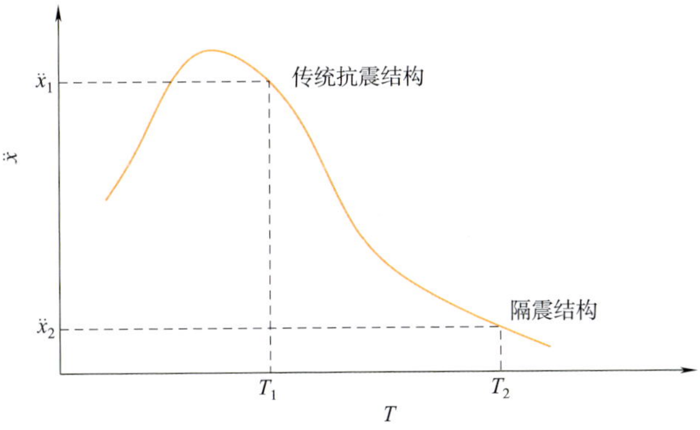

图 5.2—3　自振周期对加速度反应的影响

(2)减隔震装置的水平刚度远小于结构的刚度。由于减隔震装置的水平刚度远远小于结构的水平刚度，所以，结构在地震中的水平变形，从传统抗震结构的“放大晃动型”变为减隔震结构的“整体平动型”，从激烈的、由下到上不断放大的晃动变为只做长周期的、缓慢的、整体水平平动；从有较大的整体结构变形变为结构沿高度方向只有微小的变形，因而结构在强震中仍处于弹性状态，这样既能保护结构本身，也能减小结构上人员、车辆和设备的损伤，确保结构在强震中的安全。

(3)减隔震装置具有增大阻尼和消能作用。减隔震装置具有足够的阻尼 c，即减隔震装置的荷载—位移曲线的包络面积较大(图 5.2—2)，具有较大的消能能力。较大的阻尼可使结构的位移明显减少。由图 5.2—4 所示加速度反应谱和位移反应谱可知，刚度较大的结构，周期较短，输入加速度较大，但位移变小，所以如果仅仅增加阻尼而不改变周期，反应加速度下降的效果不明显。通过将周期加长，反应加速度才会有较大的下降，同时，位移反应增大。

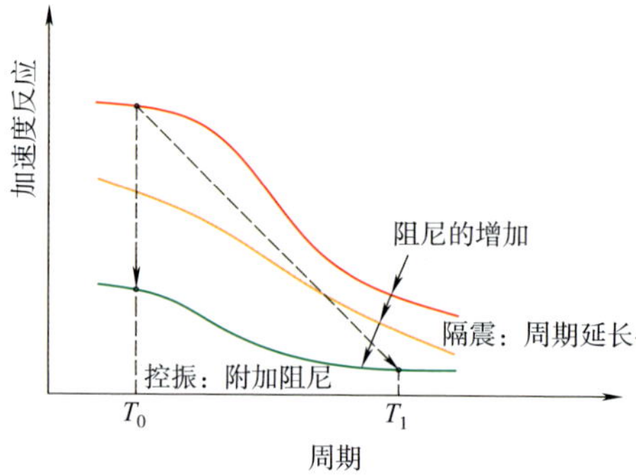

（a）加速度反应谱

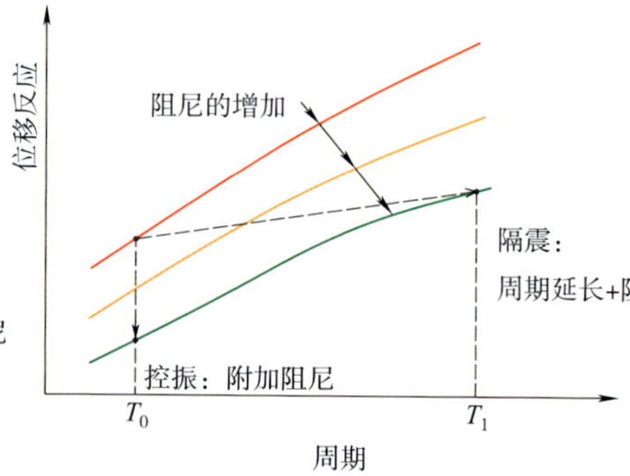

（b）位移反应谱

图 5.2—4　减隔震装置的地震反应谱

对于桥梁结构，当地震发生时，由于支座发生有限滑动，可大幅度减少梁部的变形，从而降低破坏程度。通过在墩顶增加刚度很小的减隔震装置，可提高整个结构的自振周期，使结构有效避开或远离地震的卓越周期。由于地震产生的变形集中于下部结构，减隔震装置可以通过高阻尼材料吸收和消耗地震产生的能量。

5.2.2　减隔震基本规律

结构对地震的反应有两个基本规律：

(1)地震动的频率成分非常复杂，但地震能量一般集中在一个频率范围内。当结构的自振周期和地震的卓越周期接近时，共振现象会使结构的地震反应放大，从而引起结构比较严重的破坏。但也有一些结构，虽然结构周期与地震的卓越周期接近，地震后却能幸存。究其原因，主要是结构发生塑性变形后，周期延长，从而避开了地震能量集中的频率范围，使得地震反应大大减小。

(2)结构的阻尼越大，结构的地震反应越小，因为阻尼使振动系统能量耗散。

减隔震技术正是利用了结构地震反应的这两个基本规律，引入柔性减隔震装置来延长结构的基本周期。大多数情况下，桥梁的基本振动周期可以延长 3 倍以上，以避开地震能量集中的周期范围（图 5.2—5），从而显著减小桥梁上部结构的加速度响应，降低结构的地震力，使结构维修成本显著降低，且在设计地震动作用下，可使桥梁仍处于弹性阶段，不造成损坏。图 5.2—6 为减隔震装置对桥梁结构位移的影响，所有位移都发生在减隔震装置上，而非在桥梁上部结构、桥墩或相邻墩上。

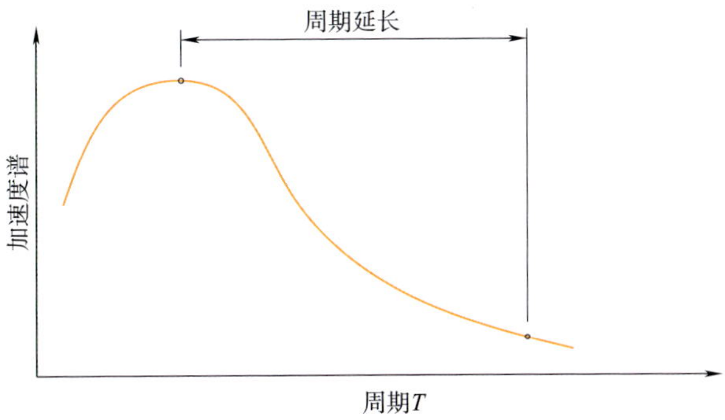

图 5.2—5　隔震装置对结构加速度响应的影响

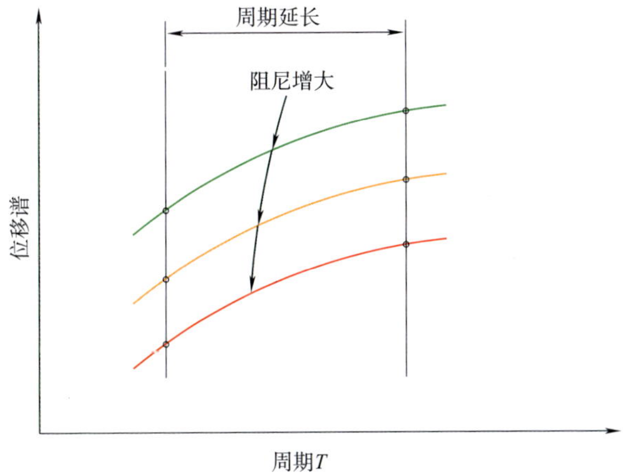

图 5.2—6　隔震装置对结构位移响应的影响

现行桥梁抗震设计规范根据不同的地震分区以及场地类别，给出了不同的设计反应谱特征周期 T_g，其取值为 0.25 ~ 0.9 s 不等，对应 0.1s 至特征周期 T_g，反应谱放大系数取最大值，之后慢慢衰减，如图 3.1—6 所示。但是，通过延长结构周期来减小地震力，必然伴随着结构位移的增大（图 5.2—6），可能会造成结构设计上的困难。为了控制过大变形，可在结构中引入阻尼装置，以增加结构的阻尼来耗散输入的地震能量，从而减小结构的位移，同时可以减小结构的动力加速度。图 5.2—5 和图 5.2—6 均直观地显示了这一点。

延长结构的基本周期，在降低地震力的同时，由于结构较柔，在正常使用荷载（如风荷载、车辆动力等）作用下必然伴随着结构位移的增大，另外，长周期桥梁在使用荷载作用下容易发生振动，因此必须保证正常使用荷载所需要的刚度。所以，在延长结构周期的同时，通常使用阻尼装置，这样既可以控制结构位移，又可以增加刚度。由于降低了地震力，上部结构和基础的成本得以减小，长期抗震维修费用也得到降低，减隔震装置的费用可以得到弥补。

概括起来，减隔震方式有：

(1)采用柔性支承延长结构周期，减小结构地震反应；

(2)采用阻尼器式能量耗散元件，限制支承面处的结构位移；

(3)保证结构在正常使用荷载(如风荷载或制动力)作用下具有足够的刚度。

5.2.3 减隔震技术适用条件

大量研究表明，最适宜进行减隔震设计的情况主要有以下四种：

(1)桥梁下部结构较矮，桥梁的基本周期比较短；

(2)桥梁下部结构高度相差较大，刚度不均匀，或水平力相差较大，引入减隔震装置可调节各桥墩刚度，因而可以避免刚度较大桥墩承担很大的力；

(3)桥梁上部结构为有竖向支承的连续结构，各个桥墩水平向受力分配不均匀，引入减隔震装置可以使各个桥墩承受的地震力较为均匀；

(4)场地条件较好，桥址区的场地以坚硬土或岩石、中硬土为主，预期地面运动具有较高的卓越频率，长周期范围所含能量较少。

而对于以下情况，原则上不采用减隔震设计：

(1)上部结构地震位移增大可能妨碍桥梁的正常使用功能；

(2)地震作用下基础土层不稳定、易发生液化的场地；

(3)下部结构较柔、桥梁的基本周期较长；

(4)桥址场地属于软弱土层，地震时延长周期可能引起地基与桥梁共振；

(5)近场地震加速度和位移反应谱在中长周期附近出现较大峰值，可能导致通过减隔震装置延长自振周期的桥梁产生很大地震响应和位移；

(6)支座中出现较大负反力；

(7)当桥梁的位移量小于 ±50 mm(即锁定装置的行程小于 ±50 mm)时，原则上不采用速度锁定装置。

根据我国《公路工程抗震设计规范》中，Ⅰ、Ⅱ、Ⅲ、Ⅳ类场地反应谱的特征周期在 0.25～0.9 s 范围内。因此，如果场地条件比较稳定，中小跨径的梁式桥(或高架桥)在多数情况下都可采用减隔震技术。

5.2.4 减隔震装置选择

进行减隔震设计时，应将重点放在提高耗能能力和分散地震力上，不可过分追求加长周期，而且应选用构造简单的减隔震装置，并在其力学性能明确的范围内使用。另外，减隔震装置不仅要能减震耗能，还应满足正常运营荷载的承载和刚度要求，因此选择减隔震装置时，还应注意以下要求：

(1)在不同水准地震作用下，减隔震装置都应保持良好的竖向荷载支承能力。

(2)减隔震装置应具有较高的初始水平刚度，使得桥梁在风荷载、制动力、长钢轨力等作用下不发生过大的变形和有害的振动。

(3)当温度、徐变等引起上部结构缓慢的伸缩变形时，减隔震装置产生的抗力应比较低。

(4)减隔震装置应具有较好的自复位能力，使震后桥梁上部结构能够基本恢复到原来位置，或较易恢复到原来位置（新西兰、美国和日本规范在减隔震设计时，要求减隔震系统具有很强的自复位能力，而意大利的减隔震系统更强调材料的弹塑性特征，没有明确要求系统具有自复位能力）。

(5)采用阻尼器或能量耗散装置时，其引起的上部结构相对位移在合适的设计范围内。

(6)在高烈度地震区，减隔震装置应考虑延长结构自振周期与消能相结合。

(7)在桥墩刚度相差较大的同一桥梁上，或相邻桥墩场地条件相差较大（场地条件较差处的高墩除外）时，减隔震装置应能使桥墩所受的地震作用与其设计抗力较好匹配，梁体位移较为均匀。

目前，国内外主要减隔震装置或支座有铅芯橡胶支座、高阻尼橡胶支座、摩擦单摆支座和普通橡胶支座与其他阻尼器的组合。

5.2.5　减隔震装置布置

目前，桥梁减隔震装置主要布置在两个部位：

(1)布置在桥墩顶部，起降低上部结构惯性力、延长结构自振周期、调配结构刚度、消耗地震能量等作用。

(2)设置在桥墩底部，这类似于建筑结构隔震，能较大幅度地降低整个结构的动力响应。

通常，在地震作用下，桥梁结构的惯性力主要集中在上部结构，在上、下结构间设置减隔震装置，可以有效地降低上部结构的惯性力，达到保护桥墩、基础等下部结构的目的。从目前已建成的减隔震桥梁来看，减隔震装置大多数设置在桥墩顶部，这主要是由于普通桥梁也使用支座，采用桥墩顶部减隔震，只需用减隔震支座代替普通支座即可，因而比较经济可行。但采用墩顶减隔震并没有隔绝地面运动，此时的桥墩就像一个顶部受到某种约束的独立结构一样对地震产生响应。对于桥墩较高且质量比较大，自身振动特性控制其设计的情况，当场地条件等允许时，宜在桥墩底部设置减隔震装置。在墩底进行减隔震的方式通常较少采用，目前国际上也只有几座桥采用了墩底减隔震技术。另外，计算桥墩地震力时，有时需要考虑桥墩的质量和它自身的振动模态。

合理设置减隔震装置，在降低地震力的同时，还可以调整地震力在各下部结构间的分配。如果在刚度较大的桥墩上放置刚度较低的橡胶支座，就可降低该桥墩分担的地震力，进而降低对该墩的强度或延性要求，或者在放置承受较少水平力的活动支座的桥墩顶设置阻尼器，分担原主要由固定支座桥墩承受的水平力。因此，通过调整不同桥墩处减隔震装置的水平刚度，就可以合理调节下部结构间的地震力分配，减小基础条件差的桥墩或能力较弱的桥墩承受的地震力，避免刚度过大的桥墩承受过大的地震力，使整个体系的受力分配更趋合理。在桥梁横桥向，也应尽可能通过设置减隔震装置协调下部结构间的横向刚度，从而改善由于桥墩横向位移差引起的梁体扭转，降低结构的横向响应。

5.2.6　其他构件和细部构造的设计

在减隔震设计中，要使减隔震装置充分发挥减震耗能作用，就必须使非弹性变形和耗能主要集中在减隔震装置上。为了使大部分变形和耗能集中于减隔震装置上，不仅要使减隔震装置与下部结构的联合水平刚度远低于下部结构本身的刚度，还要避免桥墩屈服先于减隔震装置屈服。一些减隔震设计规范强行规定减隔震结构的周期至少应为非减隔震结构的两倍以上，就是为了确保减隔震装置的柔性。另外，通常选择将减隔震装置布置在刚度较大的桥墩、桥台处。而为了避免桥墩屈服先于减隔震装置屈服，应将桥墩的屈服强度设计得稍高于减隔震装置的设计变形所对应的抗力。此外，还应通过提供足够的强度来避免在桥台、基础以及其他连接装置中发生不希望的破坏。

另一方面，震害调查表明，构造措施对减隔震桥梁的动力特性和抗震性能有重要影响。因此，在减隔震设计中，还应充分注意一些构造细节的设计，并对施工质量给予明确规定。例如，应尽可能使上部结构具有较强的连续性；当上部结构不连续时，应限制各分段结构之间的最大相对位移；要提供缓冲挡块和连接件等来限制上部结构与支座之间的最大相对位移；在对伸缩缝施工时，应避免伸缩缝被阻塞；采用隔震设计时，必须在桥台、桥墩等主要结构与相邻梁之间设置足够的间隙，以保证满足设计位移的要求。此外，在设计中还需要考虑对减隔震装置定期维护和更换的要求。

5.3　减隔震结构的分析模型

桥梁结构的简化单自由度模型如图 5.3—1 所示。上部结构的质量用 m 表示，桥梁刚度用弹性常数 k_0 表示，结构的阻尼用阻尼系数 c_0 表示。当承受一个地震加速度激励时，此单自由度体系的运动方程可表示为

$$m\ddot{x}+c_0\dot{x}+k_0x=-m\ddot{x}_g \tag{5.3—1}$$

运动的自振周期 T_0（即完成一个振动所需要的时间）表示为

$$T_0=2\pi\sqrt{\frac{m}{k_0}} \tag{5.3—2}$$

对此体系安装减隔震装置后，简化为附加一个弹簧（具有弹簧常数 k_i）和一个黏性阻尼装置（阻尼系数 c_i），如图 5.3—2 所示。减隔震体系的组合刚度为

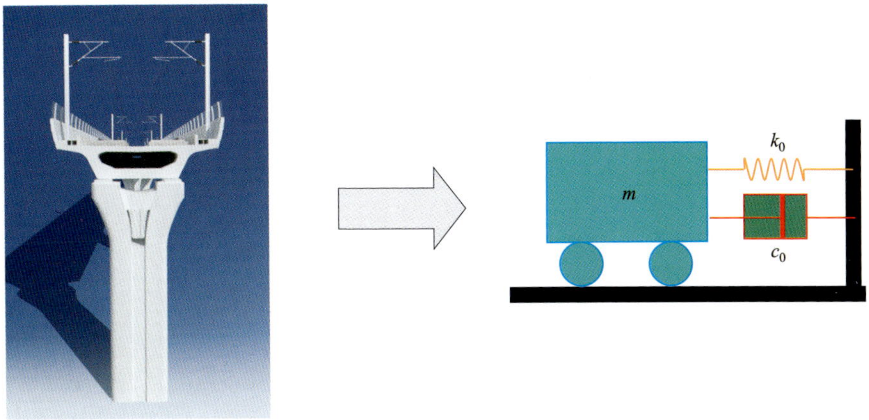

图 5.3—1 桥梁单自由度动力简化模型

$$k = \frac{k_0 k_i}{k_0 + k_i} \tag{5.3—3}$$

则式(5.3—1)修正为

$$m\ddot{x} + (c_0 + c_i)\dot{x} + (k_0 + k_i)x = -m\ddot{x}_g \tag{5.3—4}$$

减隔震体系的自振周期变为

$$T_0 = 2\pi\sqrt{\frac{m}{k}} = 2\pi\sqrt{\frac{m(k_0 + k_i)}{k_0 k_i}} \tag{5.3—5}$$

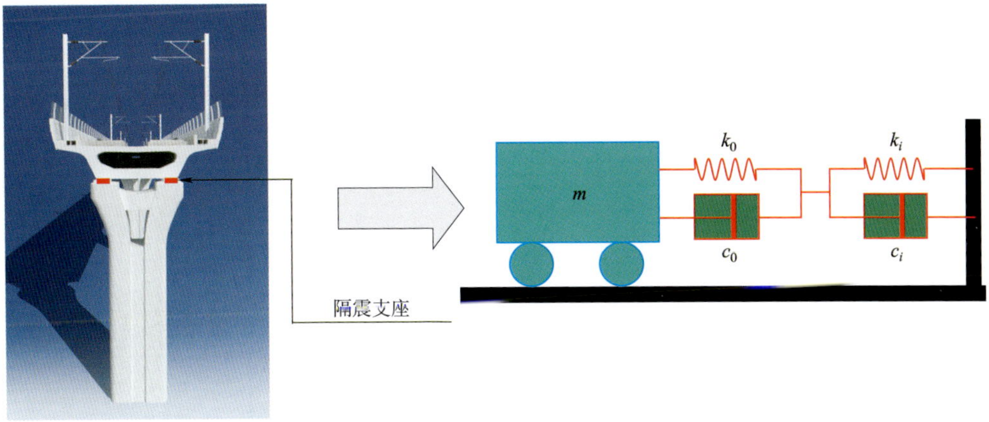

图 5.3—2 具有减隔震支座的单自由度体系

由式(5.3—3)可知，减隔震体系刚度小于结构刚度（k 小于 k_0），因此，减隔震体系的自振周期 T 大于原体系的自振周期 T_0。为使减隔震装置有效地修正结构的自振周期，k_i 应比 k_0 足够小。例如，k_i 为 k_0 的二分之一时，T 比 T_0 大 70% 左右；k_i 为 k_0 的十分之一时，则 T 是 T_0 的三倍。

5.4　减隔震分析理论

尽管近百年来对桥梁结构进行地震响应计算的方法在不断进步，目前已能够借助电子计算机对大型桥梁结构进行十分复杂的计算，但仍不能完全满足抵御震害的要求。众多桥梁震害的惨痛教训，促使人们重新审视对桥梁抗震方法的研究，特别是对桥梁减隔震理论和方法的研究与应用。地震作用理论主要研究地震时地面运动对结构物产生的动态效应，即结构的地震反应，而结构的地震反应则取决于地震动和结构动力特性。因此，地震反应分析方法的发展是随着人们对地震动和结构动力特性的认识逐渐深入提高的。地面运动可用强震仪以加速度时程曲线（两个水平分量，一个竖直分量）的形式记录，简称地震波记录。结构物在地震波激励下的振动是随机振动。

桥梁工程减隔震设计中，多采用确定性地震反应分析方法，主要包括单自由度或简化计算法、多自由度或反应谱法以及动态时程分析方法。

5.4.1　反应谱分析方法

单自由度和多自由度分析方法以减隔震装置的线性、弹性单元为基础，其刚度等于在预期位移下减隔震装置的有效刚度。利用能量相等的方法（即预期位移下每个循环周期所消耗的能量），将减隔震装置简化为线性黏滞单元来考虑能量耗散的作用。最终的结构反应通过反应谱来计算，且应在阻尼大于 5% 时对反应谱进行修正。由于在分析中需要假设一个预期位移，因此这种方法通常需要进行迭代，直到减隔震装置的假设位移和计算位移相等为止。

桥梁的抗震设计普遍采用 5% 阻尼比的弹性反应谱，但是对于减隔震桥梁，由于整个体系耗能能力不再均匀分布，减隔震装置处的耗能能力大，而由其他构件所耗能量相对比较少，因此，减隔震桥梁各个振动周期对应阻尼比是不相同的，基本周期的阻尼比一般比较大，约为 10% ~ 20%，有时甚至更高，这就要求在反应谱分析过程中一方面要考虑不同振动模态采用不同的阻尼比，另一方面还需考虑不同阻尼比对应反应谱值的修正。

采用简化的分析计算办法（单自由度或多自由度）需要建立高阻尼的反应谱。具有较高黏滞阻尼的弹性谱有助于分析具有线性黏滞阻尼系统的线弹性结构。由于简化计算分析方法的前提是结构可以采用等效线性和黏性的方法来表示，因此这种方法也可以运用于屈服结构或具有滞回性能的结构简化分析中。

建立大于 5% 阻尼比的弹性谱的典型方法是通过一个阻尼系数或者阻尼衰减因子 B 来折减 5% 阻尼比下的加速度反应谱，即

$$S_a(T,\xi)=\frac{S_a(T,5\%)}{B} \tag{5.4—1}$$

式中 $S_a(T,\xi)$——周期为 T 和阻尼比为 ξ 时的谱加速度。

需要指出的是,谱加速度是在最大位移处的加速度,并不一定是最大的加速度值(并不包含黏滞力的作用)。因此,它可以通过下式和谱位移 S_d 建立起直接的关系:

$$S_d=\frac{T^2}{4\pi^2}S_a \tag{5.4—2}$$

阻尼衰减因子 B 为阻尼比的函数,也是周期的函数。

目前普遍采用式(5.4—1)求取某一范围内周期值和所选地震动对应的系数 B 值,用阻尼比 5% 时的值除以阻尼比为 ξ 时的值,得到相应的 B 值。根据所选地震动,将求得的结果进行数理统计,得到平均值或中性值。其结果受到所选的地震动和所采用的对运动进行缩放以便获得一个尤为光滑的反应谱的方法的影响。

在美国 AASHTO 规范、美国 NEHRP 推荐规程、美国加州准则 Caltrans、欧洲规范(Eurocode 8)的草拟稿和美国 FEMA440 规则中,当阻尼比小于或等于 30% 时,其 B 值基本上相等。30% 的阻尼比也是简化计算办法能够采用的上限,美国 AASHTO 规范和美国 NEHRP 推荐规程对更大阻尼比下 B 值的取值更为保守(表 5.4—1)。

表 5.4—1 美国 AASHTO 规范中阻尼折减因子 *B* 的取值

阻尼比 ξ	≤2	5	10	20	30	40	50
B	0.8	1.0	1.2	1.5	1.7	1.9	2.0

弹性反应谱分析方法使用方便、简洁,为大多数设计人员所熟悉。在桥梁的初步设计阶段,使用该方法可以帮助设计人员较为快速地把握结构的动力特性和响应值。因此,这种方法也是减隔震桥梁分析中一种十分重要的手段。

弹性反应谱分析方法主要适用于桥型规则的桥梁减隔震设计,即采用减隔震设计后,桥梁动力响应基本由减隔震系统振型控制的桥梁。由于减隔震装置的非线性特性,桥梁的反应谱分析同普通桥梁的弹性反应谱分析过程有所区别,主要体现在:

(1)由于某些类型减隔震装置的恢复力出现较强的非线性特性,从而导致结构动力方程的非线性,使其不能应用经典的反应谱法求解,需要对减隔震装置的非线性力进行等效线性化处理之后,才能对减隔震体系进行分析。

(2)借助于等效线性化模型进行分析,但因分析之前无法确定减隔震装置在地震作用下发生的位移值,而其等效线性化模型中的等效刚度、等效阻尼比参数均依赖于该位移值,所以整个分析过程是一个迭代过程。

(3)由于桥梁在减隔震装置处耗能能力大,而其他构件所耗能量相对较少,因此,桥梁各振动周期对应阻尼比是不同的,必须根据不同阻尼比对反应谱值进行修正。

由于这些特点,使得安装有减隔震装置的桥梁结构的反应谱分析方法过程较普通桥梁复杂。范立础、王志强在《桥梁减隔震设计》一书中建议，根据减隔震装置的初始刚度得到桥梁结构的基本周期，通过弹性反应谱得到桥梁在弹性状态下的位移，将此位移值假设为减隔震装置的变形，进行随后的弹性反应谱分析，这样整个迭代计算过程收敛比较快。

基于反应谱的等效线性化的简化方法主要分为最小设计位移计算、最大位移计算、位移的迭代计算三个步骤。需要注意的是，计算所得结果需要考虑一些安全系数。

(1)最小设计位移计算

减隔震系统应能承受作用在每一个主要水平轴方向上的最小位移。最小位移可按式(5.4—3)计算。

$$D_S=\left(\frac{g}{4\pi^2}\right)\frac{S_S T_S}{B_S} \tag{5.4—3}$$

式中 g——重力加速度(下同)；

S_S——设计谱加速度；

T_S——设计位移下减隔震结构等效周期，

$$T_S=2\pi\sqrt{\frac{W}{k_{S\min}g}} \tag{5.4—4}$$

B_S——设计位移下减隔震系统的等效阻尼系数(表5.4—2)；

W——减隔震支座以上的结构重量(下同)；

$k_{S\min}$——设计地震力作用下对应于水平向设计位移的最小等效刚度。

(2)最大位移计算

最大位移可按式(5.4—5)计算。

$$D_H=\left(\frac{g}{4\pi^2}\right)\frac{S_H T_H}{B_H} \tag{5.4—5}$$

式中 S_H——罕遇地震反应谱加速度；

T_H——罕遇地震作用下减隔震结构水平向等效周期，

$$T_H=2\pi\sqrt{\frac{W}{k_{H\min}g}} \tag{5.4—6}$$

B_H——最大位移下减隔震系统的等效阻尼系数(表5.4—2)；

$k_{H\min}$——减隔震系统在罕遇地震作用下对应于水平向最大位移的最小等效刚度。

(3)位移的迭代计算

采取前述步骤计算 D_S 或 D_H，必须采用迭代方法以确定合理的等效阻尼数值。以设计地震为例，迭代步骤如下：

①假定减隔震支座的位移 D。采用隔震支座的双线性模型计算隔震支座的谱加速度、等效刚度 $k_{S\min}$ 和等效阻尼。

②按式(5.4—4)计算减隔震支座的等效周期 T_S。根据等效阻尼及表5.4—2计算

相应的阻尼衰减系数 B_S。

表 5.4—2 阻尼系数 B_S 或 B_H

等效阻尼（ζ 临界阻尼的百分比）	B_S 或 B_H 因素
≤2	0.8
5	1.0
10	1.2
20	1.5
30	1.7
40	1.9
≥50	2.0

③按式(5.4—3)计算 D_S。

④判断 $|D-D_S|$ 是否在允许误差范围内。如果在允许误差范围，迭代完成；如果不在允许误差范围，则重复以上循环，直到 $|D-D_S|$ 在允许误差范围内。

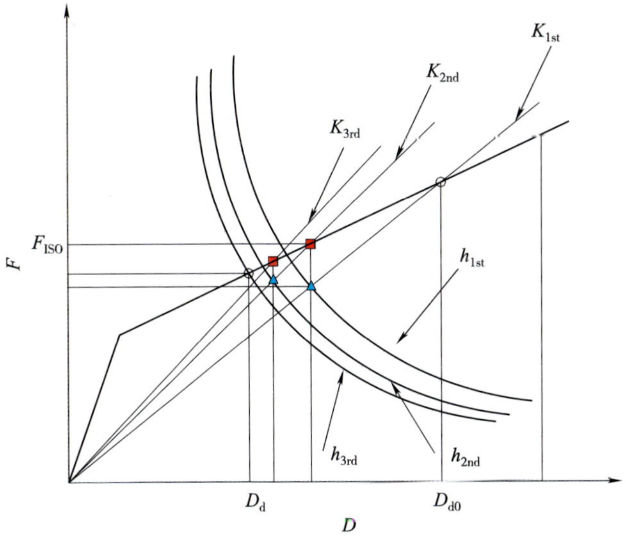

图 5.4—1 等效线性化方法的收敛过程图例

上述迭代过程可用图 5.4—1 来描述。图中，三条曲线是按设计地震谱计算得到的，并代表设计地震谱的能力曲线和对应于不同的等效阻尼。在已知设计地震谱的情况下，能力谱的位移计算如下：

$$D_i = \left(\frac{T_i}{2\pi}\right)^2 S_i \tag{5.4—7}$$

式中 D_i——位移；

S_i——谱加速度；

T_i——谱周期。

在计算得到减隔震支座的位移后，根据有效刚度就可直接计算墩顶受到的水平力，即

$$F = k_{\mathrm{S\,min}} D_{\mathrm{S}} \tag{5.4—8}$$

5.4.2 时程分析方法

地震作用是一个持续的过程，由于构件开裂、屈服引起非弹性变形，造成结构、构件间的内力重分配时刻都在发生，所以结构最大地震反应与变形累积或变形过程有关。反应谱法无法准确判断结构薄弱层或薄弱部位，也不易准确计算和判断结构地震反应达到最大值的时间。

地震灾害的调查表明，结构在地震中是否发生破坏或倒塌，与其最大变形能力和耗能能力有直接关系，如果不能计算出结构的最大变形或实际耗能能力，将无法保证"大震不倒"原则的实现。而对于采用减隔震装置的桥梁结构设计，需要准确计算减隔震装置的非弹性变形，确定其变形能力，这是采用减隔震技术进行桥梁结构计算的关键。因此，有必要采用时程分析方法对结构进行非弹性地震反应分析，通过认识结构从弹性到弹塑性的过程，研究结构内力分配、内力重分配的机理，在实现桥梁结构合理设计的同时兼顾安全性和经济性。

时程分析方法将地震记录或人工波作用在结构上，借助于线性和非线性有限元动力分析程序对动力学模型进行计算分析。线性时程分析，是指在地震作用下结构保持在弹性阶段，减隔震装置为线性耗能装置，即阻尼力和速度及位移的一次方成正比；非线性时程分析，是指在地震作用下结构进入弹塑性阶段或结构与减隔震装置同时处于非线性状态。时程分析方法除可以较为精确地考虑结构、土和基础的相互作用、地震波相位差及不同地震波多分量多点输入等因素建立结构动力计算图式和相应地震振动方程外，由于使用比较广泛的减隔震装置类型的力学性能大多数是非线性的，分析中必须考虑到结构几何和物理非线性以及各种减隔震装置的非线性性质，因而也在减隔震桥梁的地震响应分析中得以应用。

1. 减隔震桥梁的动态时程分析方法

从目前使用比较广泛的减隔震装置类型来看，其力学性能大多数是非线性的，因此，与普通桥梁相比，减隔震桥梁的模型建立有许多不同的特点：

（1）减隔震装置对桥梁结构的动力响应影响大，因此必须对减隔震装置给予考虑；

（2）在设计地震作用下，桥墩因受到减隔震装置的保护，若不发生非弹性变形，则可以采用线性单元来描述；

（3）桥墩的振动类似于底部嵌固、顶部受到约束的独立结构的振动，因此，有必要

考虑桥墩的质量和它自身的振动模态。

在时程分析中,双线性分析模型是较为常用的分析模型,但这种模型的不足之处是模型中涉及的初始弹性刚度、屈服后刚度和屈服强度均与减隔震装置的变形无关。鉴于双线性分析模型的不足,可以采用修正的双线性分析模型。修正的双线性分析模型中,初始弹性刚度、屈服后刚度和屈服刚度不再是常数,而是剪切应变的函数。以铅芯橡胶支座为例,可以首先根据试验结果分析得到支座的剪切应变 $\gamma = 50\%$ 时模型中三个参数的值,并将这三个参数数值与铅芯橡胶支座设计参数(即铅芯橡胶支座平面尺寸、厚度、硬度等)之间建立对应关系,然后建立支座分析模型中的三个参数在不同剪切应变下的函数关系,并针对 $\gamma = 50\%$ 时,参数值将其转化为无量纲表达式。如果上述函数关系能够通过铅芯橡胶支座试验建立合理、可靠的定量关系,则可方便地应用于工程设计。

当桥梁主体结构处于弹性状态时,对于速度相关型线性耗能装置,可以使用线性时程分析法,而对于位移相关型耗能装置,则可根据需要采用其等效刚度和等效阻尼进行线性时程分析,或考虑其恢复力的非线性,采用非线性时程分析方法。当桥梁主体结构进入塑性状态时,无论采用什么类型的耗能装置,都要采用非线性时程分析方法。

2. 静力弹塑性分析方法简介

大震时,结构可能会进入弹塑性工作状态,而弹性反应谱分析方法无法直接反映结构的一些非线性特性。非线性动力时程分析方法因其复杂性和耗时性,不易于实际工程抗震设计应用。基于上述因素,静力弹塑性分析方法发展起来。该方法基于结构在预先假定的一种分布侧向力作用下,考虑结构中的各种非线性因素,逐步增加结构的受力,直到在结构中形成机构为止,在这个分析过程中,得到结构的力与变形的全过程曲线。尽管侧向分布力是一种静力荷载,但整个分析过程可以近似反映结构在地震作用下某一瞬间的动力响应。静力弹塑性分析方法在国外研究较早,但是单纯的静力弹塑性分析不能直接得到结构的地震响应,需要与其他方法(如弹性反应谱、非弹性反应谱法)相结合,因此未能引起足够的重视。20 世纪 90 年代初,美日学者提出基于性能/位移的抗震设计思想后,静力弹塑性分析方法激发了广大学者的兴趣,一些研究人员对其适用的条件、特点及局限性进行了研究和修正,提出许多分析方法以得到结构地震响应,借助静力弹塑性分析方法(如能力谱法、位移影响系数法、适应谱法、模态弹塑性分析方法等)手段,对结构的抗震性能进行评估。

5.5 减隔震技术与延性抗震设计比较

从抗震原理上看,减隔震技术与延性抗震设计有相似性,二者都是通过延长周期以避开地震能量集中的周期范围,并且增大阻尼以耗散能量来达到减小地震反应的目的。但在具体实施的方法上,二者却有很大的不同,主要表现在以下两个方面:

(1)延性抗震设计允许很大的地震能量从地面传递到结构的重要构件上,设计考虑的是如何为结构提供抵抗地震的能力;减隔震技术的基本目的就是要大大减小传递到结构重要构件上的地震能量,且将这一地震能量转移到减隔震装置上。

(2)延性抗震设计要求选定结构构件的特定部位(如梁桥桥墩墩底)屈服,并形成塑性铰以降低刚度延长周期,同时利用塑性铰的滞回特性提供耗能能力(相当于增大阻尼)。因此,结构构件的损伤是不可避免的,震后修复困难。而减隔震技术通过在桥梁上安装减隔震装置来延长地震时桥梁结构的自振周期,增大桥梁结构的阻尼以耗散地震能量。因此,可以避免桥梁结构构件的损伤,而减隔震装置发生损伤时,修复和替换相对比较容易。

表 5.5—1 对延性抗震设计、减隔震技术以及其他结构控制技术进行了简单的比较,从中可以看出它们的主要差别。

表 5.5—1　不同抗震技术的比较

基本原理	延性抗震设计	减隔震技术	其他结构控制技术
延长周期	塑性铰	柔性支承	可控制的刚度
增加阻尼	塑性铰的滞回特性	阻尼装置	可控制的阻尼

此外,在桥梁结构中使用减隔震装置还有其他好处:

(1)通过合理设计减隔震系统,可改善地震力在下部结构中的分布,以保护基础、墩台等,必要时还可以保护上部结构。

(2)有些减隔震装置在正常使用条件下,由温度、收缩、徐变等变形引起的抗力很小,这为城市高架桥梁中采用多跨长联连续梁桥、减少伸缩缝的设置提供了可能,可以使连续梁桥一联的长度增加,从而大大改善行车条件并降低维护费用。

6 桥梁减隔震装置

30多年来，科研人员研制出多种隔震装置、阻尼器和耗能装置，统称为减隔震装置，并进行了大量的试验研究，其中有些已较广泛地应用于实际工程结构。目前，仍然有许多新的减隔震装置在研制和开发中。

一个好的减隔震系统应能支承结构，同时提供额外的水平柔度和耗能能力。除了延长周期和增加阻尼外，在选择一个减隔震系统时，还应从正常使用条件出发，仔细考虑减隔震装置的其他参数，如静力荷载下的变形能力、屈服力、超出设计变形后的性能、变形后的自复位能力、竖向刚度等。要想取得较好的减隔震性能，关键在于减隔震装置的力学性能及其与结构和环境条件的良好结合。因此，工程设计人员在进行结构减隔震设计时，掌握减隔震装置的力学性能十分重要。下面首先就适合桥梁结构的国内外主要减隔震装置进行简要介绍。

6.1 概　　述

减隔震技术利用减隔震装置在满足正常使用功能的前提下，可达到延长结构周期、消耗大量地震能量、调配结构刚度，从而降低结构地震响应的目的。因此，桥梁的减隔震设计最重要的就是要设计合理、可靠的减隔震装置，并使其在结构抗震中充分发挥作用。

从减隔震技术的原理可知，一个完善的桥梁减隔震系统应包含隔震装置、阻尼器、耗能装置以及连接构造和防护措施等几部分。这些部分可以分开设置，也可以结合为一体。

隔震装置主要有两种：一种是橡胶支座，如低阻尼橡胶支座；另一种是滑动支座，包括球面滑动支座、摆式支座、平面滑动支座等。

隔震耗能装置主要有高阻尼橡胶支座和铅芯橡胶支座，一方面通过剪切变形消耗地震能量，另一方面通过刚度降低达到延长结构周期的目的。

阻尼器或耗能装置的主要作用就是增大阻尼或消耗地震能量，它可分为位移型、速度型和其他类型。位移型包括滞变阻尼型和摩擦耗能型，其中滞变阻尼型利用材料的塑性变形耗能，如由低碳钢制成的扭梁、悬臂弯曲梁、刚架等滞变型钢耗能装置；摩擦耗能型利用滑动摩擦做功耗散地震能量，如摩擦摆式支座，其缺点是没有自复位能力，摩擦系数不易控制，震后易存在较大的残余变形。速度型有黏滞液体或胶泥阻尼器等，它通过将机械能转化为热能来耗散地震能量。另外，具有开关作用的临时连接装置或称速度锁定器也归到此类。该装置在桥梁的温度、混凝土收缩或徐变等缓慢作用下，呈开启状态，在地震动快速作用下则为锁定状态，使原来不参与抵抗水平向地震力的活动墩变为固定墩，与固定墩共同参与受力。各种阻尼器或耗能装置的滞回曲线如图 6.1—1 所示。

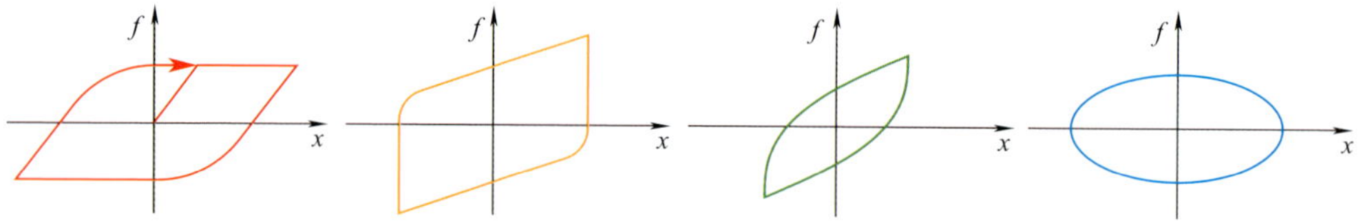

（a）弹塑性阻尼装置　（b）摩擦阻尼装置　（c）黏弹性阻尼装置　（d）黏滞阻尼装置

图 6.1—1　阻尼或耗能装置的滞回曲线

减隔震装置必须具有足够的柔性，以延长周期和减小地震反应，但在运营荷载作用下，结构不能发生大变形和有害振动，因此，减隔震系统中的构造措施是必不可少的。如使用特殊材料的弹性支承，则可利用其剪切模量与剪切应变大小有关的性质（即在低应变时剪切模量大、在高应变时剪切模量小）来满足上述要求，还可采用其他一些可破坏约束装置（如保险销、挡块等），使它在正常使用时处于锁定状态，当水平力超过一定阀值时发生破坏，以满足设计要求。此外，防落梁措施、位移限制装置、落差限制措施等也是桥梁减隔震系统的重要组成部分。

6.1.1　隔震装置

1. 低阻尼橡胶隔震支座

橡胶支座在变形过程中消耗能量，即提供阻尼，这种阻尼的大小主要取决于橡胶层变形的速度。根据其阻尼大小，橡胶隔震支座分为低阻尼橡胶支座和高阻尼橡胶支座。低阻尼橡胶支座的基本构造如图 6.1—2 所示，它由薄橡胶片与薄钢板相互交替结合而成，上下有翼缘，支座平面形状多为圆形或矩形。低阻尼橡胶支座在国内常被称为板式橡胶支座。

大量试验表明，低阻尼橡胶支座的滞回曲线呈狭长形，可以近似作线性处理。在抗震设计中，最关心的是橡胶支座的水平（剪切）刚度，即上、下板面产生单位位移时所需施加的水平剪力。低阻尼橡胶支座的弹性刚度低，不能为正常使用的制动力、牵引力及其他水平荷载等提供抗力，一般不在铁路桥梁上单独使用。

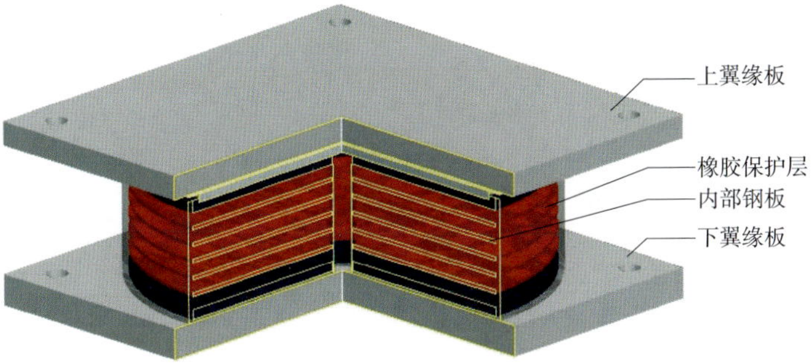

图 6.1—2 低阻尼分层橡胶支座构造

2. 滑动型减隔震支座

盆式平面滑动支座是在盆式橡胶支座中利用聚四氟乙烯和不锈钢板之间的平面滑动(因两者之间的摩擦系数很小)来适应桥梁的位移要求和实现隔震。这类支座构造简单、结构紧凑、滑动摩擦系数小、转动灵活,如图 6.1—3 所示。

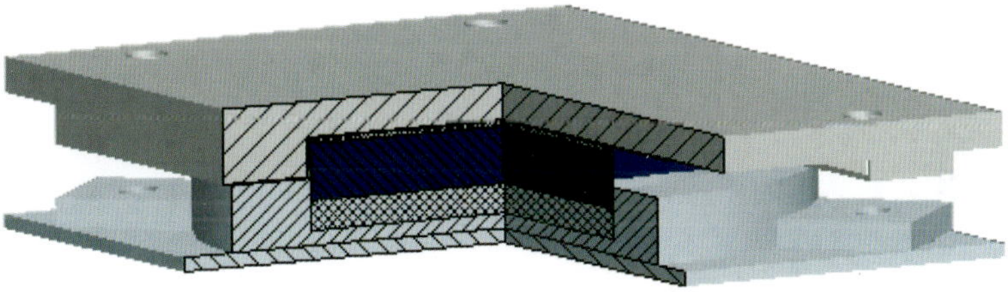

图 6.1—3 盆式平面滑动支座构造

但是这类支座没有自复位能力,用作隔震支座时,支座响应的可预测性和可靠性都不尽如人意,所以常与其他装置一起使用。如聚四氟乙烯滑板支座与滞变型钢一起使用,所有竖向力由滑板支座承担,而滞变型钢提供复位能力和额外的阻尼;聚四氟乙烯滑板支座与分层橡胶支座联合使用,竖向力由两种支座共同承担,分层橡胶支座提供复位能力。这类装置的主要优点是对地震激励的频域不敏感。

球面滑动支座是在平面滑动支座的基础上发展起来的,如图 6.1—4 所示。这类支座通过球冠衬板与球面四氟板之间的滑动来满足支座转角的需要,只要支座克服了球冠衬板与球面四氟板之间的滑动摩擦系数,支座就可以发生转动,可以适应各种转角(特别是大转角)的需要。由于球面滑动支座通过球面传力,因而作用到支承混凝土上的反力比较均匀,因其各向转动性能一致,适用于曲线桥梁和宽桥,而且由于不再使用橡胶来承压,不存在橡胶硬化和老化等对支座转动性能的影响,因此还特别适用于低温地区。

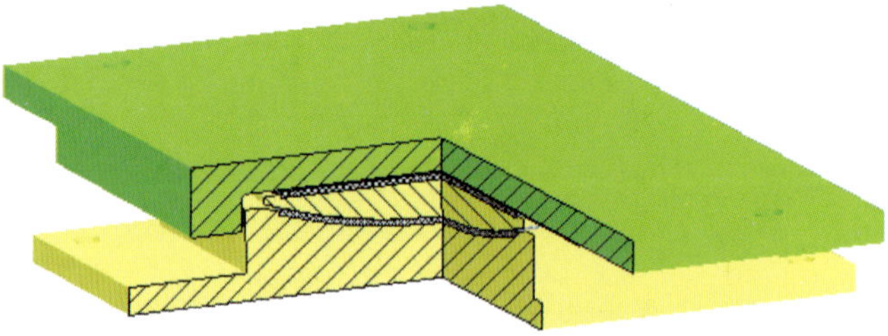

图 6.1—4　球面滑动支座构造

摆式支座是将滑动支座和钟摆的概念相结合构成的一种新型隔震装置。其滑动面是曲面，利用一个简单的钟摆机理延长结构的自振周期，并利用结构自重提供所需的自复位能力，帮助上部结构回到原来的位置。摆式支座包括一个具有球形曲面的滑块和球形铸钢滑动曲面，其构造如图 6.1—5 所示。铸钢曲面与滑块曲面具有相同的曲率半径，可以很好地相切，因此在竖向荷载作用下，曲面压应力均匀，支座可以在任何方向滑动，其尺寸主要由最大设计位移控制。

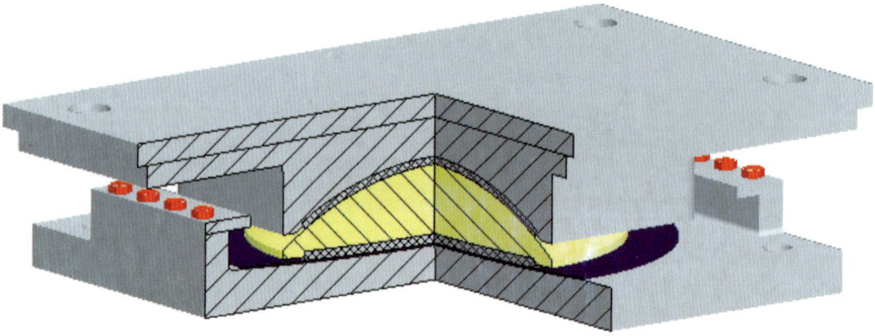

图 6.1—5　摆式支座构造

6.1.2　隔震耗能装置

1. 铅芯橡胶支座

铅除了具有密度大、熔点低、塑性高、强度低、耐腐蚀、润滑能力强的特点外，还有较高的延性和柔性，故在变形过程中可以吸收大量的能量，并有较强的变形跟踪能力，同时通过动态回复与再结晶过程，其组织和性能还可以恢复至变形前的状态。以上特性使其成为抗震、控振的优选材料之一。

铅芯橡胶支座是在分层橡胶支座中部插入铅芯，以改善分层橡胶支座阻尼性能。其中，橡胶部分起着隔震作用，铅芯部分起能量耗散或阻尼作用。铅芯橡胶支座除能承受结构物的重力和水平力外，铅芯产生的剪切变形和挤压变形吸收能量，并通过橡胶提供水平恢复力。地震时,多层橡胶支座承担结构重量和产生水平位移,铅芯在多层橡胶支座发生剪切变形时,通过塑性变形吸收能量。地震后,铅芯通过动态恢复与再结晶,结合橡胶的剪切拉力作用,使结构自动恢复原位。铅芯橡胶支座构造如图 6. 1—6 所示。

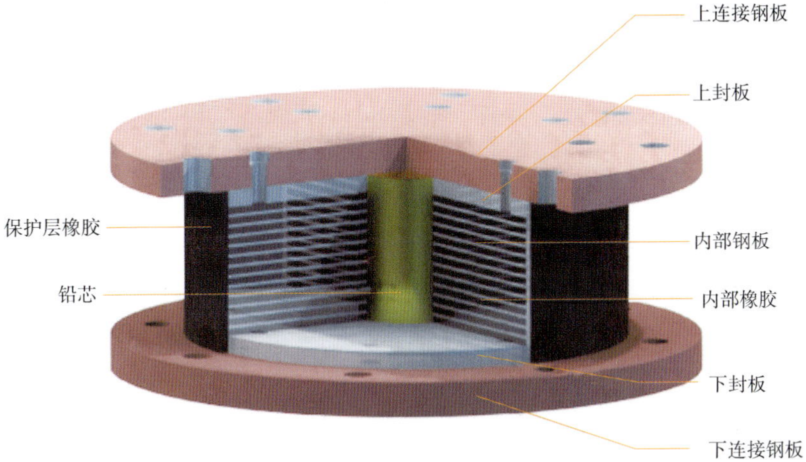

图 6. 1—6　铅芯橡胶支座构造

铅芯橡胶支座的另一个特点,就是温度、徐变等蠕变变形引起的支座抗力很低,这为铅芯橡胶支座应用于长跨连续梁桥中提供了条件。

2. 高阻尼橡胶支座

高阻尼橡胶支座通过特殊配制橡胶材料、不同性能的橡胶特殊叠合或特殊配制的橡胶材料与弹性体的特殊叠合等物理化学方法,使橡胶的阻尼特性得到大幅提高,竖向刚度增大。高阻尼橡胶支座构造如图 6. 1—7 所示。

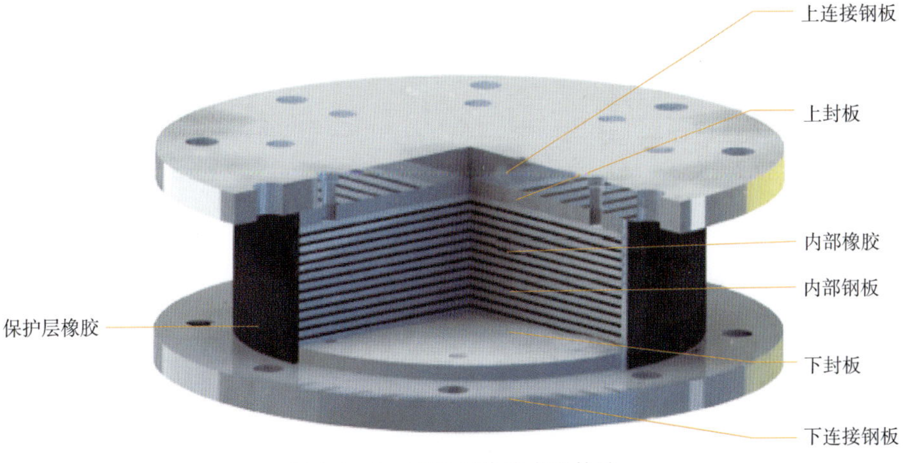

图 6. 1—7　高阻尼橡胶支座构造

高阻尼橡胶支座临界阻尼比可达 17% ~ 18%，其形状及构造与天然橡胶支座相同。这种橡胶材料的黏性大，其自身可以吸收能量，有效减少地震造成的破坏。由于与耗能功能集成在一起，可以节省使用空间，施工也比较方便。高阻尼橡胶可根据工程需要分为低弹模柔性化合物（如 $G = 0.4$ MPa）、中弹模常规化合物（如 $G = 0.8$ MPa）和高弹模坚硬化合物（如 $G = 1.4$ MPa）。

6.1.3　阻尼器或耗能装置

1. 滞变型钢

20 世纪 70 年代，新西兰学者研究开发了滞变型钢。滞变型钢主要是利用低碳钢构件进入塑性状态后其弯曲应力、剪切应力、扭转应力或其组合应力的滞变特性，在塑性滞回变形过程中吸收大量地震能量，并控制地震引起结构产生位移的原理制造的一种减震装置。滞变型钢合理的构件形状，可使其应力分布均匀，有效耗散地震能量，同时最大限度地发挥低周期疲劳抗力。滞变型钢主要有 C 型钢、E 型钢、悬臂钢等。图 6.1—8 所示为意大利 Alga 公司研发的 C 型钢、E 型钢。

（a）E型钢　　　　（b）C型钢

图 6.1—8　滞变型钢构造

试验研究表明，大多数滞变型钢的滞回曲线可用双线性来近似模拟。不同类型滞变型钢的选择取决于其放置的位置、可利用的空间、连接的结构以及力和位移的大小。

滞变型钢通常和橡胶隔震支座一起使用，如聚四氟乙烯滑板支座与悬臂钢就是一种合理组合。滞变型钢的优点是其制造不需要特殊设备，费用比较合适，坚实耐用，又具有较大的耗能能力。

2. 摩擦支座

摩擦支座的发展始于 20 世纪 70 年代末，其原理是由组合构件和摩擦片在一定的预紧力下组成一个能够产生滑动和摩擦力的装置，利用滑动摩擦力做功，对结构起耗能减震作用。在正常使用荷载作用下，摩擦支座为结构提供刚度，但不产生滑移，在强震或中震作用下，摩擦支座产生滑移，为结构提供阻尼，依靠摩擦做功来耗散能量。同时，摩擦支座一旦开始滑移，其刚度即变为零，使结构刚度“软化”，从而延长结构的自振周期，耗散地震能量，达到结构减震的目的，保护结构安全。

在地震作用下，滑动摩擦支座因为允许上部结构在摩擦面上发生滑动，从而限制了上部结构传递到下部结构的地震力（最大为支座的最大摩擦力），同时通过摩擦消耗大量的地震能量。这类支座构造简单、结构紧凑、转动较为灵活。意大利 Alga 公司研发的单球面摆式摩擦支座如图 6.1—9 所示。

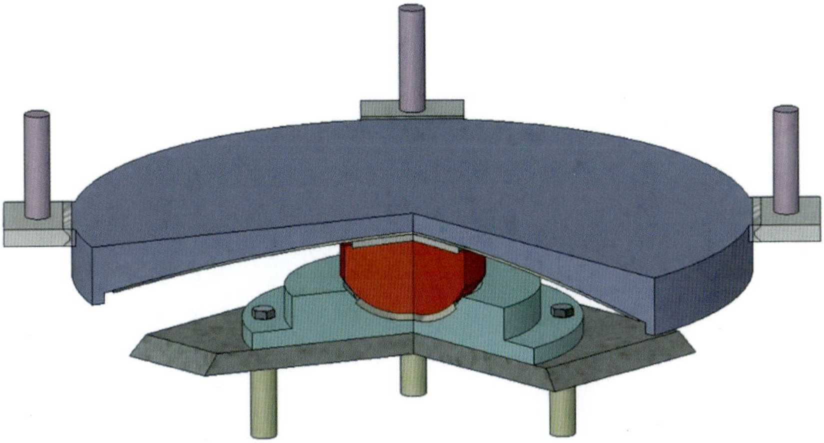

图 6.1—9　单球面摆式摩擦支座构造

3. 黏质液体或胶质阻尼器

黏质液体或胶质阻尼器简称液压阻尼器，由钢质圆柱形缸体、活塞和缸体内满注的黏质液体或胶泥组成，活塞将缸体分隔成两个腔室。活塞运动时，通过在缸体内壁与活塞之间的间隙或活塞上的导流孔，黏质液体或胶泥从一个腔室流到另一个腔室，如图 6.1—10 所示。

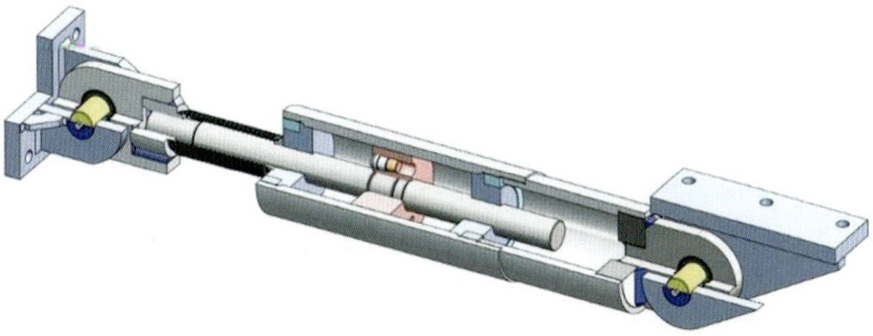

图 6.1—10　液压阻尼器构造

由于黏质液体或胶泥只能通过占缸体截面积很小的缸体内壁与活塞之间的间隙或活塞上的导流孔从一个腔室流到另一个腔室,形成正比于活塞运动速度幂函数的阻力。影响阻力的因素主要有活塞的有效面积、缸体内壁与活塞之间的间隙或活塞上的导流孔面积、缸体内壁与活塞之间的间隙或活塞上的导流孔长度、活塞运动速度、温度、黏质液体或胶泥黏度、激振频率和位移幅度。

阻力可用下列公式表示:

$$F = CV^{\alpha} \tag{6.1—1}$$

式中 C——常数;

V——活塞运动速度;

$\alpha = 0.1 \sim 2$。

α 值越小,阻力越小。$\alpha = 0.1$ 时常为黏滞液力阻尼器,$\alpha = 2$ 时常为速度型临时连接装置,或称速度锁定器。

桥梁工程应用中,液压阻尼器的缸体外连杆端和缸体分别与桥梁的上部结构和下部结构相连接,如图 6.1—11 所示。在温度、混凝土收缩和徐变等引起上部结构缓慢变形或位移时,液压阻尼器对上部结构不产生明显的阻力或约束力,满足桥梁自由伸缩需要。

图 6.1—11 台湾高铁连续梁速度锁定器

桥梁上正确地安置黏滞液体阻尼器,可以增加结构的阻尼和在风及地震荷载中耗散振动能量,从而减少桥梁结构的受力,减少桥梁的运动和位移,提高桥梁的抗震能力。

与黏滞液体阻尼器不同,速度锁定器本身不能耗散能量,也不能减少与其连接的桥墩的受力。在制动力、地震等作用时，速度锁定器将安装活动支座的上部结构与下部结构锁定，共同参与承受制动力、地震等作用，大大减小固定墩受力，使结构受力较为均匀，工程造价得以有效降低。速度锁定器不仅可以用于新建桥梁中提高桥梁的抗震能力，也可以在桥梁的维修加固中使用。速度锁定器吨位较小时，可与活动支座组合安装成整体。成都亚佳工程新技术开发有限公司研发的速度锁定支座如图 6.1—12 所示。

图 6.1—12 速度锁定支座

6.1.4 连接构造和防护措施

刚性连接装置是减震、隔震装置的一种形式，用来限制装置一个或者多个方向的位移，所以原则上它们不应该有任何水平变形的能力。刚性连接装置连接两个结构构件而不传递弯矩和竖向荷载，其常用结构形式包括永久连接装置、熔断器减震和临时连接装置。

1. 永久连接装置

永久连接装置是在一个或两个方向上产生持续限制、提供转动和产生竖向位移的装置，不传递弯矩和竖向荷载。只在一个水平方向上允许位移的装置称为单向活动型连接装置，在两个水平方向上限制位移的装置称为固定型连接装置。图 6.1—13 所示为永久连接装置与承受竖直力合为一体的双向和单向支座。

永久连接装置不改变结构的自振周期，也不耗散能量，只用于保持结构的稳定位置，并承受梁体的地震水平力。固定式抗震连接装置设置在梁体与墩台之间，承受梁体的地震水平力，竖向力则由设置在梁体两侧的活动支座承受，也可将永久连接装置与活动支座合为一体。

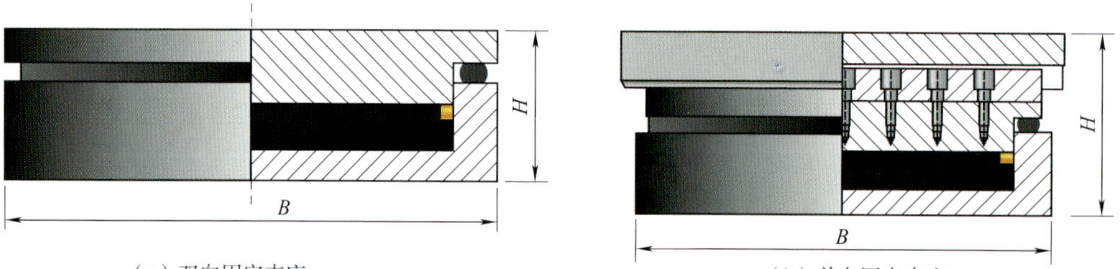

（a）双向固定支座　　（b）单向固定支座

图 6. 1—13　含永久连接装置功能的双向和单向支座

2. 熔断保护装置

熔断保护装置是在一个预先设定的水平力阀值下能阻止连接构件间的相对运动的装置。熔断保护装置可以承受桥梁正常使用状态下的水平力，当地震水平力超过装置预设的上述水平力阀值时，连接组件破坏，梁体可以发生自由运动，使其他减隔震装置发挥作用。图 6. 1—14 所示为成都亚佳工程新技术开发有限公司研发的剪力卡榫（限位支座）为熔断保护装置的一种形式，常与橡胶隔震支座配套使用，适用于目前的居民区、高科技园区、国家自然保护区等对环境有特殊要求的桥梁，也适用于对支座带有限位功能的桥梁工程。剪力卡榫承受的水平力满足在正常使用状态下的风力、列车牵引或制动力、摇摆力、长钢轨作用力等作用要求，地震水平力超过剪力卡榫的水平承载能力时，剪力卡榫解除锁定，上部结构在支座上滑动，延长结构自振周期。

剪力卡榫通常分为固定型、单向型两种，其特点是能够承受很大的水平荷载，但不承受竖向力，竖向力由活动支座承担。

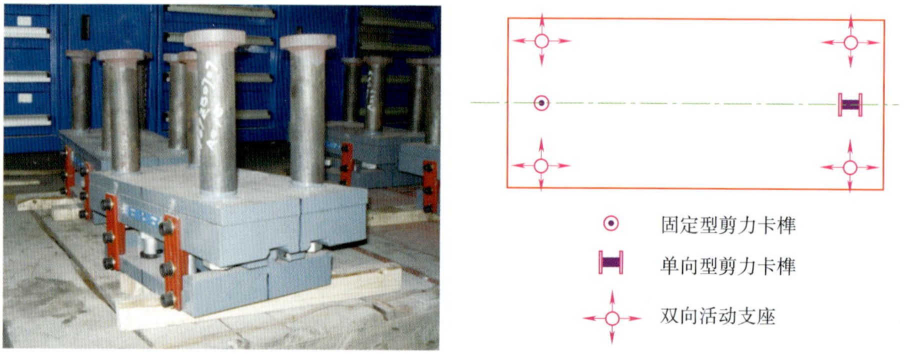

（a）剪力卡榫　　（b）剪力卡榫布置

图 6. 1—14　剪力卡榫及其在桥梁上的布置示意

图 6. 1—15 所示为成都亚佳工程新技术开发有限公司研发的与 E 型钢配套使用的保险销。保险销可避免车辆牵引力、制动力以及常遇地震力引起的梁体位移。当支座

所受水平力大于保险销的剪断力时,保险销被剪断,E 型钢上板和中板之间发生相对位移,带动 E 型钢进入耗能状态。

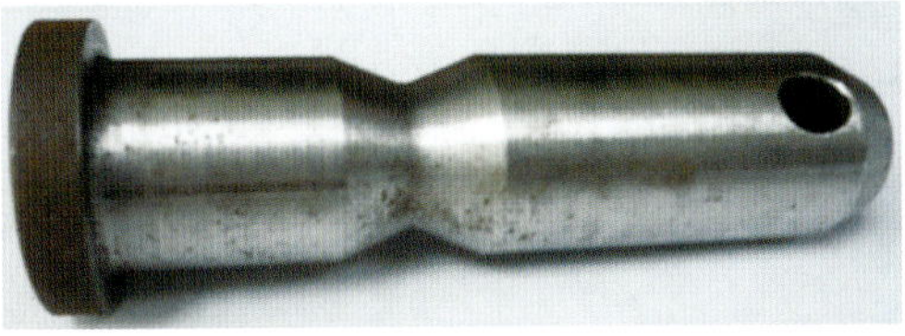

(a)保险销

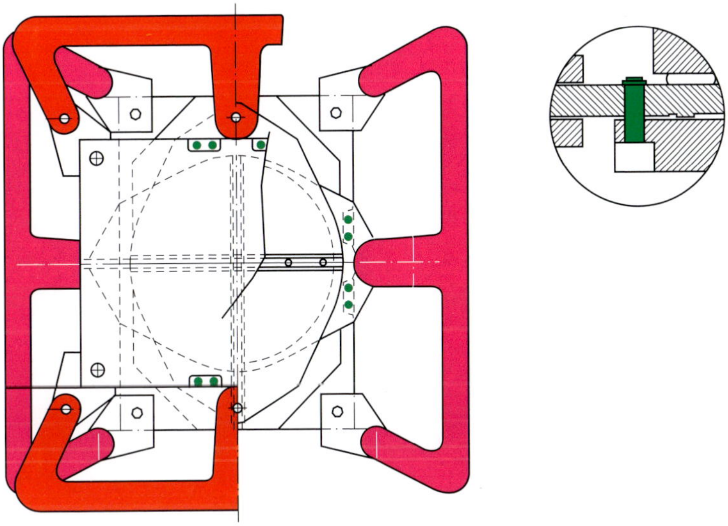

(b)保险销与E型钢配套

图 6.1—15　保险销及其与 E 型钢配套示意

熔断保护装置可以采用机械式熔断保护装置和液压式熔断保护装置两种模式。熔断保护装置的主要功能是用于实现正常使用条件和地震荷载状态之间的转变。装置刚性连接两个结构构件以避免在正常使用条件下产生相对位移,但当超出预设力的限值时连接解除,既保证了正常使用要求,又可在高烈度地震发生时发挥其他减隔震装置的作用。

熔断保护装置的设计应当使其正常使用时不屈服或者破损、不超出最大设计变形,有特殊应用要求的熔断保护装置还应能承受疲劳荷载。熔断保护装置的设计应使其在设计荷载公差范围内工作,工作负荷不考虑荷载系数;装置超压值的设计不考虑任何超强度因素,对于熔断保护元件的其他组件则应考虑超强度因素,破坏后的熔断保护装置不应影响其他减隔震装置的正常使用。

熔断保护装置的型式试验包括装置在正常使用荷载作用下的性能测试、装置的疲劳测试、装置的破坏断裂试验等三个项目。

3. 临时连接装置

如前所述，速度型临时连接装置又称速度锁定器。图 6.1—16 所示为设置于梁端部中心的临时连接装置，其两侧为普通的摩擦滑动型支座。

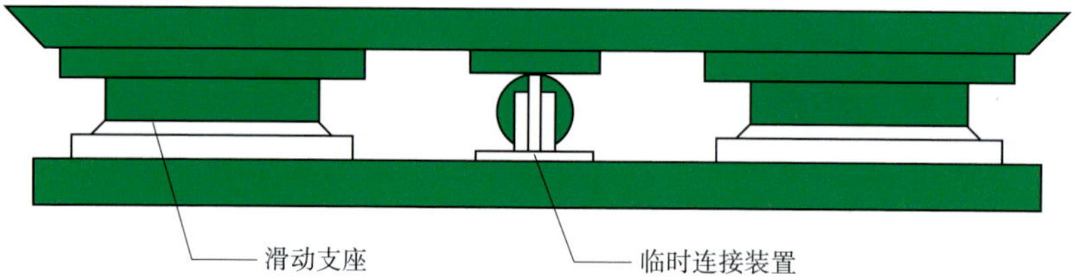

图 6.1—16　梁端部临时连接装置

由于温度或其他缓慢作用的位移下，临时连接装置可以在很小的阻力下发生位移，而在地震快速荷载作用下装置锁定，形成一种刚性的固定连接装置，因而速度锁定装置又称冲击传递装置。其主要性能要求如下：

对于低速运动（$v<0.1$ mm/s），如温度效应，混凝土收缩、徐变，位移是自由的。

对于高速运动（$v>1$ mm/s），如地震作用，位移受约束，可视为刚性连接。

6.2　铅芯橡胶支座

作为隔震装置，铅芯橡胶支座在一些地震多发的国家已广泛应用于桥梁上。自 1978 年至 1992 年，新西兰已有 39 座桥梁采用了铅芯橡胶支座。日本自 1990 年在北戴高架铁路桥上首次采用铅芯橡胶支座之后，1991 ~ 1994 年又在 10 座桥梁上应用了铅芯橡胶支座。美国于 1984 ~ 1992 年在 20 多座桥梁上采用了铅芯橡胶支座。我国在首都机场二期工程桥梁上，采用过 20 多个铅芯橡胶支座；在南疆铁路的 32 m 简支梁桥上也部分采用过铅芯橡胶支座。西安机场高速公路渭河特大桥使用了铅芯橡胶支座的十一联梁部经 5 · 12 汶川大地震后安然无恙，通过此次地震，也有效地验证了铅芯橡胶支座良好的抗震性能。

1. 结构特点

板式橡胶支座的主要缺点是阻尼很小，有时在较低水平力（如制动力等）作用下，支座变形可能较大。在橡胶支座中压入铅芯，支座的钢板和橡胶把铅芯紧紧地约束住，得到一个紧凑的隔震耗能装置。铅芯具有良好的力学性能，具有较低的屈服剪力，具有足够高的初始剪切刚度，具有理想弹塑性性能且对于塑性循环具有很好的耐疲劳性能。铅芯提供了地震作用下的耗能和静力荷载作用下所必需的屈服强度与刚度。在较低水平力作用下，铅芯具有较高的初始刚度且其变形很小；在地震作用下，由于铅芯的屈服，一方面消耗地震能量,使支座具有良好的阻尼效果,另一方面,刚度降低,达到延长结构周期的目的。动力试验表明,铅芯被紧密压入预留孔的铅芯橡胶支座,其工作性能完全与具有良好性能的隔震系统相同。铅芯橡胶支座的构造如图 6.2—1 所示。

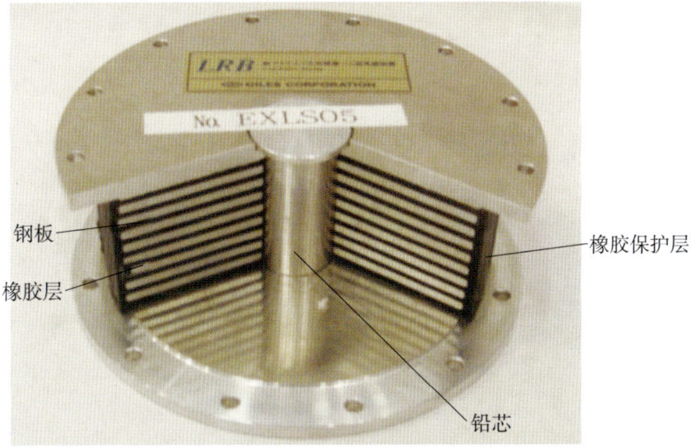

图 6.2—1 铅芯橡胶支座

2. 材料特性

铅芯橡胶支座所用的铅,必须是高纯度、不含任何杂质的铅,纯度一般不应低于 99.99%。铅芯橡胶支座的橡胶通常采用天然橡胶,邵氏硬度为 45 ~ 60,比一般的板式橡胶支座要软一些。桥梁结构中常常采用邵氏硬度为 55 ~ 65,剪切模量为 0.8 MPa、1.0 MPa 和 1.2 MPa 的橡胶,以适应地震时支座发生大的剪切变形的需要。

3. 力学性能

铅芯具有良好的力学性能,能与分层橡胶支座较好结合,使其成为一种比较合适的减隔震材料。铅芯具有较低的屈服剪力(约 10 MPa),具有足够高的初始剪切刚度(约 130 MPa),是理想的弹塑性材料,且进入塑性后具有良好的耐疲劳性能。此外,纯度较高的铅(99.99%)比较容易得到,使得铅芯的力学性能比较可靠。图 6.2—2 所示为铅芯橡胶支座的滞回曲线。

图 6.2—2 中的虚线是铅芯橡胶支座实际的滞回曲线,其恢复力模型可以近似为一个双线性模型(如图中实线所示)。若对该模型进行等效线性化,将双线性模型的对角用斜线相连,则斜线的斜率为支座的等效水平刚度,计算式为

$$K_{eq}=\frac{Q_{max}-Q_{min}}{S_{max}-S_{min}} \tag{6.2—1}$$

式中 K_{eq}——等效水平刚度;

S_{max}——最大水平正位移;

S_{min}——最大水平负位移;

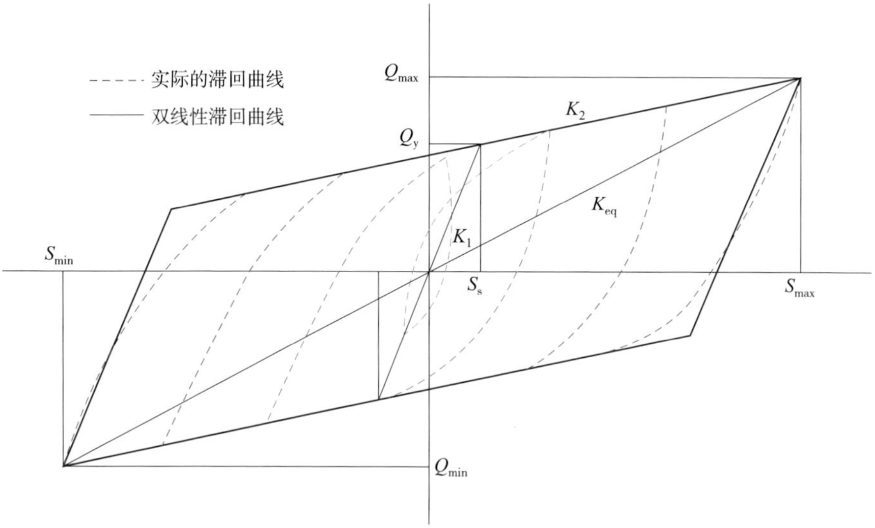

图 6.2—2　铅芯橡胶支座滞回曲线

Q_{max}——与 S_{max} 对应的水平剪力；

Q_{min}——与 S_{min} 对应的水平剪力。

由图 6.2—2 还可以看出，铅芯橡胶支座的滞回曲线所包含的面积较大，说明铅芯橡胶支座有一定的耗能能力。其恢复力模型的数学表达式为

弹性阶段

$$F(x)=K_2x+K_1S_s-K_2S_s=K_2x+(K_1-K_2)S_s \tag{6.2—2}$$

屈服阶段

$$F(x)=K_2x+Q_y\operatorname{sgn}(\dot{x}) \tag{6.2—3}$$

式中　K_1——初始刚度；

K_2——屈服后的刚度；

x——支座的水平位移；

Q_y——屈服水平剪力；

S_s——屈服位移。

滞回曲线的形状和面积反映了支座的耗能能力，滞回环越丰满，面积越大，阻尼也越大。因此，可以用滞回环的特性来表示支座的阻尼，一般屈服后的刚度反映了滞回环的丰满程度，等效黏性阻尼比则反映了滞回环的面积大小。

屈服后的刚度 K_2 为

$$K_2=\frac{Q_{max}-Q_y}{S_{max}-S_s} \tag{6.2—4}$$

式中　S_{max}——最大水平正位移；

Q_{max}——与 S_{max} 对应的水平剪力；

Q_y——屈服水平剪力；

S_s——屈服位移。

等效黏性阻尼比 ξ_{eq} 为

$$\xi_{eq}=\frac{1}{4\pi}\frac{\Delta W}{W} \tag{6.2—5}$$

$$W=\frac{1}{2}K_{eq}S_{max}^2=\frac{1}{2}Q_{max}S_{max} \tag{6.2—6}$$

$$\Delta W=4Q_y(S_{max}-S_s) \tag{6.2—7}$$

式中　ξ_{eq}——等效黏性阻尼比；

W——弹性势能；

ΔW——滞回环的面积。

铅芯橡胶支座的水平等效刚度和等效阻尼比，除与橡胶的特性、支座的剪应变相关外，还与支座铅芯的截面大小有关。通过改变支座中的铅芯截面大小，可以有效地改变铅芯橡胶支座的水平等效刚度和等效阻尼比。

4. 功能要求

第一形状系数是指支座单层橡胶平面面积和侧面积之比值，与普通板式橡胶支座的形状系数一致，它决定了铅芯橡胶支座的抗压弹性模量，通常铅芯橡胶支座的第一形状系数 $7\leqslant S_1\leqslant 13$。

第二形状系数是指支座橡胶平面面积和按支座橡胶总厚度计算的侧面积之比值，通常用于确定支座的稳定性，第二形状系数 $S_2\geqslant 5$。

支座的容许压应力取决于第二形状系数和最大地震位移，容许压应力通常为 $\sigma_0\geqslant$ 8 MPa。

等效刚度和等效阻尼比是衡量铅芯橡胶支座动力性能的指标，它与支座中所含铅芯面积的比例有关，一般需要通过反复的水平剪切试验来确定。等效阻尼比通常可达到0.15～0.25。

5. 性能试验

铅芯橡胶支座的型式试验包括支座的基本特性试验、影响支座水平和垂直特性的试验、破坏试验。铅芯橡胶支座的基本特性试验包括抗压试验和压缩剪切试验。铅芯橡胶支座影响支座水平和垂直特性的各种相关试验包括剪应变大小的影响、正压力影响、加载频率的影响、循环加载次数的影响和温度变化的影响。铅芯橡胶支座的破坏试验包括水平极限变形试验和垂直破坏试验。

(1)一般要求

试件可为足尺铅芯橡胶支座、缩尺模型铅芯橡胶支座。试验前，试件应在试验环境中再放置不少于 6 ~ 24 h。试验温度应为常温(23 ℃ ±2 ℃)。

试验装置应具有检测试验项目的能力，力和位移的测量误差应小于最大值的 1%。加载波形可为正弦波或三角波，应注意不同加载波形的影响。最小加载频率为 0.001 Hz。

(2)压缩性能试验

压缩性能试验中的加载压力应与 GB 20688.2 规定的设计压应力 σ_0 相对应。压应力允许偏差应为 ±5%。压力和压应力的关系如下：

$$P = A \cdot \sigma \tag{6.2—8}$$

式中　A——有效面积，即支座内部橡胶的平面面积。

加载方法有以下两种，试验时可选择其中一种方法进行：

①按 0—P_{max}—0 往复循环加载 3 次。P_{max} 为最大设计压力。

②按 0—P_0—P_2—P_0—P_1（第 1 次加载），P_1—P_0—P_2—P_0—P_1（第 2 次加载），P_1—P_0—P_2—P_0—P_1(第 3 次加载)。P_2 为 1.3 P_0，P_1 为 0.7P_0，P_0 为设计压力。

压缩性能试验装置如图 6.2—3 所示。

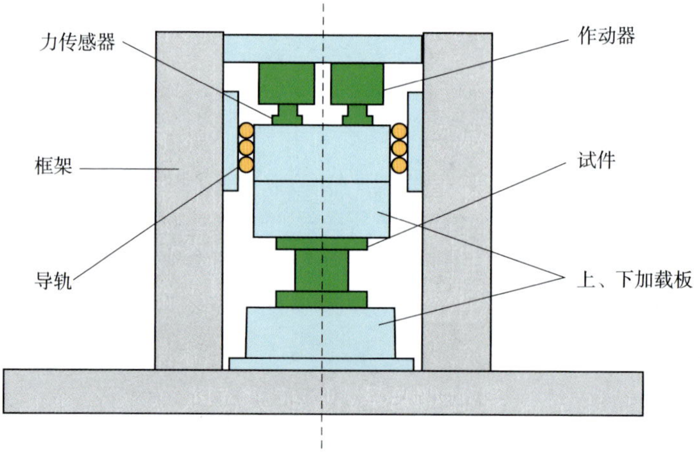

图 6.2—3　压缩试验装置示意

支座竖向压缩刚度 K_v 测试结果允许偏差为 ±30%。竖向压缩刚度 K_v 按式(6.2—9)计算。

$$K_v = \frac{P_2 - P_1}{Y_2 - Y_1} \tag{6.2—9}$$

式中　P_1——第 3 次循环时的较小压力；

P_2——第 3 次循环时的较大压力；

Y_1——第 3 次循环时的较小位移；

Y_2——第 3 次循环时的较大位移。

(3)剪切性能试验

剪切性能试验就是在恒定压力下通过施加剪切位移来测定支座的剪切性能。试验过程中,恒定压力允许偏差为 ±10%,剪切位移允许偏差为 ±5%。考虑惯性力对剪力的修正,采用单剪试验方法,如图 6.2—4 所示。考虑摩擦力对剪力的修正,摩擦力应小于剪力的 3%。

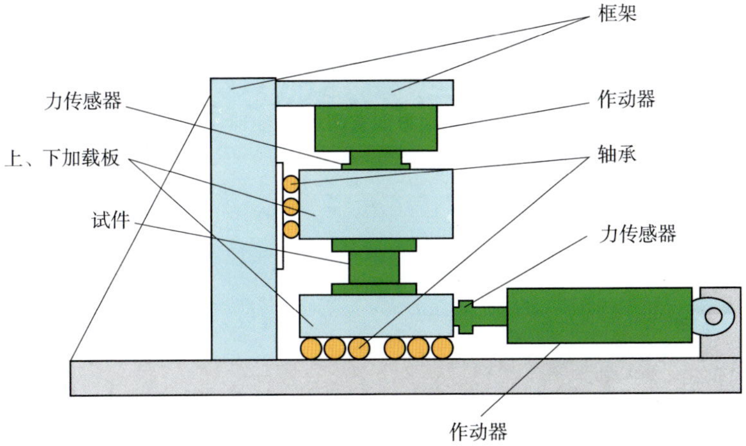

图 6.2—4　压剪试验装置示意

试验可采用 3 次或 11 次加载循环,剪切性能应取第 3 次循环的测试值,或取第 2 ~ 11 次循环的测试平均值。

支座水平等效刚度 K_h、等效阻尼比 h_{eq}、屈服后刚度 K_d 和屈服力 Q_d 应分别按式(6.2—10)~式(6.2—13)计算,如图 6.2—5 所示。

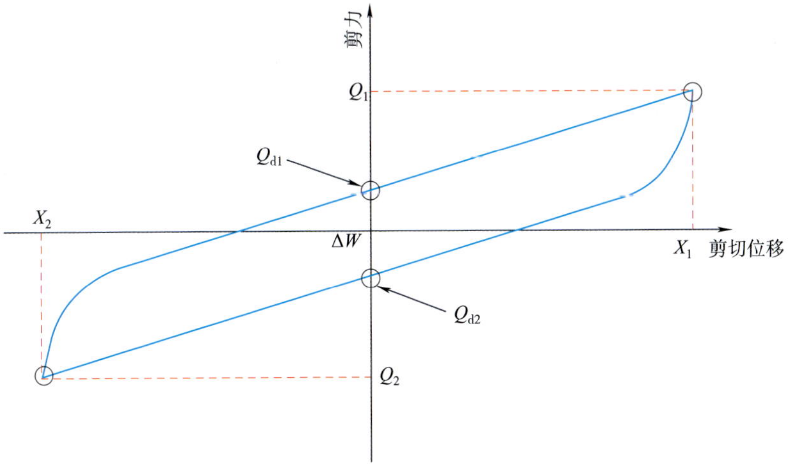

图 6.2—5　铅芯橡胶支座(LRB)剪切性能的测定

$$K_h = \frac{Q_1 - Q_2}{X_1 - X_2} \tag{6.2—10}$$

$$h_{eq} = \frac{2\Delta W}{\pi K_h (X_1 - X_2)^2} \tag{6.2—11}$$

$$K_d = \frac{1}{2}\left(\frac{Q_1 - Q_{d1}}{X_1} + \frac{Q_2 - Q_{d2}}{X_2}\right) \tag{6.2—12}$$

$$Q_d = \frac{1}{2}(Q_{d1} - Q_{d2}) \tag{6.2—13}$$

式中　Q_1——最大剪力；

Q_2——最小剪力；

X_1——最大位移，$X_1 = T_r\gamma$；

X_2——最小位移，$X_2 = T_r(-\gamma)$

Q_{d1}——滞回曲线正向与剪力轴的交叉点；

Q_{d2}——滞回曲线负向与剪力轴的交叉点；

ΔW——滞回曲线的包络面积。

剪应变可采用100%、170%。水平等效刚度允许误差为±10%。

(4)极限剪切性能试验

极限剪切性能试验就是测定支座在最大设计压力下的极限剪切位移能力。对于用凹槽、暗销连接的支座和可能承受拉力的支座，还应测定支座在最小设计压力下的极限剪切位移能力。极限剪切位移状态是指支座出现破坏、屈曲或滚翻。

连接板与封板用螺栓连接或连接板与内部橡胶直接粘结的支座，其极限剪切性能曲线如图6.2—6所示。

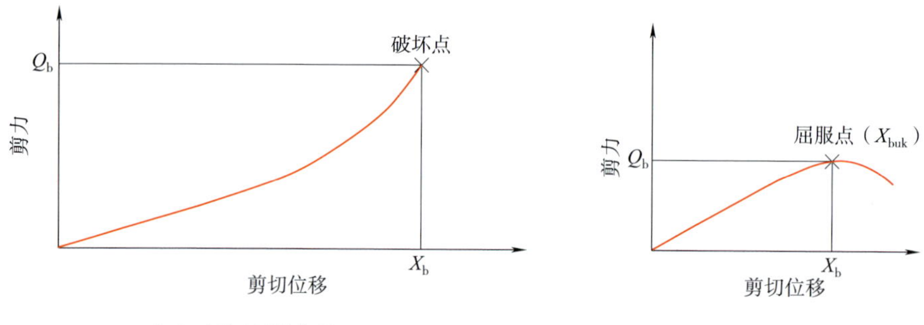

（a）无明显屈曲情况　　（b）有屈曲情况

图6.2—6　极限剪切性能曲线

当剪切位移达到指定极限剪切位移时，若没有明显的破坏迹象，且剪力和位移的关系曲线单调增加，则可停止试验，并根据最大剪力和剪切位移确定支座的极限剪切性能。

(5)疲劳性能试验

试验步骤如下：

①测出试件的初始外形(外轮廓尺寸)和性能(竖向压缩刚度和剪切性能)；

②使试件产生指定的剪切位移(可为0)；

③按指定的次数反复施加竖向压力,最大和最小压力应为最大和最小设计压力；

④测出外形(外轮廓尺寸)和性能的变化率以评定其抗疲劳性能。

疲劳性能试验加载波形可为正弦波或三角波,加载频率范围为2~5 Hz,反复加载次数为200万次。剪切位移和竖向压力的允许偏差为±5%,水平等效刚度允许变化率为±5%,试件外观无裂缝。

(6)测试结果要求

测试结果应包括下列内容：

①试件的类型、外观、形状尺寸、形状系数、表面温度；

②试验装置介绍,加载波形和加载频率；

③试验曲线。

6.3　高阻尼橡胶支座

高阻尼橡胶支座将高频振动转化成低能量的低频振动,适用于减震(振)工程中,对于居民区、高科技工业园区、国家自然保护区等对环境有特殊要求的桥梁或者建筑,以及地震区,可以采用此类型支座。高阻尼橡胶支座在我国台湾高铁和宜万铁路中均有应用,如图6.3—1所示。在铁路桥梁上,高阻尼橡胶支座常与剪力卡榫配套使用,由剪力卡榫承担水平力,由高阻尼橡胶支座承担竖向力。

高阻尼橡胶支座分为固定型和多向滑动型两种,含上、下锚碇板结构,安装、抽换方便快捷,适用温度范围为-40 ℃~+50 ℃。

1. 结构特点

铅芯橡胶支座在低温条件下存在硬化现象,在温度和交通荷载(低周疲劳)作用下,支座中的铅芯会发生疲劳剪切破坏,使得支座的阻尼性能大幅下降。同时,支座在生产和使用过程中,铅会对环境造成无法弥补的污染,因而近年来与普通板式橡胶支座结构相同的高阻尼橡胶支座得到了应用。在结构上,高阻尼橡胶支座与铅芯橡胶支座类似,其主要不同是铅芯橡胶支座安装有铅芯棒,而高阻尼橡胶支座没有安装铅芯棒。采用高阻尼橡胶之后,支座的阻尼比可以达到0.15左右,可以实现竖向和水平向双向阻尼效果,可以有效地减弱不同频率振动对结构的影响。图6.3—2所示为意大利Alga公司研制生产的高阻尼橡胶支座。高阻尼橡胶支座具备以下特点：

(1)支座结构与普通板式橡胶支座结构相同,但作为隔震耗能支座,它具备承载能力、恢复力和阻尼(吸收能量)三位一体的功能。

图 6.3—1　高阻尼橡胶隔震支座及配套的剪力卡榫

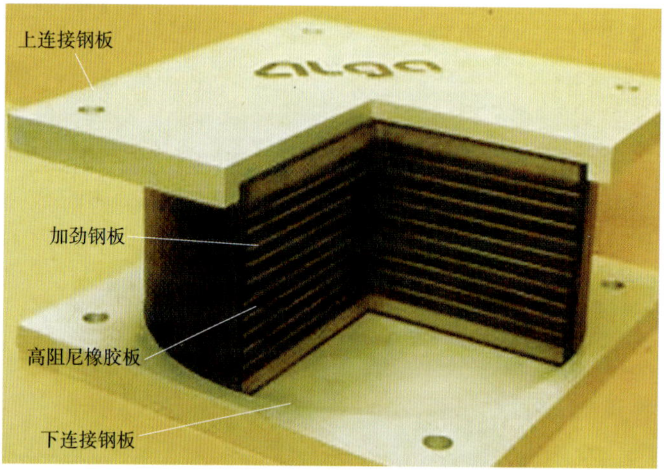

图 6.3—2　意大利 Alga 公司生产的高阻尼橡胶支座

(2)支座滞回特性好,对大、中、小地震都能较好地发挥隔震耗能效果。

(3)支座结构形式简单,无须再配置其他装置,因此节省空间、施工方便、维修管理成本低。

(4)支座在经历大地震后,不会产生残余变形,而且特性变化很小,无须更换。

(5)支座的结构和材料特性决定了支座的弹性性能和阻尼特性对温度的依赖性很

小,可以提供转角及由于温差变形等原因引起的水平位移,适用范围广。

(6)在支座表面覆盖了三元乙丙橡胶,可保护内部橡胶不受臭氧、紫外光等的影响,具有良好的耐老化性能。

2. 材料特性

高阻尼橡胶支座的隔震耗能效果主要由高阻尼橡胶来体现。高阻尼橡胶的化学成分通常为橡胶聚合物,其聚合物的含量在 40% 以上,补强剂采用炭黑和白炭黑,其含量在 10% ~45%,补强剂以外的灰分含量在 10% 以下。高阻尼橡胶支座用橡胶材料的性能要求见表 6. 3—1。

表 6. 3—1 高阻尼橡胶支座用橡胶的材料特性

项 目	高阻尼橡胶		
剪切弹性模量(MPa)	0. 6	1. 0	1. 2
伸长率(%)	650 以上	600 以上	550 以上
拉伸强度(MPa)	10 以上	10 以上	11 以上
25% 伸长应力变化率(%)	-10 ~ +100(70 ℃,维持 70 h 条件下)		
伸长率变化率(%)	-50 以上(70 ℃,维持 70 h 条件下)		
压缩永久变形率(%)	60 以下(70 ℃,维持 22 h 条件下)		
耐臭氧老化	肉眼观察无龟裂(40 ℃ ±2 ℃),维持 96 h 条件下)		
耐水性(%)	10 以下(蒸馏水 50 ℃ ±2 ℃,维持 72 h 条件下)		
耐寒性	脆性温度 -30 ℃以下(寒冷地区 -40 ℃以下)		

高阻尼橡胶支座主要是通过改进橡胶配方,使橡胶本身材料的阻尼增加,从而使支座的阻尼比可以达到 15%,甚至 18%。

3. 力学性能

由于钢板对橡胶横向变形产生约束,使高阻尼橡胶支座具有非常大的竖向刚度。同时,钢板并不影响橡胶的剪切变形,保持了橡胶固有的柔韧性,使其具有比竖向刚度小很多的水平刚度,延长了桥梁结构的水平自振周期,从而使这类支座具备竖向支撑与水平隔震耗能的双重功能。由图 6. 3—3 可以看出,与普通橡胶支座相比,高阻尼橡胶支座在竖向力作用下只产生极小的竖向变形,在水平力作用下,上下表面在变形时基本保持平行。

高阻尼橡胶支座的弹性刚度(等效刚度)依赖于变形大小,变形小时刚度大,变形大时刚度小,呈现非线性状态。地震作用时,大变形时刚度小的特性使其具有良好的隔震耗能效果。另外,过大的变形引起橡胶硬化现象,使得橡胶刚度增加,起到了一定的控制上部结构过大变位的效果。图 6. 3—4 为高阻尼橡胶支座的滞回曲线。滞回环的面积较大,表明有较大的耗能能力。由滞回曲线可见,高阻尼橡胶支座在变形较小时就表现为非线性,而且与反复次数、变形大小和位移历程有关。

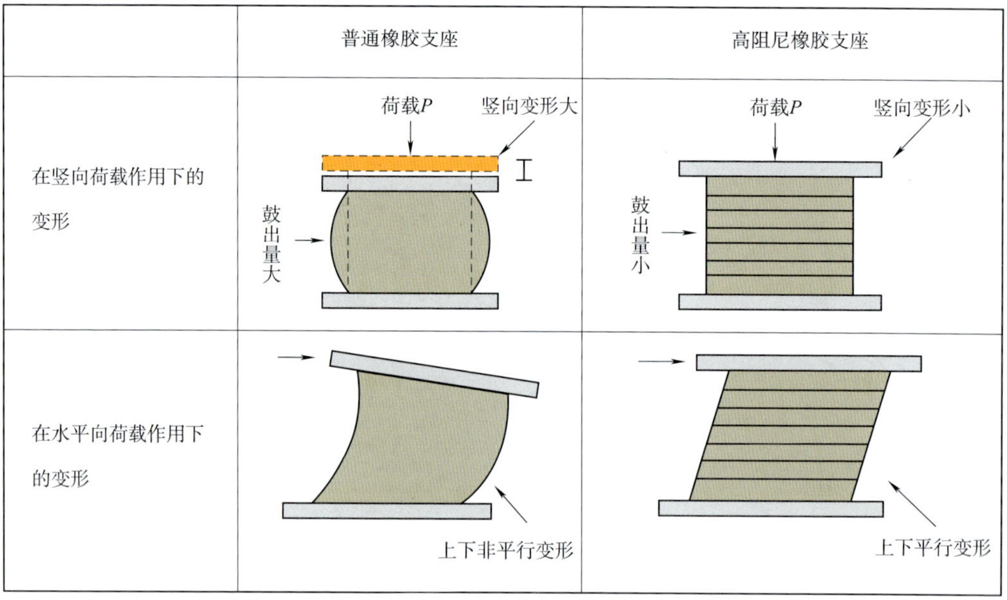

图 6.3—3　高阻尼橡胶支座和普通橡胶支座使用对比

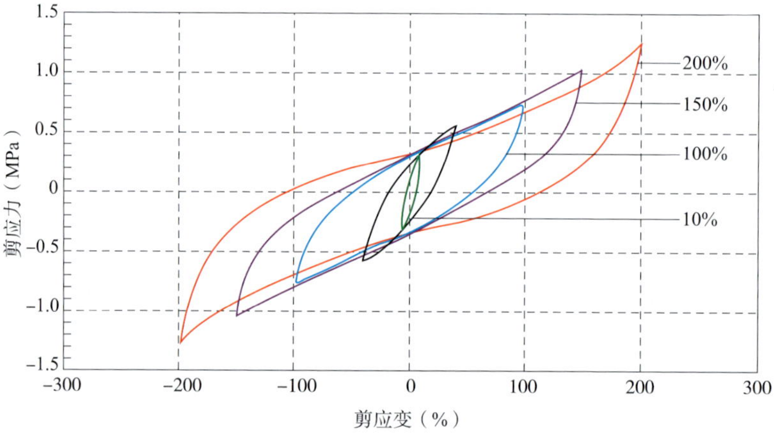

图 6.3—4　高阻尼橡胶支座滞回曲线

高阻尼橡胶支座在承受竖向荷载时表现出刚性，承受侧向荷载时表现出柔性。这种力学性质决定了在分析高阻尼橡胶支座的机理时，应该采用有效剪切模量和等效阻尼比这两项参数来进行分析。由式(6.3—1)和式(6.3—3)可分别计算有效剪切模量和等效阻尼比。

$$G_{eff}=\frac{K_{eff}h}{A} \tag{6.3—1}$$

振动周期可表示为

$$T_b=2\pi\sqrt{\frac{M}{K_{eff}}}=2\pi\sqrt{\frac{ShrA'}{Ag}} \tag{6.3—2}$$

等效阻尼比为

$$\xi_{ep}=\frac{\Delta W}{2\pi W} \tag{6.3—3}$$

式中 h——橡胶支座的总厚度；

A——橡胶支座的截面积；

A'——最大位移处支座顶面和底部的重叠处面积；

r——允许剪切应变；

S——性状系数；

K_{eff}——橡胶支座的水平刚度；

ΔW——橡胶支座消耗的能量；

W——弹性应变能。

高阻尼橡胶支座的水平等效刚度和等效阻尼比只是与支座橡胶的性能和支座的剪应变大小相关，当支座橡胶的配方确定后，支座的阻尼比特性也就确定了，改变支座的配方就可以改变支座的阻尼特性，而铅芯橡胶支座则是通过调整铅芯的面积来实现。

4. 功能要求

支座的基本力学性能应满足剪应变、压应力、频率、疲劳和温度的相关稳定性要求，在满足这些稳定性要求的条件下，支座的水平等效刚度和等效阻尼比的变化率在±15%以内。

支座的极限性能需满足剪应变、承压和受拉性能的要求。

支座的耐久性能需满足老化性能、徐变性能和疲劳性能的要求。

支座用高阻尼橡胶还需满足拉伸性能、热空气老化性能、硬度、黏合性能、压缩永久变形、剪切性能和臭氧老化性能等的要求。

5. 性能试验

高阻尼橡胶支座的各项性能指标受橡胶配方的影响很大。配方不同，支座阻尼比的大小出入很大。我国交通运输部虽然编制了《桥梁高阻尼橡胶隔震支座》标准，但参与标准编制的各生产厂家生产的支座，其性能并不完全一致。因此，在使用高阻尼橡胶隔震支座时，必须对支座的实际性能进行认真的检验，以符合桥梁减隔震设计要求。

高阻尼橡胶支座的性能试验包括橡胶材料性能试验和支座力学性能试验。支座用橡胶材料的试验用样品和材料试验方法应符合 GB/T 20688.1 和 GB 20688.2 中的相关要求和规定的方法，橡胶的粘结性能试验应按 GB/T 7760 中规定的方法进行。支座力学性能试验包括支座的竖向刚度试验、支座的压缩变形试验、支座的水平等效刚度试验、支座的等效阻尼比试验、支座的大变形剪切试验、支座的拉伸性能试验、支座的力学相关稳定性试验、支座的极限性能试验和支座的耐久性能试验等。

6.4　滞变型钢支座

滞变型钢支座是将滞变型钢与支座整合到一起,使之兼有竖向支承和水平滞回耗能的作用,具有结构形式简单,便于产品模数化等优点,尤其是可以大大简化相应连接构造装置的设计。滞变型钢支座是结构被动控制中减震耗能装置的一种,平常发挥普通支座的作用,地震发生时则是一种弹塑性耗能装置,具有稳定的滞回特性、良好的低周疲劳特性、不受环境温度的影响等优点。但这类支座适应大位移的变形能力相对较差,如果支座正常使用状态的活动位移较大,滞变型钢要有较大的构造尺寸才能满足大位移时较大的塑性应变要求。因此,它一般不适宜用于长联连续梁桥。

1. 结构特点

滞变型钢实质上就是一块可以发生弹塑性变形的钢板,其形状通常为 E 形或 C 形,如图 6.4—1 所示。将相应规格的 E 形或 C 形钢板安装到桥梁单向型或多向型支座上,即形成具有不同滞回耗能性能和不同约束形式的支座。对于单向滑动支座,还可以串联速度锁定装置,使得徐变、温度等低速率变形作用在一定行程范围内(<7.5cm)可以自由滑动而不引起钢板变形,不引起明显的支座水平反力,在地震作用下则发生锁定,强迫钢板变形并提供较好的滞回耗能作用。

(a) E型钢与支座组合　　(b) C型钢与支座组合

图 6.4—1　滞变型钢支座

滞变型钢具有高耗能的功能,依靠低碳钢构件的弯曲应力、剪切应力、扭转应力或其组合应力的滞后特性发挥耗能作用。合理的滞变型钢外形对其应力分布的均匀性和协调性(即能否有效耗能,并充分发挥低周期疲劳作用)至关重要。钢板的形状通过优化设计,允许在大部分体积中进行塑性变形的扩展,同时能防止局部变形和应力集中,延长低周疲劳寿命。

滞变型钢只有利用金属材料的塑性变形才能发挥耗能效果，因此在屈服之前的小变形范围不发挥耗能作用，具有形状设计自由、加工容易、坚实耐用等优点，同时具有耗能特性稳定、受温度影响小、耗能能力大等特性。因此，诸多学者开发出各种形式的滞变型钢。滞变型钢根据其耗能时主要受力状态可分为扭转型、剪切型和弯曲型等；根据其结构外形可分为 E 型钢、C 型钢和短刚臂钢等。不同类型滞变型钢的选择取决于其放置的位置、可利用的空间、连接的结构以及力和位移的大小。在桥梁中，滞变型钢通常与盆式支座配合使用，由支座承受垂直荷载作用，由滞变型钢提供耗能，组成一种减隔震支座，简称滞变型钢支座。

滞变型钢支座的水平刚度较低，在承受水平荷载作用时将产生弹性位移，对铁路桥梁的正常运行不利，因此一般在滞变型钢支座上增加一个剪力销，以提高其水平刚度。剪力销的功能是在列车制动力或多遇地震作用时传递水平力，以保证列车的正常运行，此时滞变型钢不工作；当大地震发生时，剪力销被剪断，滞变型钢工作。

2. 材料特性

滞变型钢应采用具有屈服后滞回变形能力强且稳定的钢材，有较高的柔性和延展性，有较好的变形跟踪能力，以便在弹塑性变形过程中吸收大量的能量；应保证环境和温度对其性能没有明显的影响；具有稳定的屈服点，进入塑性后应具有良好的滞回、疲劳特性，保证支座在地震时发挥良好的耗能作用。滞变型钢的性能与所用材料关系密切，在设计时应参考生产单位提供的材料性能进行设计。试制测试的软钢材料应与设计时所选材料相当。

新西兰的滞变型钢采用 BS4360/43A 钢材。国内滞变型钢一般采用塑性较好、屈服点较低的钢材，如 Q235 或 Q345 类钢。钢材的主要化学成分应符合 GB/T 1591、GB/T 4172 的要求，但所选择的钢材，其 P、S 的含量不应超过 0.035%。

连接滞变型钢与支座的保险销，其材料可选用 40Cr 或者 42CrMo，工作表面粗糙度要求 $R_a \leq 1.6\ \mu m$，材质的化学成分和物理性能应符合 GB/T 3077 的要求。

3. 力学性能

金属的应力—应变曲线表明，金属在屈服后进入塑性变形状态，应该考虑在不同应变范围内，金属的应力—应变塑性循环关系。在塑性循环期间，应力将随应变范围的扩大而增大，但屈服水平下降。在给定的应变范围内，在反复荷载作用下，荷载—位移曲线只有中等程度的变化，耗能也只有中等程度的减小，直至屈服量接近其低周疲劳寿命的终期。因此，设计时应能限制地震时的循环应变范围，并确保其有能力抵御设计地震。一个设计良好的滞变型钢，要求在多遇地震时的最大额定应变范围为 ±3%，设计地震时的额定应变范围为 ±5%。

图 6.4—2 所示为试验所测得的滞变型钢荷载—位移滞回曲线。由图 6.4—2 可见，其在损坏之前几乎没有周期性的折减，具有很好的能量耗散作用。罗马大学的试验

结果表明，在位移延性（塑性位移/等效弹性位移）为 10 的条件下，低周寿命可达 50 个周期以上；在位移延性为 15 的条件下，仍至少可达 10 个周期以上。

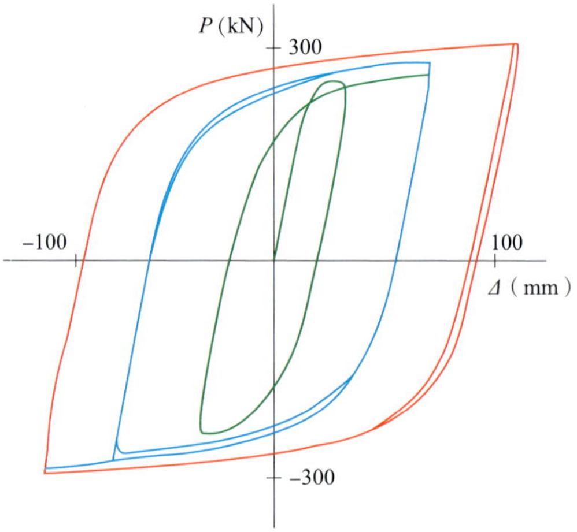

图 6. 4—2　滞变型钢荷载—位移滞回曲线

一般情况下，滞变型钢的设计屈服力可根据下列经验公式计算：

$$F_y = 1.5G \cdot a/g \tag{6.4—1}$$

式中　G——上部结构总重；

a——多遇地震下水平地震力加速度；

g——重力加速度。

滞变型钢支座由支座和滞变型钢构成，因此其力学模型为支座的摩擦和滞变型钢耗能的组合。

支座的摩擦力学模型如图 6. 4—3 所示。

滞变型钢力学模型如图 6. 4—4 所示。

滞变型钢支座的整体力学性能由金属屈服后的非线性塑性变形和支座摩擦面的摩擦共同起耗能作用，整个支座的力学模型应综合考虑滞变型钢的恢复力力学模型，由滞变型钢的滞回耗能和支座的摩擦滞回耗能构成，采用多段弹塑性模型进行模拟，如图 6. 4—5 所示。

滞变型钢支座的力学性能参数如下：

（1）滑移屈服前的刚度 K_0

滑移屈服前的刚度是指在支座的滞回曲线（荷载—位移）中克服摩擦前的直线斜率，即

$$K_0 = \frac{F_{0y}}{S_{0y}} \tag{6.4—2}$$

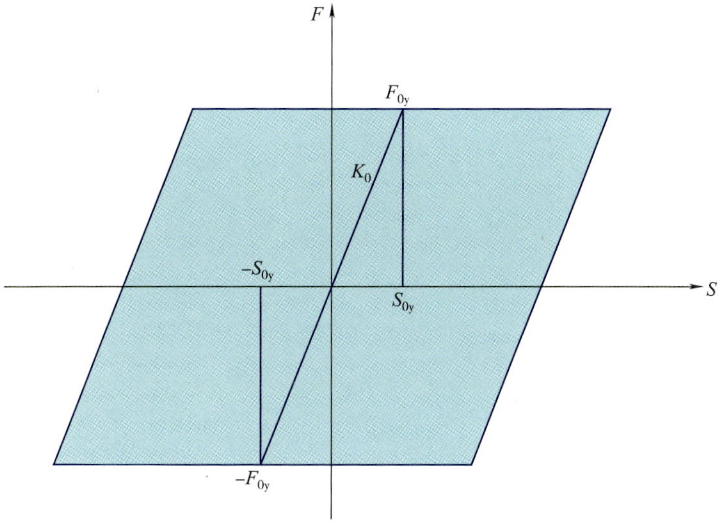

图 6.4—3　支座摩擦力双线性恢复力力学模型

注：图中 K_0 为滑移屈服前的刚度，S_{0y} 为静摩擦屈服位移（一般 2 mm），F_{0y} 为屈服力。

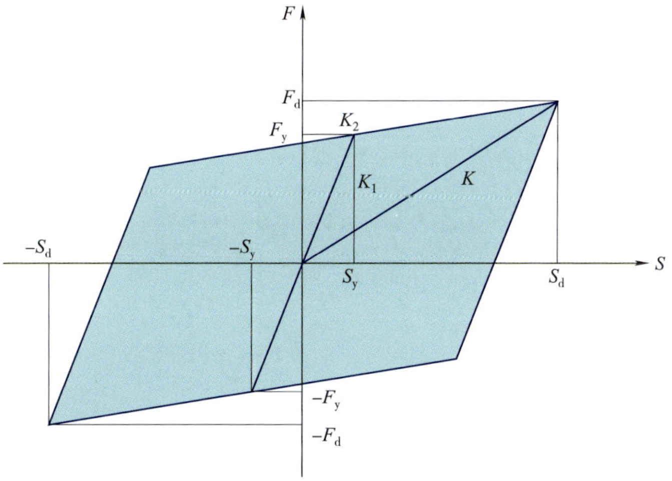

图 6.4—4　滞变型钢双线性恢复力力学模型

注：图中 K 为等效刚度，K_1 为屈服前的刚度，K_2 为屈服后的刚度，S_y 为屈服位移量，S_d 为设计位移，F_y 为屈服力，F_d 为设计力。

（2）屈服前的刚度 K_1

屈服前的刚度指在滞变型钢的滞回曲线（荷载—位移，图 6.4—4）中，屈服点前的直线斜率，即

$$K_1=\frac{F_y}{S_y} \tag{6.4—3}$$

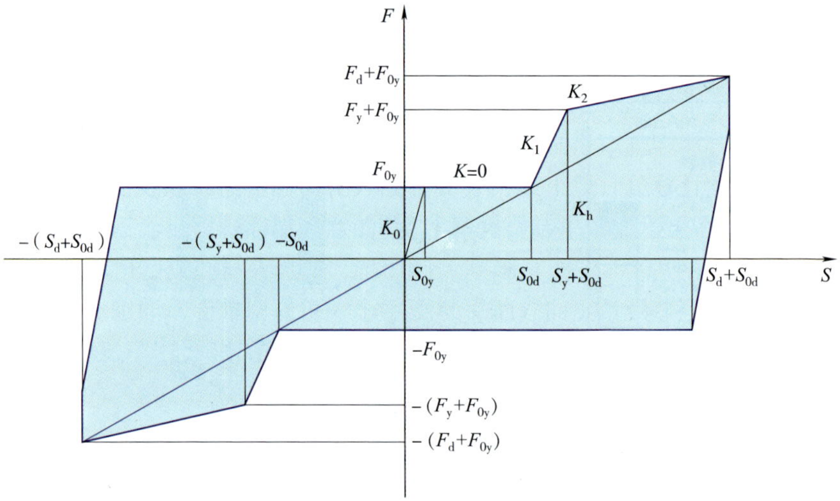

图 6.4—5　滞变型钢支座整体多段弹塑性恢复力模型

(3)屈服后的刚度 K_2

屈服后的刚度是指在滞变型钢的滞回曲线(荷载—位移,图 6.4—4)中屈服点后的直线斜率,即

$$K_2=\frac{F_d-F_y}{S_d-S_y} \tag{6.4—4}$$

(4)支座水平等效刚度 K_h

支座水平等效刚度是指在支座的滞回曲线(荷载—位移)中连接原点与滞回曲线峰值点的直线斜率,即

$$K_h=\frac{F_d+F_{0y}}{S_d+S_{0d}} \tag{6.4—5}$$

(5)等效阻尼比 ξ

等效阻尼比在滞变型钢的滞回曲线(荷载—位移)中用来表征耗散能量的大小,具体表达为

$$\xi=\frac{E_{DS}}{2\pi E_s}=\frac{E_{DS}}{2\pi ES_d^2} \tag{6.4—6}$$

式中　E_{DS}——滞回阻尼耗能,等于最大位移处滞回曲线包围的面积,即图 6.4—5 中多边形包围的面积;

E_s——最大的应变能。

4. 功能要求

滞变型钢支座的性能应满足下列要求:

(1)成品支座性能应由滞变型钢力学性能、支座摩擦性能或其他性能等效组合。

(2)滞变型钢成品的阻尼比范围为20%～35%。

(3)滞变型钢的力、位移应满足双线性恢复力模型。

(4)滞变型钢支座的力、位移、水平等效刚度、等效阻尼比应满足设计图纸要求,其偏差和低温性能偏差应满足表6.4—1的要求。

表6.4—1 滞变型钢力学性能要求

项　　目	允许偏差	温度引起的偏差
设计力 F_d	±15%	—
设计位移 S_d	±5%	—
水平等效刚度 K_h	±15%	±40%
等效阻尼比 ξ	±10%	±15%

注:“温度引起的偏差”是指降温40℃所引起的滞变型刚物理指标的偏差。

(5)滞变型钢支座等效阻尼比范围为25%～45%。

(6)支座摩擦力不得大于竖向承载力的5%。

(7)支座保险销的设计水平剪断力不得超出其设计地震荷载的±15%。

(8)滞变型钢与支座上下板连接销的水平承载能力不得低于其设计承载力的3倍,或由桥梁工程师根据罕遇地震确定。

(9)保险销和连接销按照设计荷载加载,荷载循环次数需不少于200万次。

(10)非阻尼方向的水平力,支座所能承受的极限力应不小于设计水平承载力的1.5倍。

5. 性能试验

滞变型钢(支座)的性能试验包括支座的耗能性能试验、滞变型钢的耗能性能试验、保险销和连接销的剪切性能试验。

性能试验的测试内容包括标准位移—荷载试验、超载位移—荷载试验,支座保险销和连接销的剪切性能试验内容包括剪断力试验、疲劳性能试验。

试验的样品,原则上应采用实体支座。若受到试验设备能力限制时,可以与支座用户协商选用有代表性的小型支座进行试验。成品支座耗能特性试验可采用滞变型钢试验代替,支座摩擦系数可选用小型支座进行试验。

(1)一般要求

测试包括支座本体部分和阻尼单元的各项技术指标,还包括支座整体的力学性能。测试前,先将耐磨板及滑动的各金属面涂上5201-2硅油脂再组装;每个支座都应在常温(23℃±2℃)下进行测试。

(2)支座本体竖向承载力试验

如图6.4—6所示,垂向加载1.5倍最大设计荷重的荷载于试验支座上(注意加载中心与被测支座中心偏差在5 mm之内),在试验支座四周对称位置放置4个百分表测定竖向压缩变形,用4个千分表测定盆环径向变形。试验时,先从零至测试荷载预压3遍,每遍间隔2分钟;加载均分10级,测试时以试验支座竖向设计承载力的0.5%作为初始压力,然后逐级加压,每级荷载稳压2分钟后读取百分表及千分表数据,直至测试荷载,稳压3分钟后卸载,往复加载3次。

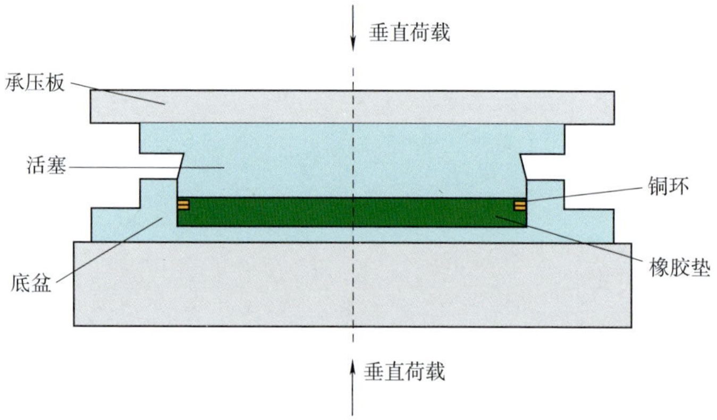

图6.4—6　支座本体竖向承载力试验示意

变形分别取4个百分表及千分表读数的算术平均值,绘制荷载—竖向压缩变形曲线和荷载—盆环径向变形曲线。试验支座的垂直变形量不得超过支座总高的2%,盆环径向变形不应大于盆环外径的0.5‰。

(3)支座本体摩擦系数试验

如图6.4—7所示,测试前,先使试验支座竖向承受最大设计荷载 F_1,然后用千斤顶施加水平力,由专用的压力传感器记录水平力大小,支座一旦发生滑动即停止施加水平力,并记录此时水平力大小 F_2,由此计算出支座的静摩擦系数为 $F_2/(2 \times F_1)$。然后再次对支座施加水平力,可测得第二次摩擦系数。反复上述水平力加载过程,直至支座第五次水平滑动。实测支座第二次至第五次滑动摩擦系数的平均值,作为支座的实测静摩擦系数。

以上测试所获得的静摩擦系数不可大于0.03。

(4)支座本体转动试验

如图6.4—8所示,在测试支座上加楔形板,楔形板的斜率为2%,垂向加载1.5倍最大设计荷重的荷载于测试支座上,持续加载1小时。

测试完成后,拆开测试支座,检查各部件是否有损坏,并拍照记录。

(5)滞变型钢支座滞变特性试验

滞变特性试验在耗能装置试验台上进行,如图6.4—9所示。试验时,首先施加竖直荷载到支座的设计荷载,然后通过下试验平台施加水平位移荷载,由测试装置中的测试系统和传感系统测出并记录测试过程中的水平力和对应的位移值;绘制出“力—位

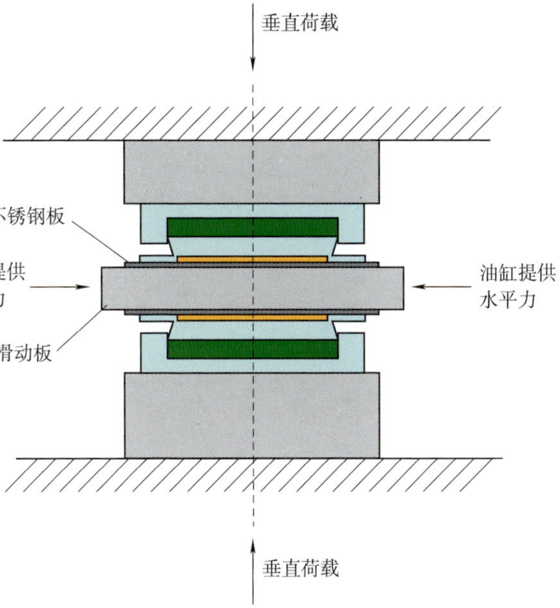

图 6.4—7 支座本体摩擦系数试验示意

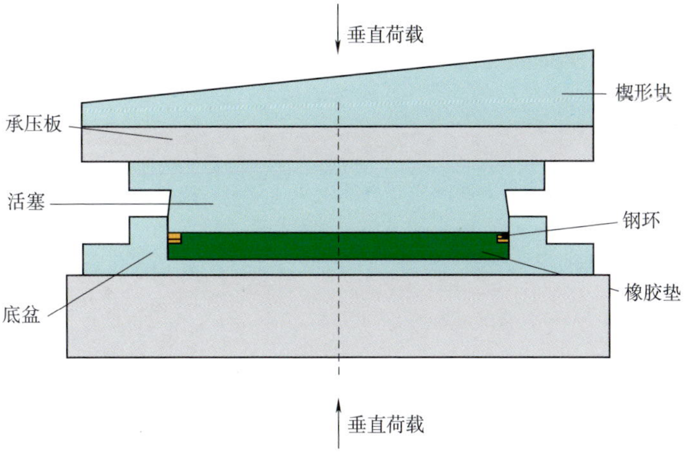

图 6.4—8 支座本体转动试验示意

移"曲线,即滞回曲线。

"力—位移"循环测试时,位移荷载加载须按正弦波循环进行,加载平均速度为 2 mm/s,加载步骤为: ±0. 25S_p,5 个循环; ±0. 5S_p,5 个循环; ±S_p,10 个循环。S_p 为滞变型钢设计允许位移。

图 6.4—9 意大利 Alga 试验室进行 E 型钢动态测试

超载测试时,位移荷载按三角波循环加载一圈,平均加载速度为 1 mm/s,加载位移值不小于 γS_p 或作用力不小于 γF_2。γ 为可靠性系数,γ 须介于 1.2 ~ 1.65 之间。

测试过程及相应要求如下:

①直至测试结束,滞变型钢无断裂;

②荷载位移曲线应随着位移的增加是连续的;

③测试所得滞变型钢的屈服力 F_y 不超过其设计值的 1.1 倍;

④设计位移下,滞变型钢的有效阻尼比大于 15%;

⑤填写如表 6.4—2 所示的基本参数测试结果;

表 6.4—2 基本参数测试结果

试件编号:×××	F_y(kN)	F_p(kN)	S_y(mm)	S_p(mm)
设计值				
测试值				
最大误差(%)				
平均值误差(%)				

⑥绘制等效双线性曲线;

⑦绘制“荷载—位移”图;

⑧描述试验过程概况,重点记录试验过程中出现的异常现象;

⑨试验后试件有无损伤状态分析;

⑩试验过程及安装照片等附件。

(6)保险销的剪切测试

保险销的测试采用位移加载系统,测试整组保险销(4 根)剪断时的剪断力。图 6.4—10 所示为试验剪断的保险销。要求记录每组保险销剪断时的剪断力,记录测试异常情况并保存测试照片等附件。

图 6.4—10 试验剪断的保险销

6.5 摩擦摆式支座

摩擦单摆支座通过特定的圆弧(球)面,大大延长了结构基本自振周期,通过具有高耐磨、耐高温及摩擦系数稳定可调的材料将地震能量转化为热能,从而实现了隔震及耗能的目的。摩擦单摆支座有固定型、多向型和单向型(横向和纵向)三种类型。在常遇外荷载(如常遇地震力及列车制动力)作用下,固定型和单向型(横向和纵向)通过限位装置限制支座的双向及单向(纵向和横向)移动;在设计地震力作用下,限位装置解除限位,支座发挥隔震耗能作用。

从经济性、实用性和安全性角度出发,支座设计时要控制水平位移需求,提高耐磨材料面压,选取合理的滑动面曲率半径及摩擦系数。摩擦单摆支座在我国高烈度地震区(特别是 8 度和 9 度等地震区)的高速铁路常用跨度简支箱梁桥梁和公路桥梁上得到应用,有效降低了结构所承受的地震力。

1. 结构特点

支座包括一个具有球形曲面的滑块和球形铸钢滑动曲面。铸钢曲面和滑块曲面具有相同的曲率半径,可以很好地相切,在竖向荷载作用下,曲面压应力均匀。地震发生时，摩擦摆式支座的摆动球面板沿下支座板摆动时，球面板的标高发生变化，使上部结构抬高，通过势能做功，将地震能量转化为势能和摩擦产生热能，达到消耗地震能量的目的。支座的摆动球面板在地震发生后，将通过上部结构的自重自动复位，避免震后调整工序。支座可以在任何方向滑动，其尺寸主要由最大设计地震位移控制。图 6. 5—1 为意大利 Alga 公司研发的摩擦摆式减隔震支座。

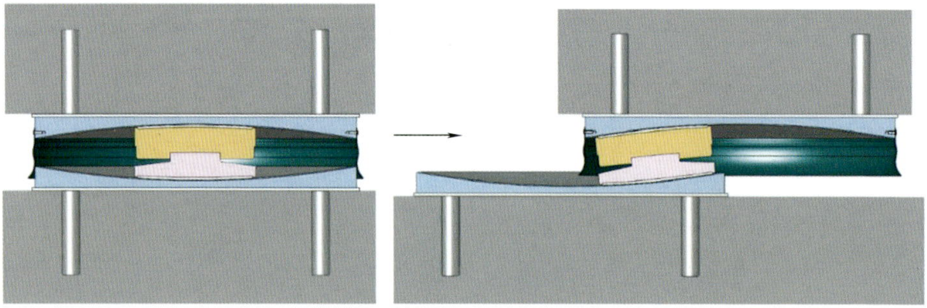

图 6. 5—1　摩擦摆式减隔震支座

由摩擦摆式支座的结构形式可知，当发生支座摆动时，会伴随着支座高度的变化，因此，在大跨度长联连续梁上使用时，由于支座在各个桥墩上的温度位移各不相同，会引起各支点的标高变化不一，产生支座的附加应力，因此，新西兰学者认为，该支座可能将局限于中小重量的特殊构件的减隔震。在铁路桥梁减隔震支座的使用中，摩擦摆式支座也主要应用于简支梁。

2. 材料特性

摩擦摆式支座所用的材料，下座板常用 ZG270-500 铸钢件或耐候铸钢，球冠板采用铸钢件或 Q345 号钢加工，表面镀硬铬或包覆不锈钢板，不锈钢板的厚度一般为 2 ~ 3 mm，摆座采用铸钢凹面镀硬铬或包覆不锈钢板。为了防止支座在快速滑动过程中发生凹球面不锈钢板焊缝撕开的情况，美国在摩擦摆式支座上采用的不锈钢板厚度为 4. 5 ~ 6. 5 mm。

目前，大量的工作主要集中在对支座滑动摩擦材料的研究上。美国、德国和意大利的学者进行了大量的试验研究，先后采用的滑动摩擦材料有聚四氟乙烯、改性超高分子量乙烯和填充聚四氟乙烯等。国内常用聚四氟乙烯或改性超高分子量乙烯板，与不锈钢板或硬铬钢板组成活动摩擦副。影响摩擦摆式支座性能的关键因素是球面半径和滑动材料的动摩擦系数，而动摩擦系数取决于滑动摩擦材料的特性。研究一种高速运动状态下既耐磨、耐高温又可控制摩擦系数的滑动材料，是这种支座研究和改进的主要方向。

3. 力学性能

摩擦摆式支座的工作原理比较简单，如图 6. 5—2 所示。桥面支承在可滑动的球形

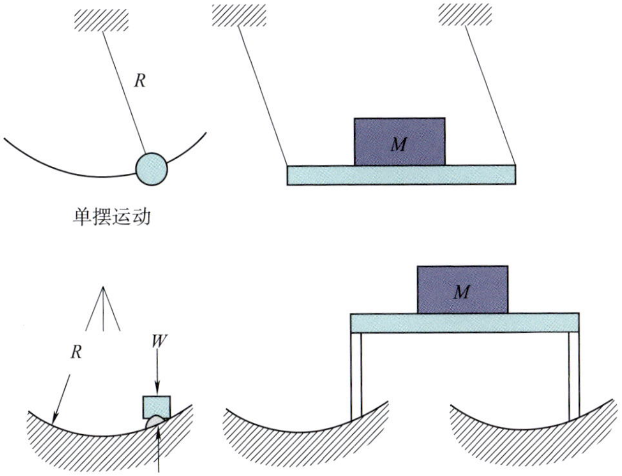

图 6.5—2　摩擦单摆支座基本工作原理

曲面上,当桥面与桥墩发生相对位移时,它就像钟摆一样运动。因此,任何一个水平运动都会产生一个重力的竖向提升,如忽略摩擦力,该体系的运动方程近似于一个质量相等的钟摆运动,钟摆长度为球面的曲率半径。通过改变支座球面的曲率半径,可以改变支座的摆动周期,达到预期的减隔震周期。通过支座水平运动时重力的竖向提升,将动能转化为势能,消耗地震能量。摩擦单摆力与位移的关系可以通过图 6.5—3 所示的关

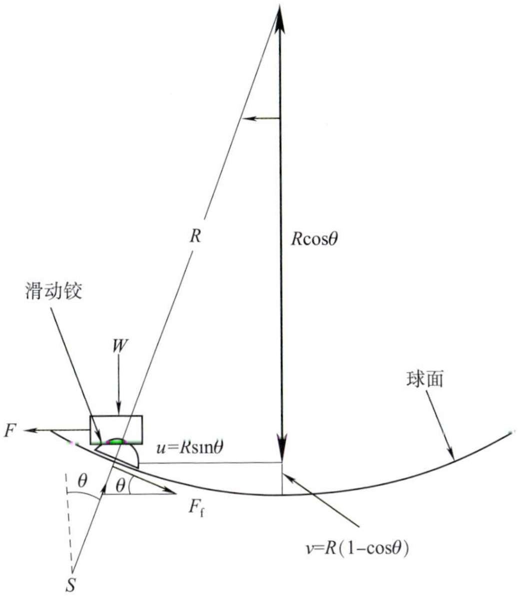

图 6.5—3　摩擦单摆支座自由体示意

系求出，即

$$u = R\sin\theta \tag{6.5—1}$$

$$v = R(1-\cos\theta) \tag{6.5—2}$$

式中　R——滑动球面的曲率半径。

水平力和垂直力为

$$W - S\cos\theta + F_f\sin\theta = 0 \tag{6.5—3}$$

$$F - S\sin\theta - F_f\cos\theta = 0 \tag{6.5—4}$$

式中　W——支座承受的竖向力；

F_f——摩擦力。

由式(6.5—3)和式(6.5—4)推导出

$$F = W\tan\theta + \frac{F_f}{\cos\theta} \tag{6.5—5}$$

式中　$W\tan\theta$——恢复力的部分；

$\frac{F_f}{\cos\theta}$——摩擦力的部分。

若将恢复力的部分除以位移 u，则可以得到支座的刚度，即

$$K = \frac{F}{u} = \frac{W}{R\cos\theta} \tag{6.5—6}$$

$$T = 2\pi\sqrt{\frac{W}{Kg}} = 2\pi\sqrt{\frac{R}{g}} \tag{6.5—7}$$

当 θ 很小（摩擦单摆系统的位移通常设计在 $u<0.2R$）时，$\cos\theta\approx1$，所以 $F=\frac{W}{R}u+uW\mathrm{sgn}(\dot{u})$，可得出等效线性的力—位移关系，如图 6.5—4 所示。

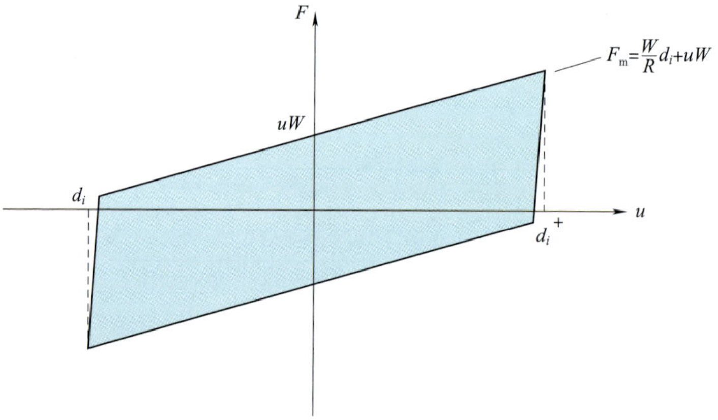

图 6.5—4　力与位移的关系

有效刚度为

$$K_{\text{eff}}=\frac{W}{R}+\frac{uW}{d_i} \tag{6.5—8}$$

$$T_{\text{eff}}=2\pi\sqrt{\frac{W}{\frac{Wg}{R}+\frac{uWg}{d_i}}}=2\pi\sqrt{\frac{1}{\frac{g}{R}+\frac{ug}{d_i}}} \tag{6.5—9}$$

等效阻尼比为

$$\xi_{\text{ep}}=\frac{E_{\text{d}}}{2\pi E_{\text{s}}}=\frac{4uWd_i}{2\pi\left(\frac{W}{R}+\frac{uW}{d_i}\right)}d_i^2=\frac{2}{\pi}\left(\frac{u}{\frac{d_i}{R}u}\right) \tag{6.5—10}$$

摩擦摆式支座在设计理论上基本完善，通过有限元动力分析程序，采用双线性模型，可以对摩擦摆式支座进行减隔震动力分析和时程分析。通用有限元分析程序SPA2000和ETABS，提供了模拟摩擦摆式支座的非线性连接单元，可以用于摩擦摆式支座的地震分析，这些程序的应用也为支座的隔震耗能效果提供了可靠的理论分析依据。

4. 功能要求

摩擦摆式支座的性能应满足下列要求：

(1)根据地震动峰值加速度，确定适合的水平位移值，便于安装；

(2)根据地震动峰值加速度，确定适合的滑动面曲率半径 R，控制支座水平运动引起的竖向位移；

(3)选择合理的摩擦系数，支座滑动面摩擦系数一般为0.03左右，降低结构的地震响应；

(4)摩擦材料应具有高面压(设计面压≥45 MPa)、高耐磨、耐高温特性，摩擦系数一般为0.02～0.2，在长期缓慢往复运动和地震快速往复运动下，摩擦材料性能应稳定可靠。

5. 性能试验

摩擦摆式支座的性能试验主要包括抗压承载能力、水平位移能力、转动性能、摩擦系数和耐磨性能、各种加载速度下的隔震耗能性能、滑动摩擦材料的耐高温性能和老化性能等。欧洲标准EN 15129—2009《隔震装置》对摩擦摆式支座的性能试验做了详细规定。滑移隔震性能试验是支座的重要测试项目，包括正常使用状态性能试验、基准地震性能试验、不同设计地震位移下的动态性能试验、不锈钢板的全面覆盖性性能试验、最大地震力和最小地震力作用下的地震性能试验、双向减隔震性能试验、减隔震性能认证试验。

(1)一般要求

支座应在常温(23 ℃ ±2 ℃)下进行测试。试验试样一般应采用实体支座，测试包括支座主体部分和整体的力学性能。

(2)竖向承载力试验

如图 6.5—5 所示,垂向均匀加载 1.5 倍最大设计荷重的荷载于试验支座上,在试验支座四周对称位置放置 4 个百分表测定竖向压缩变形。试验时,先从零至测试荷载预压 3 遍,每遍间隔 2 分钟;加载均分 10 级,测试时以试验支座竖向设计承载力的 0.5% 作为初始压力,然后逐级加压,每级荷载稳压 2 分钟后读取百分表及千分表数据,直至测试荷载,稳压 3 分钟后卸载,往复加载 3 次。

变形分别取 4 个百分表的算术平均值,绘制荷载—竖向压缩变形曲线。试验支座的垂直变形量不得超过支座总高的 2%。

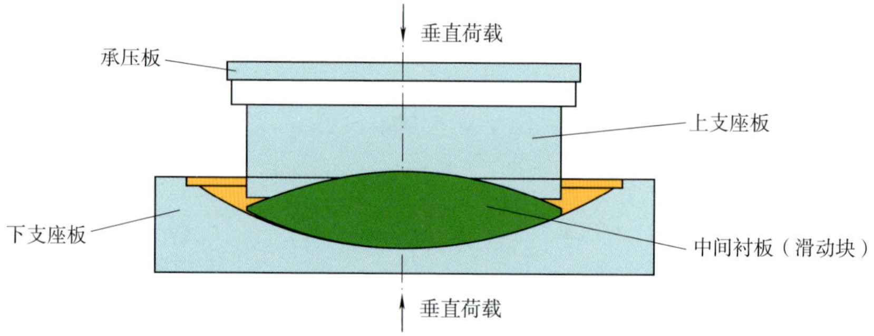

图 6.5—5　摩擦单摆支座竖向承载力试验示意

(3)转动能力试验

转动试验采取双支座转动方式,试验装置构造如图 6.5—6 所示。试验时,先按图 6.5—6 将试验支座及试验装置组装好,用试验机对试验支座施加竖向荷载,直至支座竖向设计荷载(W),然后用千斤顶以 5 kN/min 的速率施加转动力矩,直至支座克服静摩擦发生转动,此时千斤顶会卸载,记录支座发生转动瞬间的千斤顶最大荷载(P_{max}),则试验支座的实测转动力矩为 $P_{max} \cdot L/2$。支座实测转动力矩应小于下列计算值:

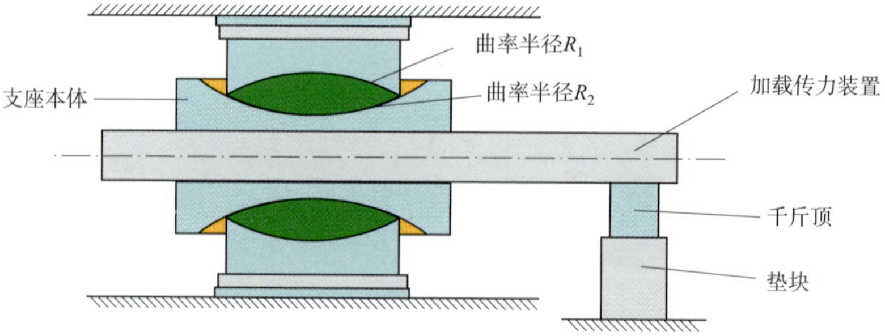

图 6.5—6　摩擦单摆支座竖向承载力试验示意

$$M_\theta = W \cdot \mu \cdot R \tag{6.5—11}$$

式中 M_θ——转动力矩理论值；

W——支座竖向设计荷载；

R——有效半径，即两曲面曲率半径之和减去球冠衬板的厚度；

μ——球冠衬板球面镀铬层与球面聚四氟乙烯板的设计摩擦因数。

(4)滑动摩擦系数及水平刚度试验

摩擦单摆支座受到的水平力 F 为

$$F_x = \frac{Wx}{R}\cos\theta \pm \mu W\cos\theta \tag{6.5—12}$$

式中 W——支座竖向承载；

x——水平摆动距离；

R——有效滑动面曲率半径；

μ——滑动面摩擦系数。

当摆角 θ 较小时，上式简化为

$$F_x = \frac{x}{R}W \pm \mu W \tag{6.5—13}$$

摩擦摆支座等效刚度为

$$k_e = \frac{F_x}{x} \tag{6.5—14}$$

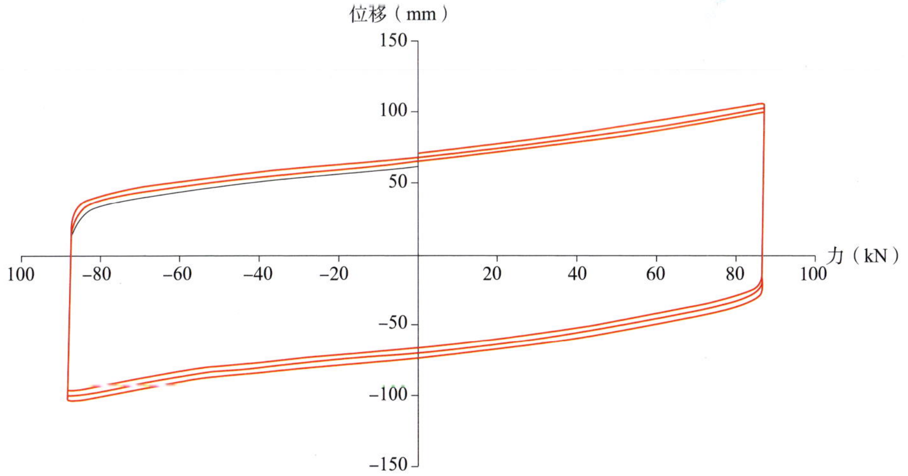

图 6.5—7 典型摩擦摆支座力—位移滞回曲线示意

F_x 及水平位移 x 由仪器测出，按式(6.5—13)可以得出滑动摩擦系数，按式(6.5—14)可以得出等效刚度。滑动摩擦系数和有效水平刚度(F_x/设计位移 D)误差要求不

超过 ±10%。

6.6 液压阻尼器

液压阻尼器已在我国高速铁路和城际铁路的车站和高架连续梁桥上得到应用，如图6.6—1所示。特别是速度锁定支座，既具有普通活动支座功能，又能在地震时使桥梁活动墩参与分担梁部水平力的作用。在桥梁正常使用情况下，速度锁定器不发挥作用，此时支座等同于普通活动支座，满足桥梁热胀冷缩要求；在紧急制动力、地震荷载等作用下，速度锁定器自动锁定，活动支座瞬间转变成固定支座，使得活动墩瞬间变成固定墩，将上部结构的水平荷载有效地分布到各个桥墩，减小原固定墩受力，使得结构的受力更均匀。

图6.6—1 某高速铁路大跨度连续梁所用速度锁定器

1. 结构特点

通过液压阻尼器的结构特点可推导其耗能原理：当活塞在缸内往复运动时，活塞使运动方向一侧腔室液体产生正压，另一侧腔室液体产生负压，迫使受正压一侧腔室液体通过缸体内壁与活塞之间的间隙或活塞上的导流孔流向受负压一侧的腔室，缸体内壁与活塞之间的间隙或活塞上的导流孔使液体流动产生正比于活塞运动速度幂的阻力，将活塞的机械能转化为热能散发，耗散地震输入的能量，达到减震耗能的目的。

当液体为胶泥等半固体物质，活塞与缸体之间发生相对运动速度超过速度限定值时，胶泥不能快速通过缸体内壁与活塞之间的间隙或活塞上的导流孔，活塞与缸体的相对运动受到阻止，此时液压阻尼器锁定，具有临时连接或锁定功能。

液压阻尼器和普通桥梁支座结合使用，具有液压阻尼器和普通桥梁支座的共同特点。

2. 材料特性

液压阻尼器材料应根据其与预期使用温度范围的适应性来选择，应考虑到环境温度和由装置运转产生的各种变化。

液压阻尼器油缸、活塞等采用金属材料，活塞杆和活塞头采用淬火和调质的高强度结构钢。活塞连杆在油缸内移动部分的表面可采用不锈钢或镍、铬镀层，以提高耐腐蚀和耐摩擦性能。镀层最小厚度为 70 μm，采用不锈钢时，镀层最小厚度可减至 40 μm。镀层不能有裂纹和小孔。

基底材料的表面不应有小孔、收缩引起的裂缝和夹渣。打磨材料和硬镀层以得到最终表面粗糙度 R_z，R_z 不得超过 3 μm。黏滞液体或胶泥应具有无毒、不可燃、耐高温、耐臭氧、电绝缘、无腐蚀、化学性稳定、无色无味、不挥发、高黏性等特性，常采用有机硅油或硅胶。有机硅油是分子结构中含有硅元素的高分子合成材料，其分子主链是一条由硅原子和氧原子交替组成的骨架。这种特殊的分子结构和组成使它集无机物的特性和有机物的功能于一身，不但具有无机物二氧化硅的耐高温、耐气候老化、耐臭氧、电绝缘、耐燃、无毒无腐蚀和化学性稳定、无色无味、不挥发等优异性能，而且具有高分子材料高黏性的特性。

3. 力学性能

液压阻尼器的阻尼特性是加载速度的函数，如本章 6.1 节中式(6.1—1)，其中活塞运动速度单位为 mm/s，阻尼指数 α 表示液压阻尼器特性。通常黏滞液体阻尼器 $\alpha=0.1\sim0.5$，也有 $\alpha=0.015$ 的设计。α 值越小，输出的阻尼力越小，对锚固系统和相邻结构的作用力就越小。随着阻尼指数 α 的增大，阻尼力 F 显著增大，α 值足够大时，液压阻尼器具有开关功能。

由于黏滞液体阻尼器的使用会明显改变结构的自振周期，因此黏滞液体阻尼器所承受的设计水平力不能简单地按静力均分模型计算支座水平力。单个黏滞液体阻尼器的设计水平力可按下列经验简化公式计算：

$$F=\frac{1.5Ga/g-F_f}{N_p\times n} \tag{6.6—1}$$

式中 G——上部结构总重；

a——水平地震力加速度；

F_f——总摩擦力；

N_p——承受水平力的桥墩数；

n——每个桥墩上黏滞液体阻尼器的数量。

对于大跨度桥梁和相邻墩高差大的桥梁，以及其他特殊形式的桥梁，必须建立全桥模型，采用时程分析方法进行验证，调整液压阻尼器包括阻力在内的各种参数，以使液压阻尼器达到最佳减震效果。

液压阻尼器的阻尼指数可以取 $\alpha=0.1\sim2$。图 6.6—2 为 $\alpha=0.1\sim2$ 时速度与阻力的关系,图 6.6—3 为 $\alpha=0.1\sim2$ 时的滞回曲线。当 $\alpha=2$ 时,液压阻尼器就是一个速度锁定器。

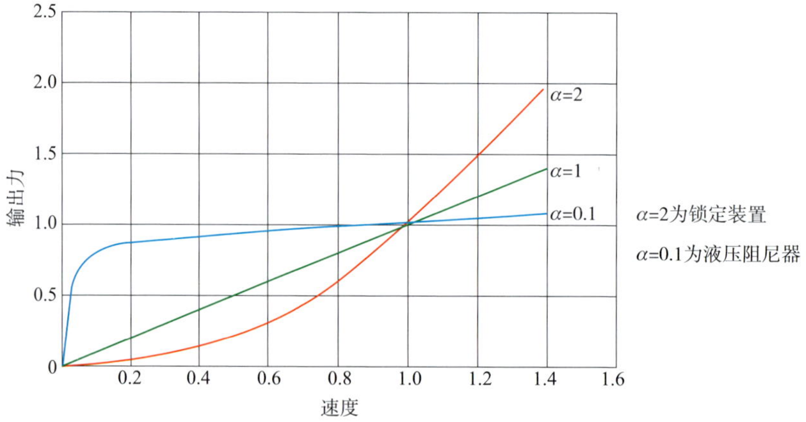

图 6.6—2　$\alpha=0.1\sim2$ 时单位速度与单位阻力的关系

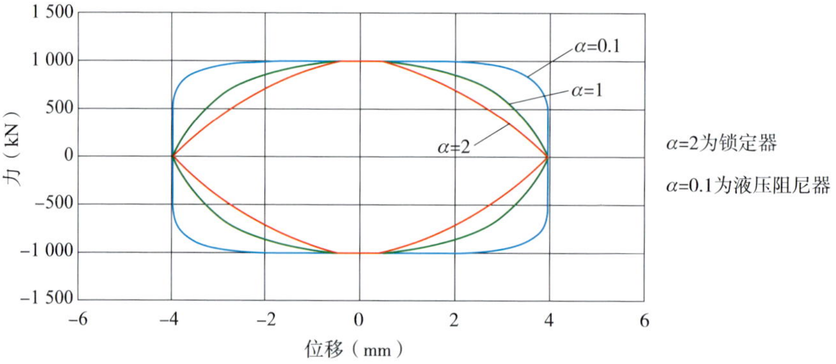

图 6.6—3　阻尼指数 $\alpha=0.1\sim2$ 时的滞回曲线

由图 6.6—2 和图 6.6—3 可见,阻尼指数 α 是液压阻尼器的关键性能指标,当阻尼指数 $\alpha=0.1$ 时,阻尼力最小,滞回曲线最饱满,阻尼效果最佳。

阻尼介质的特性对液压阻尼器的性能至关重要。初期阻尼器的阻尼介质采用运动黏度为 $50\sim500\ mm^2/s$ 的液压油,由于液压油的黏度低,易发生密封件泄露,因此现在常常采用高运动黏度硅油作为阻尼介质,运动黏度甚至可达到 $10\,000\sim20\,000\ mm^2/s$,以改善阻尼器的防泄露性能。

4. 功能要求

(1)当荷载作用速度超出要求时,输出的拉力和压力所发生的位移,应满足设计位移要求。

(2)由于温度或其他缓慢作用的位移，液压阻尼器的反作用力应当小于设计力的10%，或者这个反作用力的值满足桥梁设计要求。由温度和(或)时间作用的影响引起的位移速度，通常可以按0.01 mm/s取值，也可以根据结构的特性来确定得出。

(3)设计行程应当考虑长期非脉冲荷载的作用，包括温度位移、收缩徐变、动态变形和必要的变形余量。液压阻尼器的变形余量应不低于±50 mm。

(4)在工作荷载作用下性能稳定且不屈服，在极限荷载作用下不失效，能承受最不利工况组合下所产生的最大内压力。

(5)可以承受垂直于位移方向、大小与地震分析中预测的其所处位置最大加速度值相等的抗力。如果缺少加速度数据，则液压阻尼器应设计为能承受与位移方向垂直的荷载作用，其大小为两倍的液压阻尼器自重与最大轴向荷载之和。

(6)液压阻尼器输出力应当只由速度决定，并且不随着它的初始位置和温度而改变。

(7)液压阻尼器组件(如活塞连杆)的设计，应当考虑活塞在完全顶紧状态下，并考虑球形铰链按0.10摩擦系数的设计荷载下，连接螺栓栓紧的稳定性。

(8)液压阻尼器的可靠性系数应不小于1.5。如果装置安装有过载保护系统来防止压力的过度积累，这种系统应在设计力的110%时发挥作用，在此情况下，装置的可靠性系数应不小于1.1，并将其应用为过载保护系统作用的触发力。

(9)液压阻尼器应在预期使用条件下及预期寿命内维护方便，应考虑黏滞液体或胶泥的热膨胀影响，防止内部压力过大。液压阻尼器性能的变化应在确定设计上、下限值时考虑。欧洲标准规定，总体差异是单一差异的线性组合，其中组合系数应考虑到这些差异同时发生的概率。

(10)液压阻尼器应保证其性能在至少20年内稳定不变。

5. 性能试验

当新设计的液压阻尼器较之以前的承载能力之差超过±20%，或者设计速度超过之前的值时，应进行性能试验。新设计的液压阻尼器，其设计方法和采用的材料应与已在工程中采用的相同。

试验不必按某一顺序进行，但是密封磨损试验应在冲击试验和超载能力试验之前进行。液压阻尼器在试验过程中，会对阻尼器输入很大的能量，应确保在试验过程中阻尼器不会过度发热。因此，需要对阻尼器关键位置(由厂家指出)的温度进行监测和报告。最好的方法是将试验计划划分为几组，当试验完一组后，在进行后面试验前，使阻尼器冷却至规定的温度后再进行后续试验。

(1)黏质液体阻尼器

①一般要求

测试过程中要严格控制液压阻尼器的温度，保证在规定的温度内做试验，当液压阻尼器的温度超过厂家规定的温度时，试验应终止。

②静压测试

在常温(23 ℃ ±2 ℃)下对阻尼器内部部件施加1.5倍设计阻尼力,持续时间在3分钟以上,要求测试后不出现漏油、裂缝、缺陷、屈曲等。

③低速测试

低速测试的目的是检验阻尼器在温度变化、制动力等情况下的轴向力。测试在不大于0.1 m/s的匀速运动下进行,行程不大于±10 mm,循环3次。要求轴向力不大于设计值的10%。

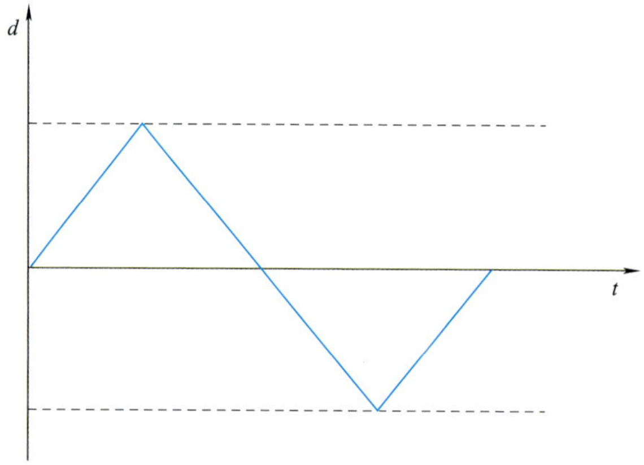

图6.6—4　低速度试验(1个循环)位移—时间关系

④行程试验

行程试验时,让阻尼器位移达到最大行程,要求阻尼器应能提供至少达到设计值的行程,公差范围在1mm内。

⑤本构关系测试

本构关系测试先在常温(23 ℃ ±2 ℃)下进行。施加正弦波或三角波荷载,其周期宜在地震特征周期附近;保证缸体最大相对运动速度为设计最大速度的1%、25%、50%、75%、100%;每种工况下循环3次,记录下力—位移—速度—时间几者间的相互关系(如“力—位移”关系、“速度—位移”关系)。要求试验结果曲线与本章6.1节中式(6.1—1)一致。每种工况每次循环所得阻尼力及3次循环所得阻尼力平均值与有限元分析时取值的误差不超过±15%,如图6.6—5所示。

为了评估外部温度对阻尼力的影响,应在最大和最小设计温度下重复此试验。经独立实验室证明,已在同等或更大温度范围内对类似装置进行了实验后,可省略重复试验。

⑥阻尼效率测试

阻尼效率测试的目的是评价装置的能量耗散性能和阻尼力的稳定性。能量耗散率公式为

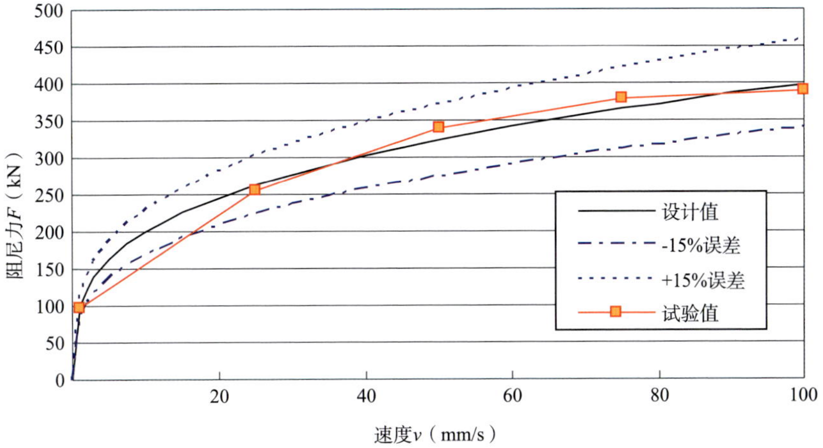

图 6.6—5　试验误差要求示意

$$\eta = \frac{E}{\oint F(x,v)\,\mathrm{d}x} \qquad (6.6—2)$$

式中　η——能量耗散率；

E——每个周期的能量耗散量；

F——阻尼力（与位移和速度相关）；

x——相对位移；

ν——速度。

连续施加 5 个周期的正弦波荷载，行程宜取设计位移，频率由设计确定。对每个循环，阻尼力误差应不超过 15%，能量耗散率应大于最低设计值。

⑦疲劳测试

测试时，对阻尼器施加正弦波或三角波荷载，循环次数不小于 100000 次，频率不小于 0.25 Hz，行程由设计确定。记录“荷载—时间”曲线（每 1 万个循环记录一次，每次不少于 20 个完整的循环）。实验完毕后，要求阻尼器无漏油现象，阻尼器性能仍满足本构关系测试中的规定。

（2）速度锁定支座

①一般要求

速度锁定器在所有试验中均不出现泄漏、明显变形等现象，被测试件为足尺试件。测试设备精度要求，阻尼力为 ±0.5%、位移量为 ±0.5%；设备控制精度要求，阻尼力为 ±1%、位移量为 ±1%。

每项测试，速度锁定器均必须从平衡位置开始进行；测试全过程施加竖向设计承载力。

②盆式橡胶支座测试

盆式橡胶支座测试进行竖向承载力、摩擦力（*PL*）、压转试验。试验时，先拆下两侧速度锁定器，对支座施加竖向设计承载力，试验结束后将速度锁定器复位。

③慢速位移测试

以 0.01 mm/s 的速度推动底盆，位移为 ±100 mm，进行一次完整且连续的循环。记录连续的“荷载—位移”、“荷载—时间”曲线。

试验中，速度锁定器应无任何泄露及卡滞现象，作用力不能大于（盆式支座摩擦力 +10% 速度锁定器设计锁定力）×1.15，同时不超过竖向设计承载力的 3%，且速度锁定器不能被锁定。

④快速位移测试

快速位移测试是在 2 秒内施加作用力（盆式支座摩擦力 + 速度锁定支座设计锁定力），分别进行拉伸和压缩试验（不需循环）。记录“荷载—位移”、“荷载—时间”曲线。

试验中，速度锁定器应无任何泄露及卡滞现象，锁定位移不得超过 12 mm，从锁定到最大荷载的位移不得超过 12 mm。

⑤模拟动态测试

模拟动态测试是在 0.5 秒钟内施加设计承载力大小的荷载，保持此荷载 5 秒钟，之后在 1 秒钟内按照反方向施加设计承载力大小的荷载，又保持此荷载 5 秒钟，并在 1 秒钟内卸载，如此循环 5 次。记录连续的“荷载—位移”、“荷载—时间”曲线，以检测产品在不同频率、不同持荷时间的循环荷载作用下的锁定性能、荷载变化及密封性能。一个周期内的加载曲线如图 6.6—6 所示。

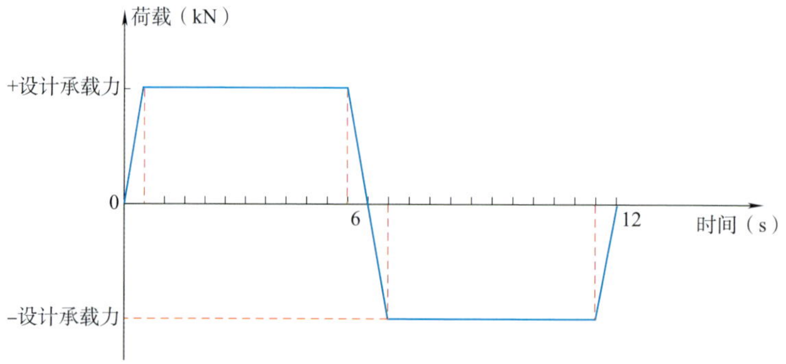

图 6.6—6　一个周期内的加载曲线

要求在压力下没有泄露、卡滞现象，从 0 荷载到最大荷载的位移不得超过 12 mm，荷载稳定阶段的位移不得超过 12 mm。

⑥模拟地震波测试

根据实际地震加速度时程曲线，向速度锁定器施加相应的位移荷载。共做两条波的振动试验,绘出“力—时间”、“位移—时间”曲线,检测产品在模拟真实地震波作用下的锁定性能、密封性能。

要求速度锁定器没有泄露、卡滞现象。

⑦超载测试

超载测试是在1秒钟内施加1.1倍设计承载力大小的荷载,使速度锁定器锁定,并保持此荷载至少30秒钟,分别进行拉伸和压缩试验(不需循环)。记录“荷载—位移”、“荷载—时间”、“位移—时间”曲线。

要求速度锁定器无任何泄露、卡滞现象。

⑧疲劳测试

疲劳测试是对速度锁定器施加频率不小于0.25 Hz、最大力为±0.14倍设计承载力(也可根据实际需要取其他值)的正弦波荷载,进行100 000次完整的循环试验。记录“荷载—时间”曲线(每1万个循环记录一次,每次不少于20个完整的循环)。

要求速度锁定器无任何泄漏、卡滞现象。

⑨测试结果要求

测试结果应输出所有速度锁定支座试验要求的数据,并依照要求做分析;描述试验过程概况,重点记录试验过程中出现的异常现象;试验后试件有无损伤状态分析;试验过程及安装照片等附件。

7 铁路桥梁减隔震设计应用

7.1 设计应用原则

7.1.1 一般原则

铁路桥梁减隔震体系指由桥梁结构、减隔震装置和辅助构造措施共同构成，通过减隔震装置改善结构的动力性能，及时耗散或减小对桥梁上部结构的地震输入，降低地震对桥梁的破坏作用，减小桥梁的地震反应的结构体系。铁路桥梁减隔震体系设计，简称减隔震设计，其设计原则主要包括减隔震设计的选用原则、减隔震装置的选用原则、减隔震设计的要求、减隔震装置的要求和减隔震分析计算的要求五部分。

1. 减隔震设计的选用原则

桥址区预期地震动及结构地震响应强烈时，方考虑采用减隔震设计。

减隔震装置可用于抗震设防烈度为 8 度、9 度地区的普通铁路、高速铁路和轨道交通桥梁结构减隔震设计中，但应结合抗震设防烈度、工程环境条件、桥梁结构形式，通过技术经济比较选用合适的减隔震装置类型。

对于抗震设防烈度大于 9 度的地区或有特殊抗震要求的桥梁，其减隔震设计方法、抗震性能应做专门研究。

对于特殊工程环境条件下抗震设防烈度为 7 度的桥梁结构，通过技术经济比较后，也可选用减隔震装置，以优化结构设计。

2. 减隔震装置的选用原则

减隔震体系设计时，应根据反力、纵横向位移和转角大小等因素，选用构造简单、转动灵活、耐久性好、便于更换、满足位移和转角要求的减隔震装置。

为便于比较各种减隔震装置的构造及工作机理，表 7.1—1 列出了常用减隔震装置的构造特性及工作机理。

表 7.1—1　常用减隔震装置构造及工作机理比较

减隔震装置	主体构造	主要工作机理	类型
黏滞液体阻尼器	类似一般的油缸	利用黏滞液体耗散能量	阻尼器
速度锁定器	类似一般的油缸	相对速度达到一定值时，锁定器传力能力陡增，起到“锁定”效果	特殊阻尼器

续上表

减隔震装置	主体构造	主要工作机理	类型
滞变型钢	用软钢制造的耗散地震能量元件	利用软钢的塑性实现柔性连接并耗散能量	弹塑性减隔震装置
高阻尼橡胶支座	高阻尼橡胶与薄钢板硫化而成	利用高阻尼橡胶延长结构自振周期并耗散能量	有阻尼的弹性减隔震支座
铅芯橡胶支座	由橡胶、薄钢板、铅芯组成的复合体	利用铅芯的低塑性耗散能量并通过橡胶的弹性延长结构自振周期	弹塑性减隔震支座
摩擦单摆支座	包含特定滑动曲面和摩擦材料的钢支座	通过特定滑动面延长结构自振周期并耗散能量	曲线减隔震支座

3. 减隔震设计的要求

桥梁减隔震设计宜“一桥一议”，根据桥梁具体的设计参数指标，将所有适合的减隔震装置纳入桥梁整体分析，最终确定减隔震装置的最佳参数，保证其有效发挥减隔震功能。

桥梁减隔震设计应进行地震作用时的运行安全分析，保证减隔震装置在设计、制造、运输、安装和运营过程中均具有规定的强度、刚度、稳定性和耐久性；同时还应进行采用与不采用减隔震装置的技术经济对比分析，以明确采用减隔震设计的必要性。

在多遇地震力作用下，桥梁结构的抗震安全应满足《铁路工程抗震设计规范》的要求，减隔震装置的耗能、柔性机构不应影响结构的正常使用。采用减隔震装置的桥梁结构应工作在弹性范围内，不出现屈服、破坏等现象，能保证桥梁结构功能的完整性。

在设计地震作用下，减隔震装置的位移锁定措施必须得到释放，耗能作用在地震中应得到有效发挥。

在罕遇地震力作用下，减隔震装置应有效地发挥作用，桥梁结构应无明显的塑性变形，以降低桥梁主体结构的损伤。桥墩延性比μ_u应满足《铁路工程抗震设计规范》的要求，钢筋混凝土桥墩的允许延性比$[\mu_u]$取4.8。减隔震装置的最大地震位移小于装置的容许位移，必要时可利用防落梁措施辅助。

桥梁减隔震设计应进行无地震作用时的运行安全分析，以保证铁路正常运营的各项功能要求，其动力学和静力学性能须满足正常使用要求。

设计还应考虑轨道及其他附属设施对减隔震装置变形的限制。设计地震以及罕遇地震作用下，防落梁装置、位移锁定装置、相邻结构间的冲击变形或位移不能影响减隔震装置的变形需要。采用减隔震设计的桥梁，相邻上部结构之间宜设置更大的间隙，以满足延长结构自振周期及耗能的位移需求。

为便于减隔震装置的设计与安装，可根据地震设防烈度和墩顶竖向承载力确定减隔震装置的水平刚度。对于多跨桥梁，当各墩顶竖向承载力相近但水平刚度相差较大或相邻桥墩水平力相差较大时，可结合各墩的水平刚度，将具有相同竖向承载力、不同水平刚度的减隔震支座设置于相应的桥墩上，使各墩与减隔震装置组合后水平刚度接近。

铁路桥梁减隔震装置主要有滞变型钢、黏滞液体阻尼器、速度锁定器、铅芯橡胶支座、摩擦单摆支座。滞变型钢、铅芯橡胶支座、摩擦单摆支座适用于简支梁桥和中小跨度连续梁桥，速度锁定器适用于铁路连续梁桥，黏滞液体阻尼器适用于大型特殊结构铁路桥梁。

4. 减隔震装置的要求

减隔震装置可设计为具有支座功能和减隔震功能的装置(简称减隔震支座)，也可设计为仅具有减隔震功能的装置，本书统一简称为减隔震装置。减隔震装置应构造简单、性能可靠，能够确保在使用期内进行定期维护和检查，并考虑可更换要求。

减隔震装置应具备正常使用功能，即正常使用(包括受到列车制动力、风力及多遇地震力等)条件下，减隔震装置的承载力和刚度可以保障桥梁的安全性和正常工作，同时还应充分考虑各种机械、物理、化学、生物和环境因素，尤其是由于老化、疲劳、收缩、徐变、磨损或环境温度及内部温度改变带来的影响。

减隔震装置应具备能量耗散功能，即通过减隔震装置而不是桥梁主要承重构件(如梁、墩等)的屈服或破坏，达到及时耗散或重分配输入结构的地震能量，从而减小地震作用时整个结构或主要结构构件的响应。

减隔震装置应具备周期延长功能，即在罕遇地震作用下，通过减隔震装置延长结构自振周期，使其避开地震能量集中的频率范围，从而减小结构的地震响应。

减隔震装置的抗震能力应低于其与梁体和墩台的连接构件，减隔震装置与梁部的连接应强于减隔震装置与墩台的连接。

为便于比较各种减隔震装置的设计，表 7. 1—2 列出了常用减隔震装置的力学特性及力学模型。

表 7. 1—2　常用减隔震支座力学特性、模型的比较

减隔震装置	力学特性	力学模型
黏滞液体阻尼器	可用椭圆方程描述，属速度型阻尼器	速度型模型
速度锁定器	特殊的速度型阻尼器	速度型模型
滞变型钢	由初始刚度、屈服力和位移、屈服后刚度控制	双线性模型
高阻尼橡胶支座	利用高阻尼特性，阻尼比达 16% ~ 20%	有阻尼弹性模型
铅芯橡胶支座	由初始刚度、屈服的力和位移、屈服后刚度控制	双线性模型
摩擦单摆支座	包含屈服前刚度、曲率半径、摩擦系数等参数	摩擦摆模型(或双线性模型)

5. 减隔震分析计算的要求

桥梁结构的抗震性能须按《铁路工程抗震设计规范》的规定进行三水准抗震安全验算。

一般情况下，桥梁减隔震分析宜采用非线性时程分析法，以更好地反映减隔震装置的非线性行为，同时满足罕遇地震作用下的位移检算。当各桥墩水平刚度相近且桥墩和梁呈线性反应时，减隔震分析可采用反应谱法。设置减隔震装置的桥梁地震作用计算，一般采用全桥模型进行分析。当桥梁各联之间的振动体系相对较独立时，也可取桥梁中的一个振动单元作为计算对象。对于特殊桥型，应研究减隔震装置的使用条件及建立减隔震装置的稳定性分析方法，使其更趋合理。

在进行时程分析时，应慎重选择实测地震水平记录。选择的实测地震记录应反映最危险控制断裂带可能产生的地震震级、震中距、震源特性及场地条件。对于选择的双向水平地震记录，应通过平方和开平方的方法计算其平均谱。平均谱应大于设计地震谱，计算得到的规一化系数应用于规一化选择的双向水平地震记录。一般要求选择三组地震记录来计算桥梁的地震反应，取最大反应值进行减隔震设计。若选择七组地震记录计算桥梁的地震反应，则可取反应的平均值进行减隔震设计。

选择的地震波应与相应场地上的反应谱相匹配，其加速度峰值不低于相应反应谱加速度峰值的80%。除直接利用调整后的强震记录方法外，还可以采用人工模拟地震波的方法。采用时程分析法计算地震反应时，产生人造地震波的计算过程是一个反复迭代的过程，直到所产生的地震波满足其加速度峰值与设计烈度相当，用人造地震波计算所得的加速度反应谱尽可能与规范规定的相应场地反应谱（称为目标谱）重合，人造地震波总的持续时间和强震的平稳段持续时间与场地条件相符。

人工合成地震地面加速度时程有两种方法：一是直接拟合加速度反应谱而得到地震地面加速度时程；二是将反应谱转换为功率，以功率谱为目标来拟合地震地面加速度时程。

当减隔震支座发生最大位移时，应验算其在最大竖向荷载下的稳定性。

7.1.2 铅芯橡胶支座设计应用原则

（1）铅芯橡胶支座利用橡胶的弹性及铅的塑性，达到竖向承载和水平减隔震的作用。使用铅芯橡胶支座的桥梁宜按等跨布置。

（2）铅芯橡胶支座的竖向设计承载力应不小于恒载加最不利活荷载支反力的2.0倍。

（3）每一孔（或一联）梁所有铅芯橡胶支座的水平屈服力之和，应大于相应梁上承受的列车最大制动力或牵引力的1.5倍。每一孔（或一联）梁所有铅芯橡胶支座的屈服前刚度之和，应使梁在承受列车制动力或牵引力时产生的梁体最大位移满足正常运营要求。

（4）在罕遇地震作用下，铅芯橡胶支座的顺桥向或横桥向相对水平位移应不大于铅芯橡胶支座剪切应变200%时的位移。

（5）铅芯橡胶支座的恢复力模型可用双线性模型表示，参见6.2节所述。其初始刚度（弹性刚度）不应小于屈服后水平刚度的8倍。

(6)由于铅芯橡胶支座的横向刚度较小,当其用于铁路桥梁时,为了保证列车运行时的横向稳定性,应在铅芯橡胶支座的两侧设置横向限位装置。

7.1.3　滞变型钢设计应用原则

(1)滞变型钢常与普通支座相结合,称为滞变型钢支座,兼有竖向承载和水平滞回耗能的作用。常见滞变型钢有 C 型、E 型及 X 型等。

(2)滞变型钢恢复力模型常用的主要有理想弹塑性(双线性)模型和 Bouc-Wen 模型。计算时一般可采用图 7.1—1 所示双线性模型,其中主要控制参数包括屈服力 F_y、屈服时位移 S_y、设计允许力 F_p 和设计允许位移 S_p。

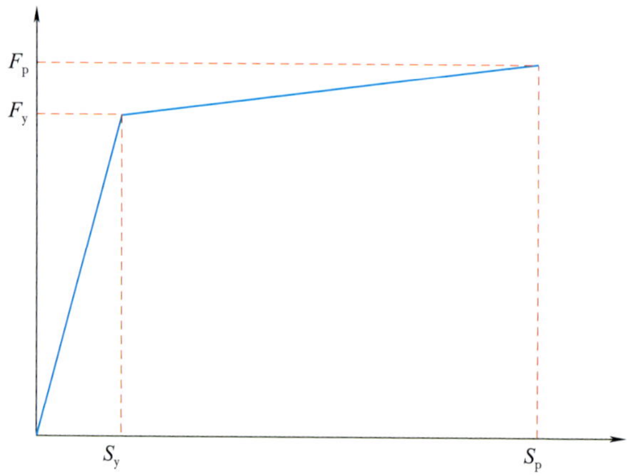

图 7.1—1　双线性模型力—位移曲线

(3)各参数取值需要根据竖向荷载、地震设防要求及不同滞变型钢自身的力学性质确定。

(4)一般情况下,滞变型钢设计屈服力可按下列经验公式计算:

$$F_y = 1.5G\alpha/g \qquad (7.1—1)$$

式中　G——支座以上结构总重;

α——多遇地震下水平向地震加速度。

(5)为满足线路舒适性及安全性要求,应在滞变型钢上添加保险销,保证其在列车制动力或牵引力、风荷载以及多遇地震力等较小水平荷载作用下不发生位移。保险销在设计地震力作用下必须破坏,确保其减震耗能作用。

(6)设置滞变型钢支座将改变桥梁的动力性能,使得桥梁的振动特性发生较大变化,并且使得桥梁各桥墩墩底地震反应内力大大降低,可以经过多次试算来确定滞变型钢屈服力。

(7)从滞变型钢的恢复模型可知,滞变型钢屈服力参数选取的不同,其对结构响应也不相同。因此,需进行多种参数的桥梁地震响应分析比较,即对滞变型钢屈服力参数进行敏感性分析,研究参数变化对结构响应的影响规律,为滞变型钢的参数选取提供依据。

7.1.4　摩擦单摆支座设计应用原则

(1)摩擦单摆支座具有单滑动面、双滑动面和圆柱面三种类型,设计转角可达±3°。

(2)摩擦单摆支座自振周期与上部质量无关,其圆曲面使支座具有自恢复功能,通过耐磨、耐高温的摩擦副材料保证支座减隔震性能的稳定。

(3)摩擦单摆支座主要物理力学参数是滑动面曲率半径及摩擦系数。滑动面曲率半径过大及摩擦系数过小会使支座在地震力作用下水平位移量明显增加,滑动面曲率半径过小及摩擦系数过大会使支座刚度过大,均达不到减震目的,设计时需注意两者的取值和协调。

(4)摩擦单摆支座滑动面曲率半径及摩擦系数取值可结合地震加速度反应谱及工程实际确定,经非线性时程分析后进行修正,滑动面曲率半径取值需根据地震设防加速度确定。

(5)摩擦单摆支座必须满足线路正常运营要求。为保证桥梁具有足够刚度,应在固定端支座上添加保险销,保证支座在一般情况下不发生水平位移。为使桥梁变形协调,各支座的滑动面曲率半径应相同,并尽量减小活动端支座滑动面的摩擦系数。

(6)摩擦单摆支座应具有相应的水平位移量,并具备足够的安全储备。

7.1.5　速度型液压阻尼器设计应用原则

(1)液压阻尼器应能承受横向的加速度并应考虑到热膨胀和液压流体的收缩以避免积聚过多的内压或真空压力,应确保支座在使用荷载下不发生屈服,在最终荷载下不发生破坏。

(2)大跨度桥梁、相邻墩高相差大的桥梁及其他特殊形式桥梁,需建立全桥模型,采用时程分析法进行分析计算,调整包括锁定力在内的各种参数,达到最佳减隔震效果。

(3)液压阻尼器应满足抗震设防烈度下的桥梁设计要求,并且不降低参数或寿命。为了保持液压阻尼器传递荷载时对准其主轴,并且防止对密封系统损害的弯折,在液压阻尼器的两端应装备球形铰链,如图7.1—2所示。铰链设计转角在任何情况下均应不小于±2°。定位板或者其他构件不应妨碍铰链的转动。

(4)速度锁定器的最大位移量通过计算桥梁在温度和常风下的变形量确定,设计荷载可先根据桥梁所处地区地震峰值加速度初部选定,再通过桥梁整体受力计算修正。

速度锁定器设计位移量应不小于 ±50 mm。

(5)速度锁定器会明显改变结构自振周期,不应简单按静力均分模型计算支座设计水平力。

(6)吨位较小的速度锁定器常与普通桥梁支座相结合(称为速度锁定支座),具有速度锁定器和普通桥梁支座的共同特点。速度锁定支座在地震力快速作用下,能把桥梁上部传给桥墩的力合理分配到多个桥墩上,从而改变仅由一个固定墩受力的状况,在温度、收缩与徐变等慢速作用下则不传递水平力。

(7)当支座竖向设计承载力大于 100 MN 时,速度锁定器应与支座本体分离,单独设计安装。

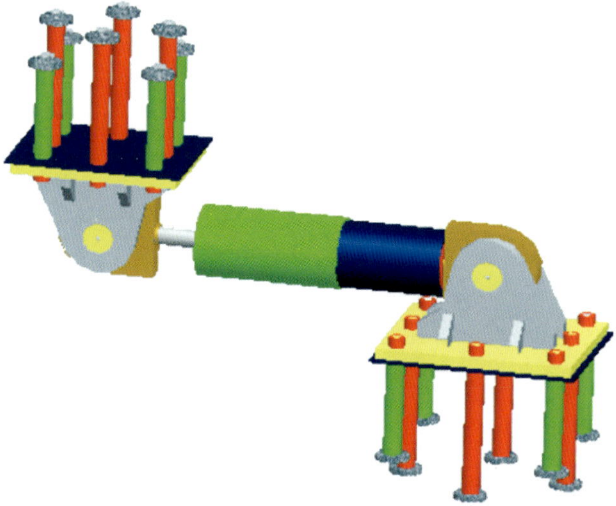

图 7.1—2 液压阻尼器及其球形铰链示意

7.1.6 构造措施及要求

(1)减隔震装置除就满足罕遇地震作用要求外,还应在桥梁上、下部结构处设置防止落梁、抗震挡块,其间隙以不影响支座正常发挥减隔震作用为原则,并考虑伸缩装置、桩—土相互作用等因素。

(2)当减隔震设计使桥梁柔性增大而影响桥梁的正常使用时,减隔震支座的固定端必须采取有效的位移锁定措施。位移锁定措施的抗剪承载能力应保证减隔震装置在多遇地震力作用下不发生变形,在设计地震力作用下能正常发挥减隔震作用。

(3)为避免设置减隔震装置的桥梁在地震时发生梁与梁、梁与桥台之间相互冲击,应使其预留间隙宽度 U 满足式(7.1—2)及式(7.1—3)的要求。

$$U \geqslant u_{\max} + L_{\mathrm{A}} \text{(梁与桥台之间)} \tag{7.1—2}$$

$$U \geqslant cu_{max} + L_A (\text{梁与梁之间}) \tag{7.1—3}$$

式中 U——梁端预留空隙宽度(m);

u_{max}——减隔震装置在设计地震力作用下的位移(m);

c——考虑相邻桥梁之间振动特性差异影响的修正系数,根据相邻桥梁的自振周期差$(T_1 - T_2)/T_1$ 按表 7.1—3 取值;

L_A——安全间隙(m),可取 0.02。

表 7.1—3 梁与梁之间的预留间隙修正系数

$(T_1 - T_2)/T_1$	c
$0 \leqslant (T_1 - T_2)/T_1 < 0.1$	1
$0.1 \leqslant (T_1 - T_2)/T_1 < 0.8$	$\sqrt{2}$
$0.8 \leqslant (T_1 - T_2)/T_1 < 1.0$	1

注:T_1、T_2 为相邻桥梁的水平向自振周期(s),且 $T_1 \geqslant T_2$。

(4)采用铅芯橡胶支座时,顺桥向可不设连接或支挡,横桥向梁端处应设支挡结构,支挡与梁体间应填塞缓冲材料。

(5)支承垫石混凝土强度等级不宜低于 C40,垫石高度应考虑减隔震支座安装、养护、维修和更换时的方便,垫石顶面四角高差不大于 2 mm,必要时,可在原设计基础上加宽桥墩(台)支承垫石及顶帽。

(6)设置减隔震装置的桥梁在减隔震装置接触面上应能抵抗设计荷载作用。如果需要,在减隔震装置接触面应设置限制侧向位移装置。

7.2 城际铁路连续梁桥采用速度锁定器的地震响应分析

速度锁定器是一种类似速度开关的限位装置,当速度锁定器两个安置点间的相对位移运动达到某一速度时,速度锁定器呈现锁定状态。这种装置不能耗散能量。用在大桥上的速度锁定器,在温度、混凝土收缩徐变和正常活荷载作用下可以自由变形,对于中小地震和较大风荷载作用引起的桥梁各部分间的运动和碰撞,可有效地起到减少、转移和限制作用。

速度锁定器目前已大量应用于建筑结构和桥梁结构中,其外形如图 7.2—1 所示。

7.2.1 参数选择

速度锁定器设计计算主要包括选择所需速度锁定器数量、最大阻尼力(kN)、最大冲程(mm)、控制速度(mm/s)、使用温度范围、最小安全系数和装置最大尺寸。正常情况下,根据装置在温度、混凝土收缩徐变和静风压作用下桥梁的自由变形量,确定速度锁定器的最大冲程。锁定速度一般选 0.127 ~ 0.25 mm/s,热膨胀速度选 0.000 254 ~

图 7.2—1　速度锁定装置

0.002 54 mm/s。

受力分析时，将速度锁定器换成刚性连杆，通过整体受力计算得到刚性连杆的内力，并将此内力作为速度锁定器的设计力。

7.2.2　工程概况

某城际铁路高架桥为满足全线总体景观规划，要求连续梁及其桥墩与简支梁及其桥墩外形协调一致，实现连续梁与简支梁外形的平顺过渡。这就要求连续梁支座在满足其使用功能的前提下，其上下座板尺寸要尽可能小，以便从构造上提供减小桥墩体量的条件。

图 7.2—2　某城际铁路高架桥

由于该铁路为城际铁路，按 ZC 活载(0.6UIC)设计，较国内普通铁路和高速铁路桥梁的设计荷载小，为避免地震作用过多控制连续梁桥墩设计，有必要通过减震措施从结构受力性能上提供减小桥墩体量的条件。如高速铁路主跨 56 m 连续梁主墩尺寸一般为 3.8 m×7.8 m，而该铁路采用减震措施后主墩尺寸为 2.4 m×5.2 m。

目前连续梁桥的设计，一般是设计一个固定墩，其余均设计为活动墩，制动力、纵向地震力等均由固定墩承受，因而固定墩的体量较大。若活动墩采用与固定墩相同的尺寸，显然不经济。若根据其实际受力需要活动墩采用较小体量，不仅影响桥梁的整体景观效果，而且会增加墩身模板形式，相应增加工程投资。因此，该城际铁路采用速度锁定器，使纵向地震力由两个或多个连续梁主墩共同承受，既统一了桥墩尺寸，又减小了影响景观效果的固定桥墩体量。

以(44.53+2×72+44.53) m 连续梁为例，分析发现，7 度地震区仅由固定墩承受纵向地震力时，多遇地震作用下纵向水平力约为支座设计吨位的 20%，设计地震作用下纵向水平力约为支座设计吨位的 56%，远高于普通支座设计的水平承载力。

桥梁位于 7 度地震区，连续梁跨度均在 100 m 以内，如采用黏质液体阻尼器，不仅价格贵，而且会增加与桥梁的连接装置，且黏质液体阻尼器安装在梁体下方，影响景观和跨越能力。因此，采用安装在活动支座上的速度锁定器，使多个主墩共同承受地震作用。

现以某城际铁路(44.53+2×72+44.53) m 连续梁设计为例，分析多遇地震作用下连续梁设置活动支座的主墩安装速度锁定器与不安装速度锁定器时的受力情况。该连续梁位于平坡和 3 500 m 半径的曲线上，连续梁为单箱单室双线箱梁，桥墩为实体矩形墩，桥高 20 m，跨越高速公路，如图 7.2—3 所示。设计地震动峰值加速度为 0.15g，反应谱特征周期为 0.4 s。以下按照一个主墩设固定支座，另外两个主墩设活动支座，与一个主墩设固定支座，另外两个主墩活动支座上设置速度锁定器进行地震作用下的受力对比分析。

图 7.2—3　某城际铁路(44.53+2×72+44.53) m 连续梁桥

7.2.3 计算分析

分别采用 ANSYS 和 MIDAS 两种有限元软件建立该桥空间梁单元模型,并分别采用反应谱方法和时程分析方法对其进行抗震分析。

1. 反应谱分析

(1)自振特性分析

为合理进行该高架特大桥的地震反应谱分析,首先进行桥梁的自振特性分析。采用 ANSYS 有限元分析软件建立该桥全桥模型,对全桥模型分两种工况进行自振分析。工况 1 为中间主墩安装固定支座,另两个主墩安装速度锁定器支座;工况 2 为中间主墩安装固定支座,另两个主墩安装活动支座。分析结果见表 7.2—1,对应前 10 阶振型分别如图 7.2—4 和图 7.2—5 所示。

表 7.2—1 自振特性分析结果

序 号	工 况 1		工 况 2	
	频率(Hz)	振型描述	频率(Hz)	振型描述
1	1.7966	竖向 1 阶	1.6936	竖向 1 阶
2	2.7264	横向 1 阶	2.0227	纵向 1 阶竖向 2 阶
3	2.8822	竖向 2 阶	2.7264	横向 1 阶
4	3.2558	纵向 1 阶	2.8361	竖向 3 阶
5	3.5487	横向 2 阶	3.5487	横向 2 阶
6	4.6115	竖向 3 阶	4.6063	竖向 4 阶
7	5.2421	竖向 4 阶	5.1698	竖向 5 阶
8	5.2430	横向 3 阶	5.2430	横向 3 阶
9	5.6262	横向 4 阶	5.6262	横向 4 阶
10	6.7471	横向 5 阶	6.3525	竖向 6 阶

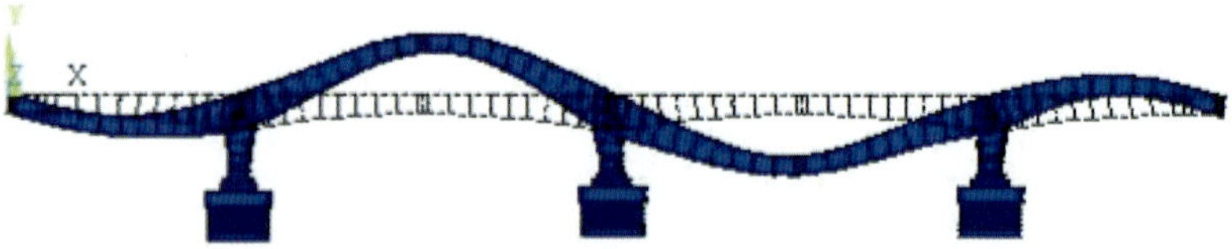

1阶——竖向1阶振型

2阶——横向1阶振型

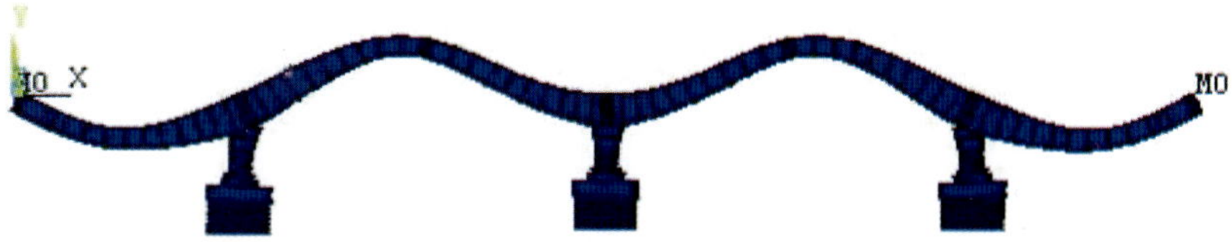

3阶——竖向2阶振型

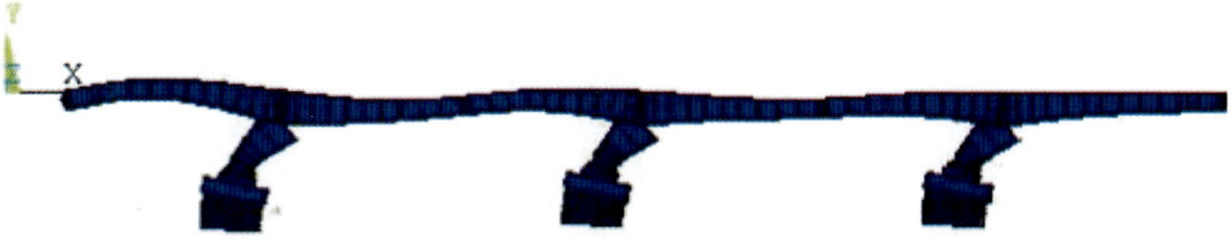

4阶——纵向1阶振型

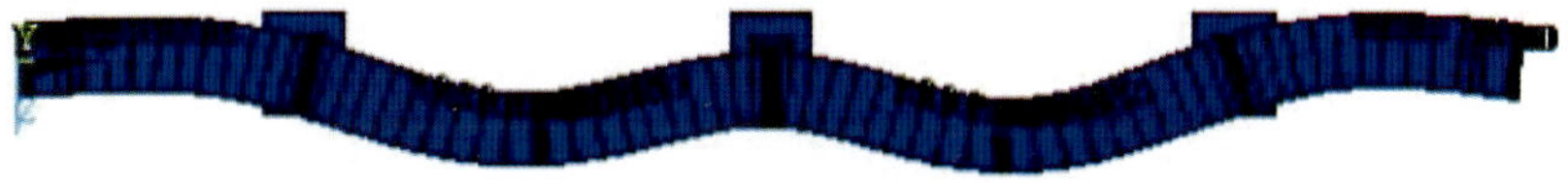

5阶——横向2阶振型

6阶——竖向3阶振型

7阶——竖向4阶振型

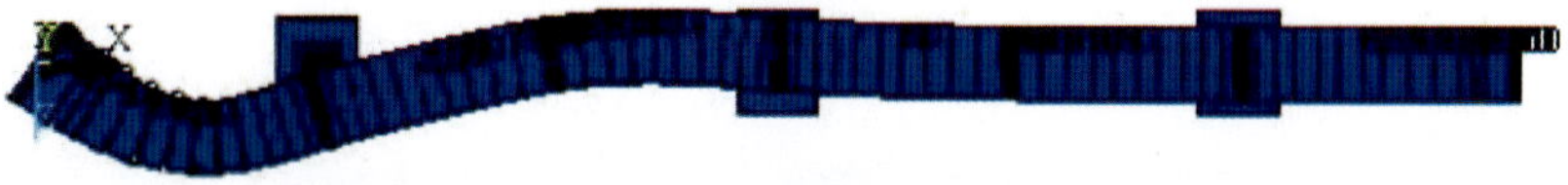

8阶——横向3阶振型

9阶——横向4阶振型

10阶——横向5阶振型

图7.2—4　工况1前10阶振型

1阶——竖向1阶振型

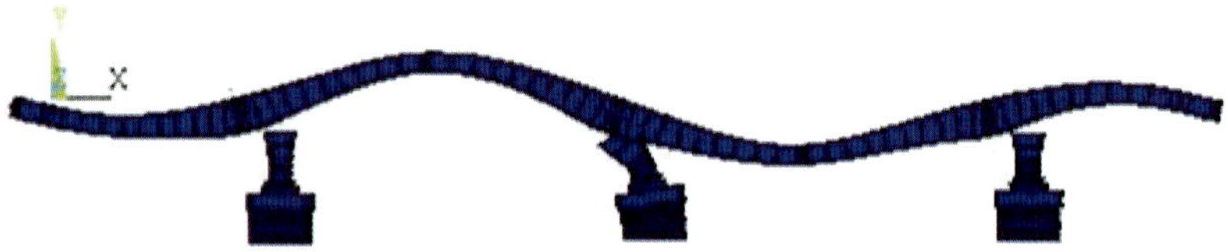

2阶——纵向1阶竖向2阶振型

3阶——横向1阶振型

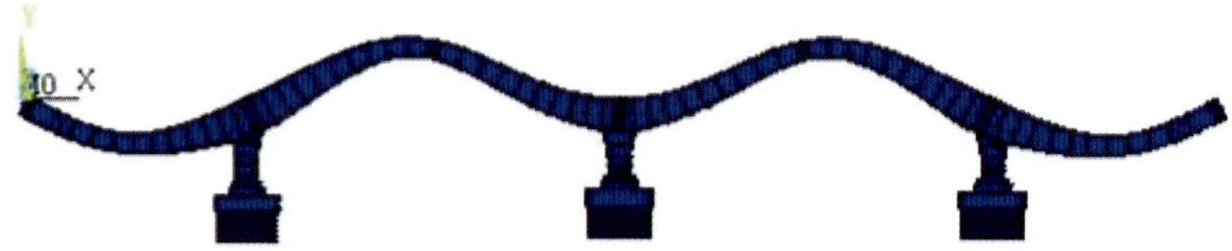

4阶——竖向3阶振型

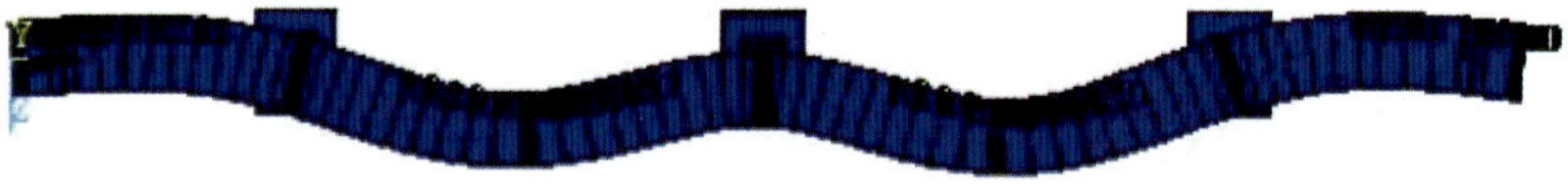
5阶——横向2阶振型

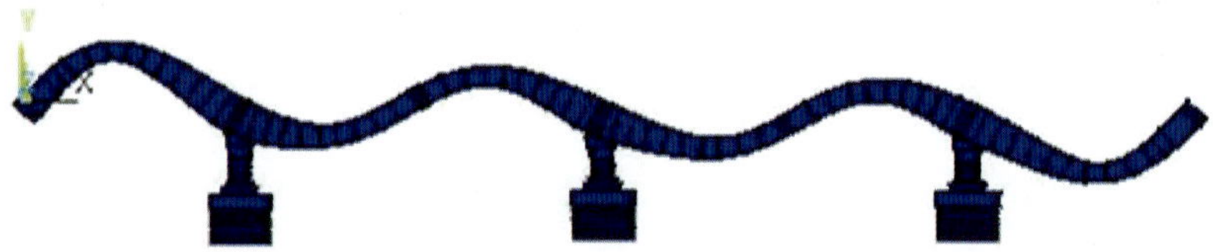
6阶——竖向4阶振型

7阶——竖向5阶振型

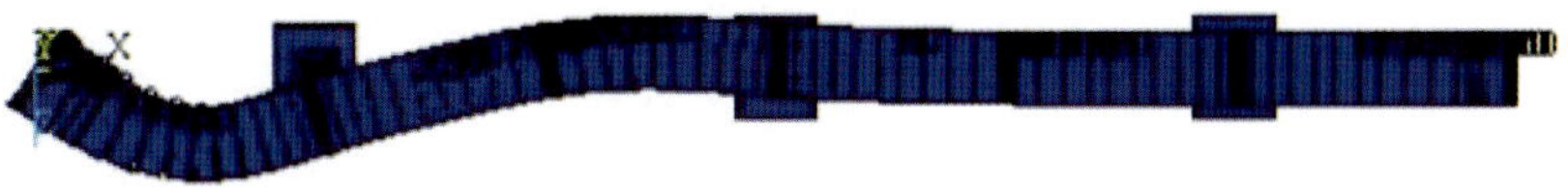

8阶——横向3阶振型

9阶——横向4阶振型

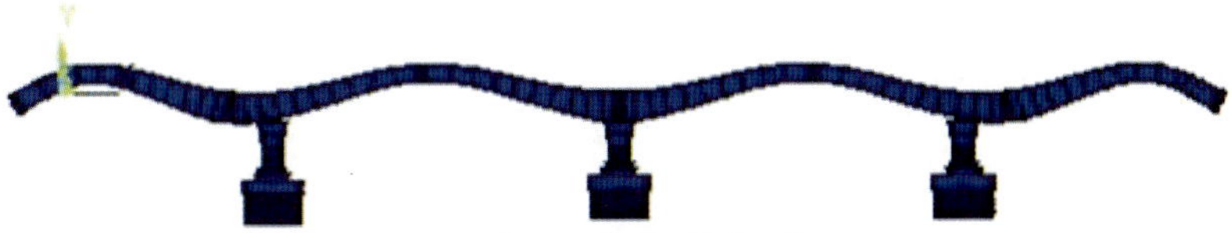

10阶——竖向6阶振型

图 7.2—5　工况 2 前 10 阶振型

分析结果表明，工况 1 前 10 阶频率介于 1.8 ~ 6.7 Hz，工况 2 前 10 阶频率介于 1.7 ~ 6.4 Hz。

(2)反应谱抗震分析

根据《铁路工程抗震设计规范》(GB 50111—2006，2009 版)以及该桥场地特性，采用设计地震加速度谱(地震动峰值加速度 0.15*g*)、多遇地震加速度谱(地震动峰值加速度 0.05*g*)进行计算，结果如图 7.2—6 和表 7.2—2 所示。

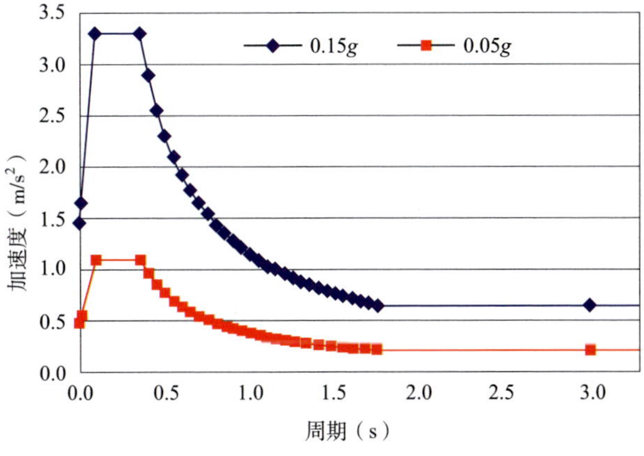

图 7.2—6　地震加速度谱

表 7.2—2　反应谱抗震分析结果

序　号	周期(s)	频率(Hz)	0.15g(m/s^2)	0.05g(m/s^2)
1	0.00	0.0000	1.4709	0.4903
2	0.01	100.0000	1.6548	0.5516
3	0.10	10.0000	3.3095	1.1032
4	0.35	2.8571	3.3095	1.1032
5	0.40	2.5000	2.8958	0.9653
6	0.45	2.2222	2.5741	0.8580
7	0.50	2.0000	2.3167	0.7722
8	0.55	1.8182	2.1061	0.7020
9	0.60	1.6667	1.9306	0.6435
10	0.65	1.5385	1.7821	0.5940
11	0.70	1.4286	1.6548	0.5516
12	0.75	1.3333	1.5444	0.5148
13	0.80	1.2500	1.4479	0.4826
14	0.85	1.1765	1.3627	0.4542
15	0.90	1.1111	1.2870	0.4290
16	0.95	1.0526	1.2193	0.4064
17	1.00	1.0000	1.1583	0.3861
18	1.05	0.9524	1.1032	0.3677
19	1.10	0.9091	1.0530	0.3510
20	1.15	0.8696	1.0072	0.3357
21	1.20	0.8333	0.9653	0.3218
22	1.25	0.8000	0.9267	0.3089
23	1.30	0.7692	0.8910	0.2970
24	1.35	0.7407	0.8580	0.2860
25	1.40	0.7143	0.8274	0.2758
26	1.45	0.6897	0.7989	0.2663
27	1.50	0.6667	0.7722	0.2574
28	1.55	0.6452	0.7473	0.2491
29	1.60	0.6250	0.7240	0.2413
30	1.65	0.6061	0.7020	0.2340
31	1.70	0.5882	0.6814	0.2271
32	1.75	0.5714	0.6619	0.2206
33	3.00	0.3333	0.6619	0.2206

采用以上述两种工况进行多遇地震时的反应分析,如图 7.2—7 所示。

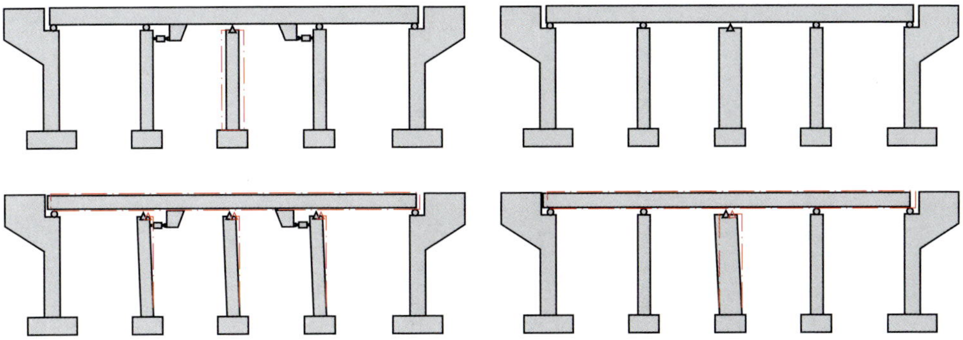

(a)工况1　　(b)工况2

图 7.2—7　两种工况的连续梁结构形式和受力示意

多遇地震时两种工况的最大位移如图 7.2—8 和图 7.2—9 所示,设计地震时两种工况的最大位移如图 7.2—10 和图 7.2—11 所示,支座水平力如表 7.2—3 所示。

表 7.2—3　设计地震与多遇地震时主墩墩顶水平力(单位:kN)

墩　号	工　况　1		工　况　2	
	设计地震	多遇地震	设计地震	多遇地震
2	14 601	4 867	—	—
3	17 999	6 000	26 172	8 724
4	17 999	6 000	—	—

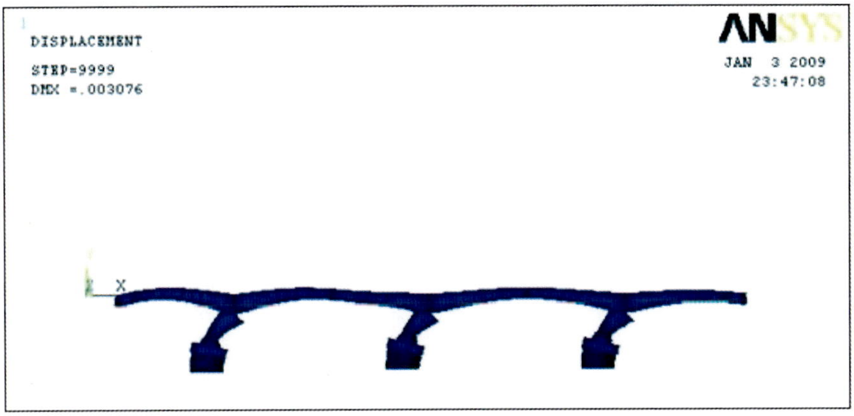

图 7.2—8　多遇地震时工况 1 位移

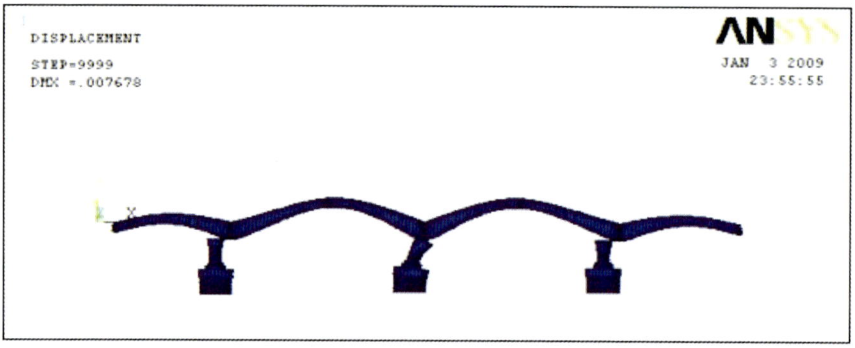

图 7.2—9　多遇地震时工况 2 位移

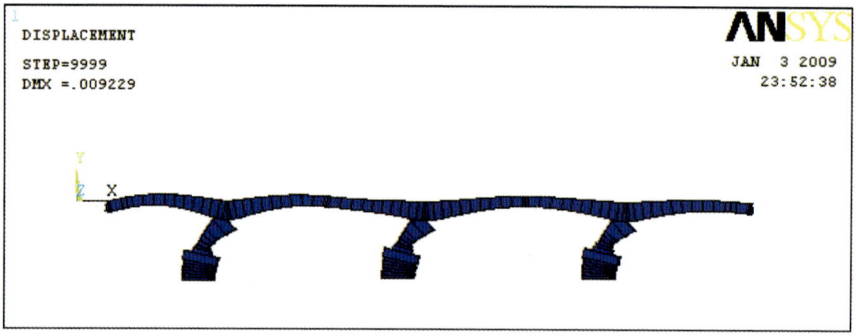

图 7.2—10　设计地震时工况 1 位移

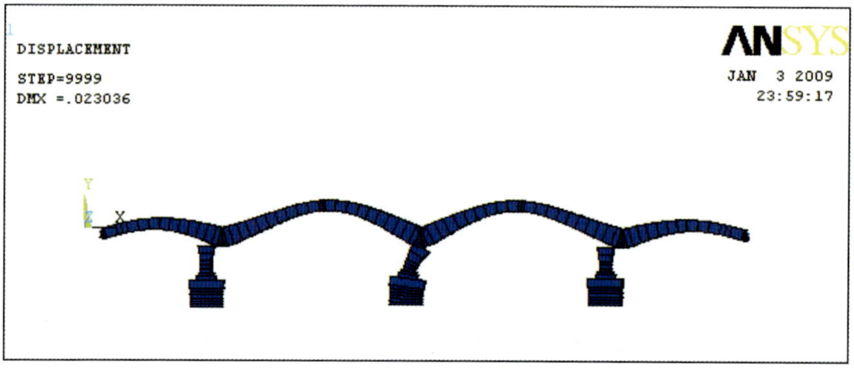

图 7.2—11　设计地震时工况 2 位移

由表 7.2—3 可知,安装速度锁定支座后,三个主墩的最大墩顶水平力比较接近,安装固定支座主墩的水平力在设计地震作用时降低了 31%,在多余地震作用时降低了 32%,说明安装速度锁定支座后,原来不参与承受水平力的主墩参与承受水平力,使得安装固定支座主墩承受的水平力减小,从而可适当减小安装固定支座主墩的外形尺寸及其配筋量,使三个主墩的外形尺寸尽可能一致,充分发挥三个主墩共同承受地震力的作用。

每个主墩安装了 4 个速度锁定,其中支座摩擦力和单个速度锁定器受力如表 7.2—4 所示。

表 7.2—4　多遇地震下墩顶水平力(单位:kN)

墩　号	工　况　1	支座摩擦力	单个速度锁定器受力
2	4 867	1 191	919
3	6 000	1 340	1 165
4	6 000	1 190	1 200

由表 7.2—4 可知,单个速度锁定器受力均不大于 1 200 kN。

2. 时程分析

输入地震采用修改后的 EL Centro 地震波,使地震工况与 0.05g 基本水平加速度情况下的多遇地震吻合,即输入一个多遇地震。

(1)工况 1

由于采用的 MIDAS 分析软件中没有速度锁定器模型,所以,分析时采用接近于速度锁定器在没有锁定情况下的力学性质的 Maxwell 模型。该模型适合于建立力学性质(滞回曲线)与加载频率相关性较大的液体黏滞阻尼器。$C_d = 1\,300$ kN,$v_0 = 1$ mm/s,$S = 2$,$K_b = 150$ kN/mm。

将速度锁定器在 2 号墩和 4 号墩顶部分别与墩两侧梁体下部水平连接,共 8 个,在整体坐标 X 方向输入 Maxwell 模型所建立的非线性特性值。模型如图 7.2—12 和图 7.2—13 所示,滞回曲线如图 7.2—14 所示。

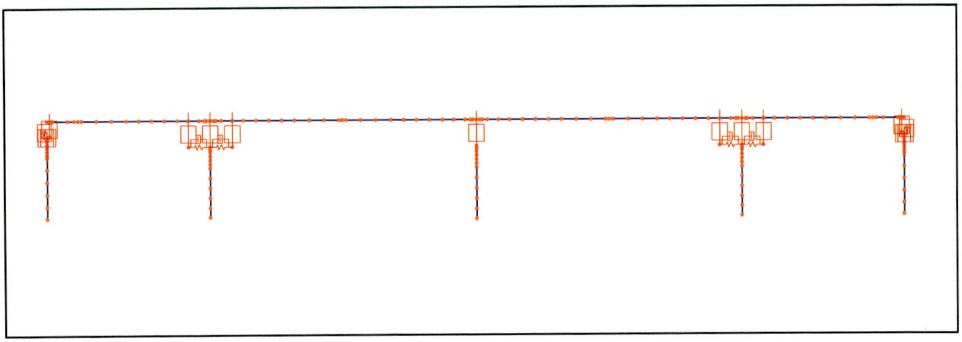

图 7.2—12　Maxwell 模型示意

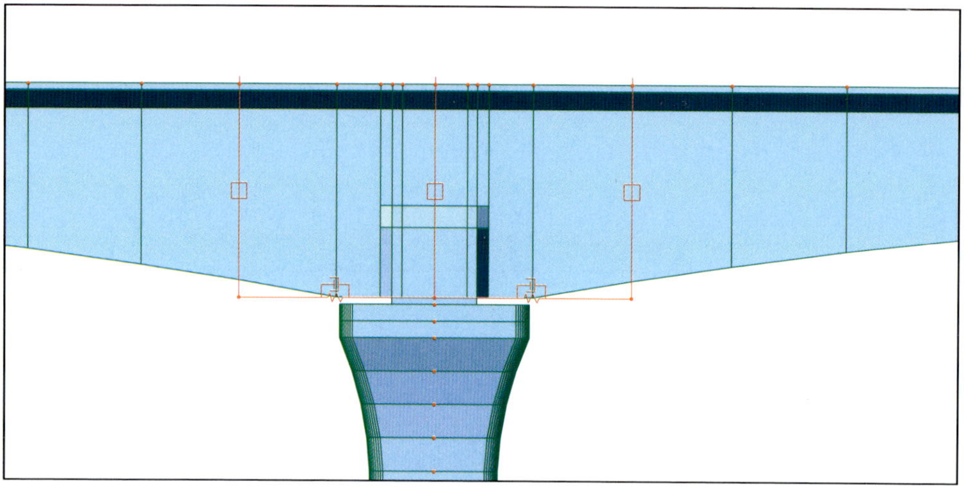

图 7. 2—13　速度锁定器节点位置示意

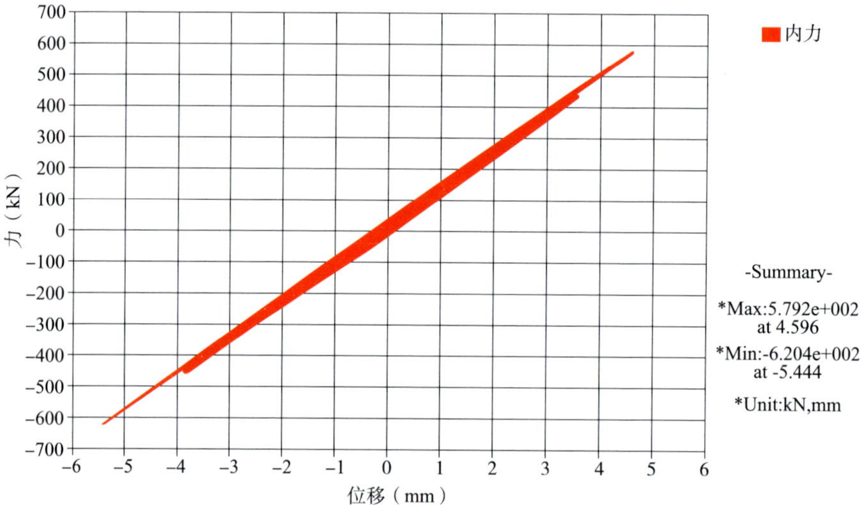

图 7. 2—14　速度锁定器滞回曲线

通过时程分析所得的滞回曲线发现，滞回曲线基本能反映其力学性能。整个过程中速度锁定器最大轴力为 620. 4 kN，小于设计值 650 kN，速度锁定器不会发生破坏。在输入地震后很短的时间内（0. 24 s），速度锁定器的速度超过锁定值 1 mm/s，且在此之后速度绝对值长时间大于 1 mm/s。由于速度锁定器锁定后不再是非线性，而类似于线性刚杆作用，可以将速度锁定器简化为刚性连接进行地震分析。内力分析结果如图 7. 2—15 和图 7. 2—16 及表 7. 2—5 所示。

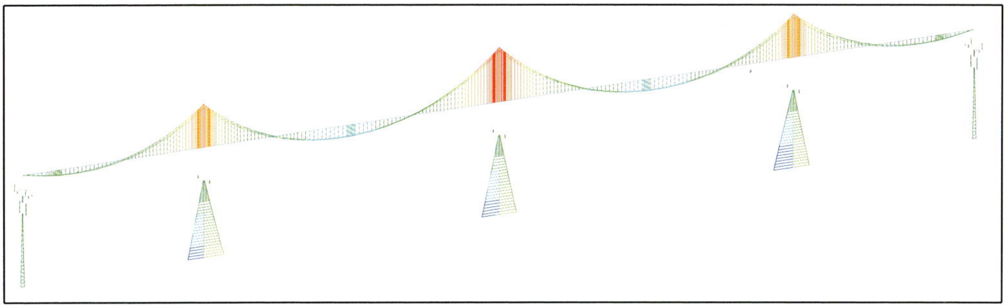

图 7.2—15　弯矩图

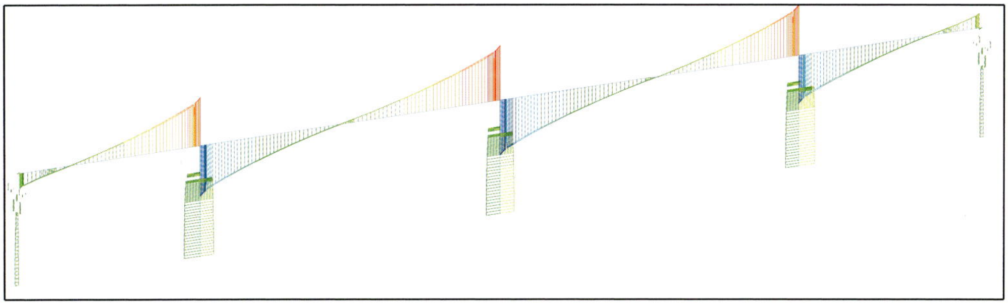

图 7.2—16　剪力图

表 7.2—5　各墩最大力

墩　　号	墩身内力			墩顶剪力(kN)
	轴力(kN)	剪力(kN)	弯矩(kN·m)	
1	9 712	584	9 839	58
2(速度锁定支座)	36 865	4 937	82 000	4 322
3(固定支座)	39 988	4 187	70 840	3 572
4(速度锁定支座)	36 804	4 880	81 123	4 345
5	9 612	598	10 872	64

(2)工况 2

全桥模型如图 7.2—17 所示,桥墩编号从左至右依次为 1 号 ~5 号。分析结果如图 7.2—18 和图 7.2—19 及表 7.2—6 所示。

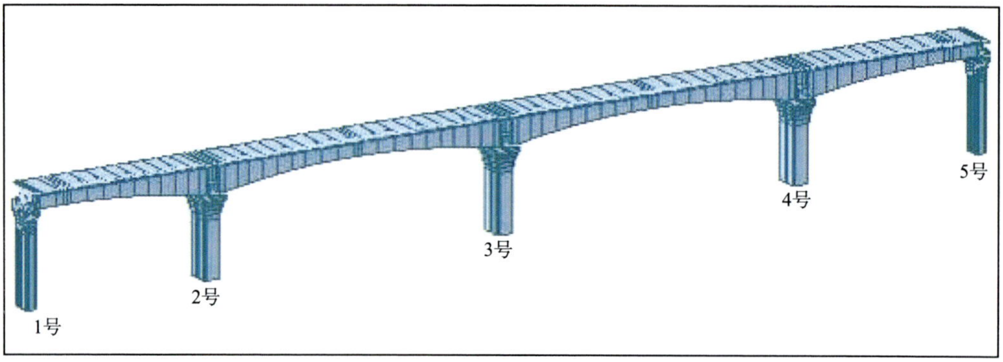

图 7.2—17　全桥模型图

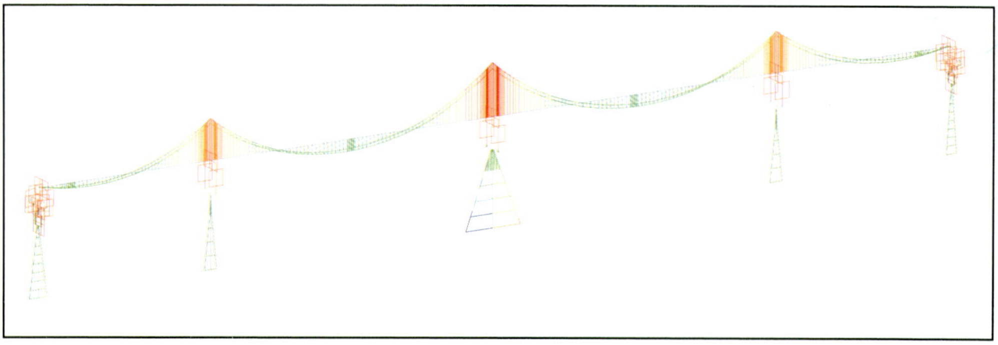

图 7.2—18　弯矩图

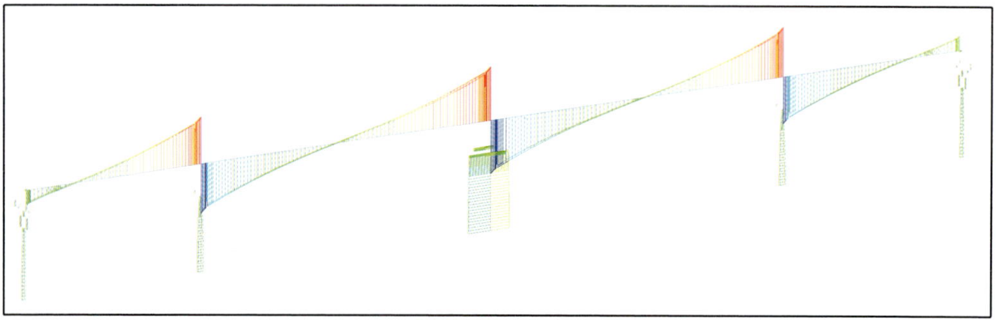

图 7.2—19　剪力图

表 7.2—6 各墩最大力

墩号	墩身内力			墩顶剪力(kN)
	轴力(kN)	剪力(kN)	弯矩(kN·m)	
1(活动支座)	9 828	579	9 862	2
2(活动支座)	36 970	931	11 293	6
3(固定支座)	39 971	6 812	119 099	6 463
4(活动支座)	36 993	931	11 293	6
5(活动支座)	9 727	593	10 756	2

(3)分析比较

由图 7.2—15 ~ 图 7.2—19 以及表 7.2—5 和表 7.2—6 对比分析可知,安装固定支座的3 号主墩,在另外两个主墩安装速度锁定支座后,墩顶最大剪力为 3 572 kN,墩身最大弯矩为 70 840 kN·m,较另外两个主墩采用活动支座时墩顶最大剪力减小 44.7%,墩身最大弯矩减小 40.5%。

对于 2 号和 4 号墩,其墩顶最大剪力和墩身最大弯矩均有大幅增加,这与内力按刚度分配的原则相吻合。1 号和 5 号边墩,其剪力、弯矩均未发生较大的变化。

7.2.4 结论

(1)时程分析结果表明,输入地震波后,速度锁定器的速度瞬间达到了锁定值,活动支座发挥固定支座的功能,使得结构由未安装速度锁定器状况下的一个固定墩变成三个固定墩,将地震水平力较均匀地分布到三个主墩上,使得桥墩受力更均匀,固定墩设计得以优化。

(2)反应谱分析结果表明,安装速度锁定器后,三个主墩的最大墩顶水平力相对比较接近,固定支座主墩水平力较未安装速度锁定器大幅降低。由于活动支座主墩参与承受水平力,从而可适当减小原固定支座主墩外形尺寸及其配筋量。经计算分析,墩身和基础工程量减小 25%。三个主墩的外形尺寸尽可能做得一致,可充分发挥活动支座主墩共同承受地震力的作用。

(3)连续梁不安装速度锁定器时,多遇地震作用下固定支座承受的纵向水平力为支座设计吨位的 20%。安装速度锁定器后,在两个活动支座桥墩设速度锁定装置后,多遇地震作用下固定支座承受的纵向水平力为支座设计吨位的 11%。

(4)黏滞阻尼器具有大的阻尼比,在大跨度桥梁、大柔度桥梁上得以大量使用。但由于耗能需要大的位移量,这就需要桥墩与梁之间具备大位移条件,否则也无法吸收大量的地震能量。城际铁路连续梁跨度相对较小,且桥墩刚度大,安装黏滞阻尼器难以发挥其应有的性能。另外,同样吨位的黏滞阻尼器的价格相对高许多。

(5)速度锁定支座的应用,使连续梁桥墩与简支梁桥墩外形一致,连续梁外观设计及其与简支梁的过渡与桥梁总体景观设计协调，在经济性、安全性方面均有非常重要的意义。

7.3　高速铁路斜拉桥采用黏滞液体阻尼器的地震响应分析

7.3.1　参数选择

在铁路桥梁工程中，为了满足结构抵抗地震作用的要求，需在某些部位安装阻尼器。在小震作用下，阻尼器处于弹性状态，结构体系具有足够的抗侧移刚度以满足正常的使用要求；在强震作用时，阻尼器率先进入非弹性状态，从而保护主体结构在强震中免遭破坏。

对于桥梁上应用阻尼器的计算，目前还没有简化的计算办法。唯一有效的方法是进行全桥三维有限元非线性时程分析，即将人工合成地震波或适合的天然地震记录作为输入，采用 SAP2000、ANSYS、ADINA 或 LARSA 等时程分析软件，直接设置阻尼器单元进行计算，得到时程分析结果。在计算过程中，往往采用反复计算的办法。

分析中，根据经验先设定一个阻尼器单元参数（C，α）[式（6.1—1）]，把它输入到程序中，再用计算机进行时程分析。这个参数可以参考已有的计算结果（表 7.3—1），并结合图 7.3—1 使用，通过计算机的计算分析得到阻尼器单元的受力和最大位移。如果这一计算结果不能满足设计要求（如位移过大等），可以加大阻尼系数重新计算。如果受力过大，可以通过降低阻尼比或分成多个阻尼器解决。通过反复计算，直到获得满意的结果。

式（6.1—1）中的速度指数 α 的调整对阻尼单元的受力和最大位移都有影响。原则上，α 可以设定在 0.3～1 之间进入非线性工作。与线性阻尼器相比，非线性阻尼器在同样条件下的计算阻尼力较小，阻尼器的效率较高，阻尼器耗能也就较大。对阻尼器速度指数的优化结果和使用经验显示，采用 0.3～0.5 的非线性速度参数较为理想。通常，这样的非线形阻尼器可以比线形阻尼器的受力减少三分之一左右。

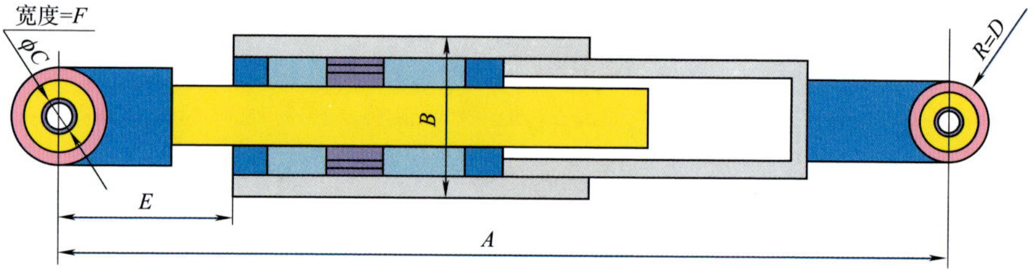

图 7.3—1　黏滞液体阻尼器示意

表 7.3—1　黏滞液体阻尼器参数

规　格	A(mm)	B(mm)	ϕC(mm)	D(mm)	E(mm)	F(mm)
500 kN	3 327.4	190.5	63.50	81.28	120.65	55.88
1 000 kN	3 352.8	228.6	69.85	99.06	127.00	60.96
1 500 kN	3 505.2	292.1	76.20	107.95	133.35	68.58
3 000 kN	3 937.0	406.4	152.40	190.50	254.00	121.92
4 500 kN	4 216.4	584.2	152.40	228.60	361.95	121.92
9 000 kN	4 572.0	660.4	203.20	279.40	431.80	152.40

桥梁的最大位移应根据各种可能的荷载组合确定,同时考虑各种可能的初始位移(如温度等)。值得注意的是,一般不把由各种荷载或作用引起的最大位移值进行累加,因为这样既不必要,也很不经济。按我国规范规定的荷载组合,考虑日常正常使用时的温度和活载,再加上地震引起的位移,构成阻尼器要求的最大冲程。

设置阻尼器的另一个作用是提高结构阻尼比。通常,桥梁结构的阻尼比为 2%~5%。原则上,通过设置阻尼器,可以将桥梁结构的阻尼比提高到 20%~50%。提高得太少,设置阻尼器的意义不大;提高得太多,对阻尼器的要求很高,也不经济。按经验,阻尼比通常选定在 10%~20%。

液体黏滞阻尼器设计所需的参数见表 7.3—2。

表 7.3—2　液体黏滞阻尼器的主要设计参数

编　　号	设　计　参　数
1	最大阻尼力(kN)
2	最小安全系数
3	从活塞位于中点计算的最大运动位移(最大冲程)(mm)
4	阻尼系数 C [kN/(m/s)$^{\alpha}$]
5	阻尼速度指数 α
6	使用温度(℃)
7	最大风能输入(如果要求)
8	最大阻尼器尺寸

7.3.2　工程概况

某高速铁路双线桥梁,主桥采用(36+96+228+96+36) m 五跨连续钢桁斜拉桥,如图 7.3—2 所示。主桥采用半漂浮体系,主塔与主梁间设置纵向阻尼约束体系。

主塔为花瓶式结构,塔高 102.5 m,顺桥向宽 7~11 m,横桥向宽 4.4~6 m,采用单箱单室截面,钢筋混凝土结构。主塔基础采用 ϕ2.5 m 直径钻孔桩基础。

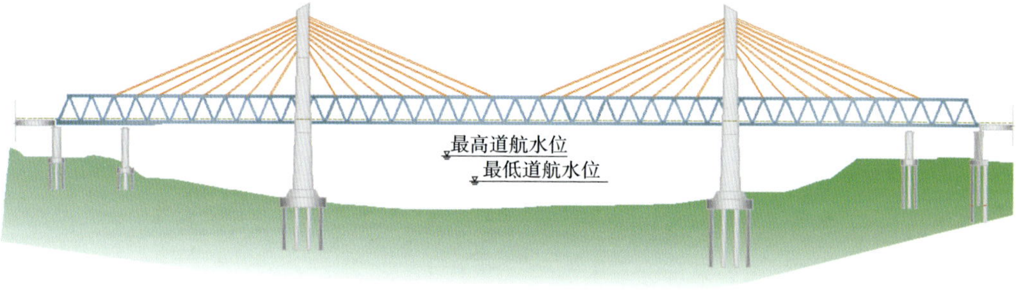

图 7.3—2　某钢桁斜拉桥结构总布置

钢桁梁采用三角形桁式，两片主桁，桁间距 15 m，桁高 14 m，节间长度 12 m，整体节点，结构全长 493.8 m。主桁上下弦杆均采用箱形截面，腹杆根据受力的不同采用箱形截面和 H 形截面，最大板厚 50 mm。为提高结构重力刚度，在部分区段用混凝土压重。钢桁梁采用悬臂拼装法施工。

采用的正交异性板整体桥面结构，由 U 形纵肋、横肋及其加劲的钢桥面板组成。桥面结构的横肋和桥面板与主桁下弦杆焊接成板桁组合结构。

斜拉索采用镀锌平行钢丝体系，8 对斜拉索呈扇形布置，钢索倾角为 22.1°~56.8°。梁上纵向索距 12 m，每塔两侧各有 8 对斜拉索，下端锚固于主桁上弦杆上面，上端锚固于主塔上塔柱段。

每个塔柱和主梁下弦杆连接处设置两个阻尼器，全桥共 8 个阻尼器，阻尼器布置如图 7.3—3 所示。速度系数 $\alpha=0.2$，阻尼系数 C 为 2 000 kN(m/s)$^{0.2}$。最大阻尼力为 394 kN。考虑安全系数 $n=2$ 时，则阻尼器的阻尼力为 800 kN。

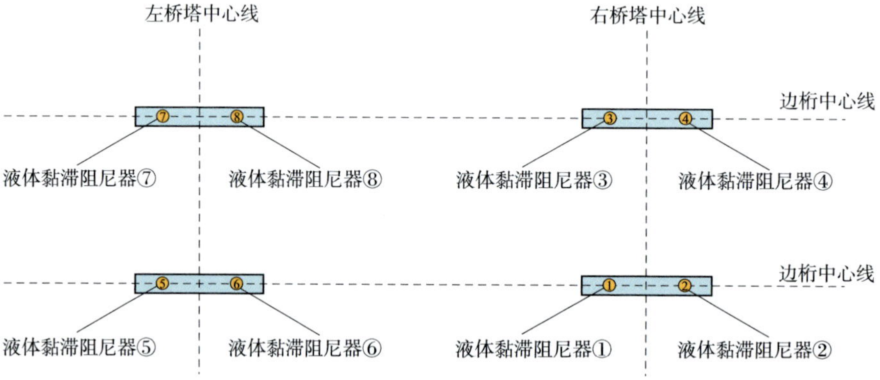

图 7.3—3　阻尼器布置方案

7.3.3　计算分析

采用 ANSYS 软件，按照反应谱分析和动态时程分析两种方法分别计算钢桁斜拉桥在 6 度和 7 度地震作用下的地震响应。

建立钢桁双塔斜拉桥的 ANSYS 模型，桥塔、桥梁边墩、桁架梁上下弦杆、桥门架、横向连接系采用梁单元，用 BEAM44 单元模拟，拉索用 LINK10 单元模拟，桥面板用 SHELL63 单元模拟，桥面铺装采用 MASS21 模拟。计算整体模型如图 7.3—4 所示，阻尼器布置如图 7.3.5 所示。

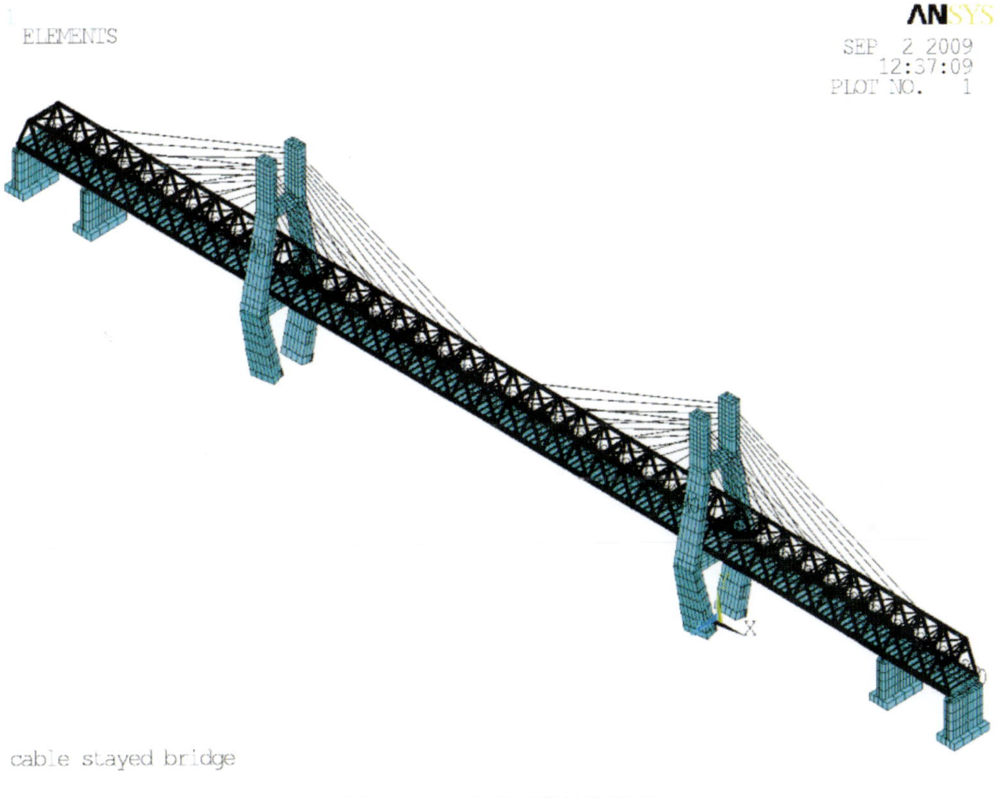

图 7.3—4　主桥计算整体模型

1. 反应谱分析

考虑不同体系（有阻尼器、无阻尼器、一半锁死、全部锁死）在地震作用下的动力响应，分别按 6 度和 7 度地震计算，结构阻尼比取 0.01，地震动反应谱特征周期为 0.35 s，最大峰值加速度取 0.05g 和 0.1g，激励方向为顺桥向。

计算过程中为了保证计算精度，选取了前 500 阶振型进行叠加，按 CQC 法进行组合。各控制截面计算结果对比如表 7.3—3 和表 7.3—4 所示。

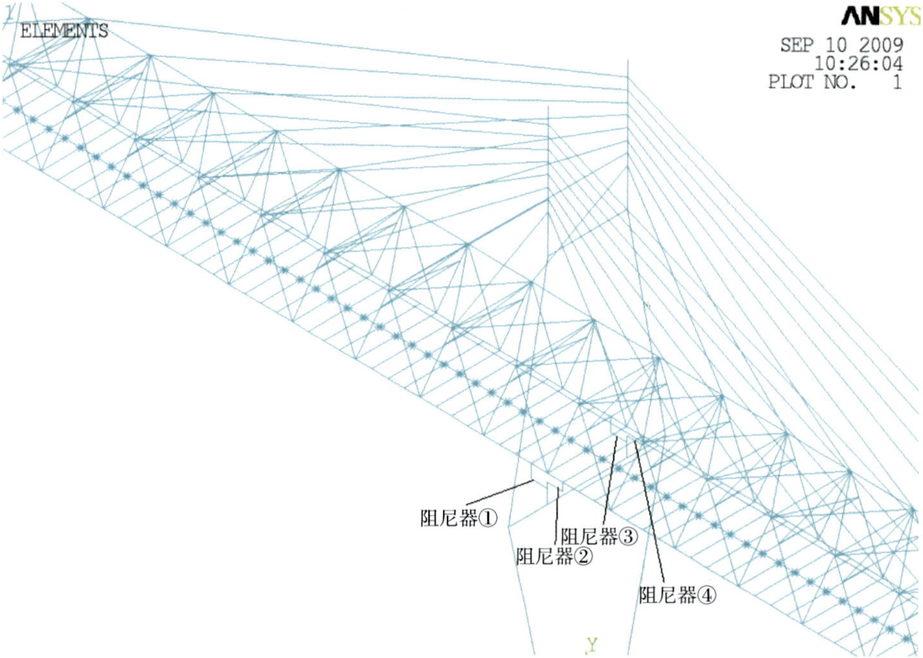

（a）右塔阻尼器

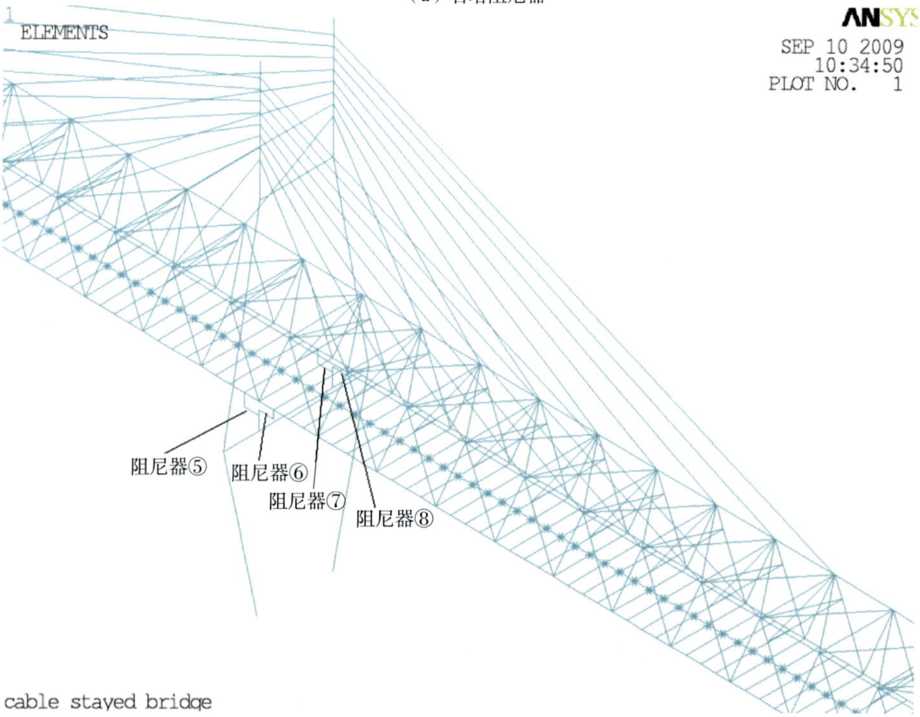

（b）左塔阻尼器

图 7.3—5　阻尼器布置

表 7.3—3 控制截面在地震动单独作用下反应谱计算结果(最大峰值加速度为 0.05g)

控　制　点	无阻尼器	有阻尼器	全部锁死	一半锁死
跨中顺桥向位移(mm)	17.6	17.6	4.7	6.0
右桥端顺桥向位移(mm)	17.9	17.9	4.8	5.5
左桥端顺桥向位移(mm)	17.9	17.9	4.8	6.8
右塔顶顺桥向位移(mm)	18.3	18.3	7.1	8.6
左塔顶顺桥向位移(mm)	18.3	18.3	7.1	6.7
桁梁支点位置右塔顺桥向位移(mm)	2.3	2.3	1.7	1.9
右塔位置下弦杆顺桥向位移(mm)	18.0	18.0	3.8	4.5
桁梁支点位置左塔顺桥向位移(mm)	2.3	2.3	1.7	1.1
左塔位置下弦杆节点顺桥向位移(mm)	17.9	17.9	3.8	6.6
右塔梁相对位移(mm)	15.7	15.7	2.1	2.6
右塔底轴力(kN)	226.8	226.8	531.5	681.5
左塔底轴力(kN)	361.7	361.7	497.5	498.8
跨中下弦杆轴力(kN)	38.7	38.7	27.9	379.5
跨中上弦杆轴力(kN)	54.2	54.2	60.5	348.9
右塔位置下弦杆轴力(kN)	126.9	126.9	745.6	871.8
右塔位置上弦杆轴力(kN)	75.5	75.5	72.1	278.6
左塔位置下弦杆轴力(kN)	110.9	110.9	728.4	280.2
左塔位置上弦杆轴力(kN)	89.4	89.4	77.9	285.6
右塔底纵向剪力(kN)	1 595.2	1 595.2	1 970.9	2 110.5
左塔底纵向剪力(kN)	1 558.3	1 558.3	1 993.8	1 356.2
右塔塔梁相互作用力(kN)	610.2	610.2	2 601.5	3 100.6
左塔塔梁相互作用力(kN)	576.1	576.1	2 592.1	—
右塔底纵向弯矩(kN·m)	79 482.5	79 482.5	66 339.7	73 282.4
左塔底纵向弯矩(kN·m)	79 266.4	79 266.4	66 547.9	43 670.9
跨中下弦杆纵向弯矩(kN·m)	22.5	22.5	15.1	3.5
跨中上弦杆纵向弯矩(kN·m)	2.2	2.2	2.2	1.1
右塔位置下弦杆纵向弯矩(kN·m)	17.4	17.4	467.0	579.8
右塔位置上弦杆纵向弯矩(kN·m)	4.6	4.6	1.4	1.3
左塔位置下弦杆纵向弯矩(kN·m)	17.9	17.9	607.0	17.0
左塔位置上弦杆纵向弯矩(kN·m)	4.2	4.2	2.3	2.4

表 7.3—4　控制截面在地震动单独作用下反应谱计算结果(最大峰值加速度为 0.1g)

控　制　点	无阻尼器	有阻尼器	全部锁死	一半锁死
跨中顺桥向位移(mm)	35.2	35.2	9.5	12.0
右桥端顺桥向位移(mm)	35.8	35.8	9.6	11.0
左桥端节点顺桥向位移(mm)	35.8	35.8	9.6	13.6
右塔顶顺桥向位移(mm)	36.5	36.5	14.2	17.2
左塔顶顺桥向位移(mm)	36.6	36.6	14.2	13.5
桁梁支点位置右塔顺桥向位移(mm)	4.6	4.6	3.4	3.8
右塔位置下弦杆节点顺桥向位移(mm)	36.0	36.0	7.5	8.9
桁梁支点位置左塔顺桥向位移(mm)	4.6	4.6	3.4	2.2
左塔位置下弦杆节点顺桥向位移(mm)	35.9	35.9	7.5	13.2
右塔梁相对位移(mm)	31.4	31.4	4.1	5.1
右塔底轴力(kN)	723.5	723.5	994.9	997.7
左塔底轴力(kN)	77.4	77.4	55.7	759.1
跨中下弦杆轴力(kN)	108.4	108.4	121.0	697.8
跨中上弦杆轴力(kN)	253.9	253.9	1 491.3	1 743.6
右塔位置下弦杆轴力(kN)	151.0	151.0	144.2	557.2
右塔位置上弦杆轴力(kN)	221.8	221.8	1 456.7	560.4
左塔位置下弦杆轴力(kN)	178.7	178.7	155.8	571.1
左塔位置上弦杆轴力(kN)	3 190.4	3 190.4	3 941.7	4 221.0
右塔底纵向剪力(kN)	3 116.6	3 116.6	3 987.7	2 712.3
左塔底纵向剪力(kN)	723.5	723.5	994.9	997.7
右塔塔梁相互作用力(kN)	1 220.4	1 220.4	5 203.0	6 201.3
左塔塔梁相互作用力(kN)	1 152.1	1 152.1	5 184.1	1 198.7
右塔底纵向弯矩(kN·m)	158 965.0	158 965.0	132 679.4	146 564.9
左塔底纵向弯矩(kN·m)	158 532.8	158 532.8	133 095.9	87 341.7
跨中下弦杆纵向弯矩(kN·m)	45.1	45.1	30.2	7.1
跨中上弦杆纵向弯矩(kN·m)	4.5	4.5	4.4	2.1
右塔位置下弦杆纵向弯矩(kN·m)	34.8	34.8	934.1	1 159.5
右塔位置上弦杆纵向弯矩(kN·m)	9.2	9.2	2.7	2.6
左塔位置下弦杆纵向弯矩(kN·m)	35.9	35.9	1 213.9	33.9
左塔位置上弦杆纵向弯矩(kN·m)	8.3	8.3	4.5	4.8

由于反应谱法是拟静力法,不能考虑在动力荷载下阻尼器效应,所以在无阻尼器和有阻尼器情况下,用反应谱法计算的结果相同。

2. 时程分析

为了保证地震波选取的合理性,采取人工合成地震波和直接利用强震记录两种方式。一是以桥址处的地震反应谱为目标谱,采用三角级数法人工合成峰值加速度为 0.05g 和 0.1g 的两条地震波;二是根据桥址场地类别选择与桥址场地相近的两条强震记录(EL Centro 波和 Traft 波)。

将地震波直接施加在整个结构上进行瞬态动力学分析,地震波持续时间为 20 s,分别计算结构在 6 度和 7 度地震作用下的动力响应,计算结果如表 7.3—5 和表 7.3—6 所示。

表 7.3—5　控制截面在地震动单独作用下时程分析计算结果(最大峰值加速度为 0.05g)

控　制　点	人工合成地震波	EL Centro 波	Traft 波
跨中纵向位移(mm)	10.8	5.8	4.6
右桥端顺纵向位移(mm)	11.6	5.2	5.0
左桥端顺纵向位移(mm)	11.6	5.1	5.0
右塔顶纵向位移(mm)	15.8	8.7	7.1
左塔顶纵向位移(mm)	15.7	8.8	7.0
桁梁支点位置右塔纵向位移(mm)	3.7	2.3	1.6
右塔位置下弦杆纵向位移(mm)	10.4	4.3	3.7
桁梁支点位置左塔纵向位移(mm)	3.7	2.3	1.5
左塔位置下弦杆纵向位移(mm)	10.3	4.3	3.7
塔梁相对位移(mm)	11.9	4.1	8.9
右塔底轴力(kN)	3 871.1	3 979.4	5 038.5
左塔底轴力(kN)	5 324.9	3 641.3	5 920.0
跨中下弦杆轴力(kN)	404.0	373.7	354.5
跨中上弦杆轴力(kN)	422.1	473.4	873.1
右塔位置下弦杆轴力(kN)	1 081.1	1 047.9	1 205.6
右塔位置上弦杆轴力(kN)	1 639.2	871.0	972.6
左塔位置下弦杆轴力(kN)	836.5	1 071.4	1 072.8
左塔位置上弦杆轴力(kN)	700.5	1 487.9	969.0
右塔底纵向剪力(kN)	4 609.7	3 494.9	5 360.4
左塔底纵向剪力(kN)	4 603.4	2 971.5	5 341.5
阻尼力 1(kN)	1 084.0	920.2	1 234.5
阻尼力 2(kN)	1 124.7	907.9	1 188.2
阻尼力 3(kN)	1 089.4	929.9	1 237.5
阻尼力 4(kN)	1 165.1	910.3	1 228.9

续上表

控　制　点	人工合成地震波	EL Centro 波	Traft 波
阻尼力 5(kN)	1 083.7	926.9	1 215.8
阻尼力 6(kN)	1 081.7	906.5	1 208.0
阻尼力 7(kN)	1 084.6	923.3	1 221.8
阻尼力 8(kN)	1 082.0	911.7	1 213.3
右塔塔梁相互作用力(kN)	4 405.3	3 792.4	4 931.2
左塔塔梁相互作用力(kN)	4 404.9	3 825.3	4 954.2
右塔底纵向弯矩(kN·m)	146 748.9	92 528.9	167 484.7
左塔底纵向弯矩(kN·m)	146 536.8	93 506.9	165 174.6
跨中下弦杆纵向弯矩(kN·m)	183.0	124.6	66.1
跨中上弦杆纵向弯矩(kN·m)	295.8	212.6	362.4
右塔位置下弦杆纵向弯矩(kN·m)	865.8	573.8	497.9
右塔位置上弦杆纵向弯矩(kN·m)	519.3	280.4	143.0
左塔位置下弦杆纵向弯矩(kN·m)	501.7	518.0	457.6
左塔位置上弦杆纵向弯矩(kN·m)	325.2	344.3	148.1

表 7.3—6　控制截面在地震动单独作用下时程分析计算结果(最大峰值加速度为 0.1g)

控　制　点	人工合成地震波	EL Centro 波	Traft 波	一半锁死(人工波)	全部锁死(人工波)
跨中纵向位移(mm)	36.9	9.6	30.0	46.83	49.50
右桥端顺纵向位移(mm)	34.8	11.5	32.6	43.84	51.40
左桥端顺纵向位移(mm)	34.7	11.4	32.6	55.27	51.40
右塔顶纵向位移(mm)	44.3	14.7	31.0	71.06	74.36
左塔顶纵向位移(mm)	43.8	14.4	31.0	77.15	72.96
桁梁支点位置右塔纵向位移(mm)	6.4	3.2	5.8	16.60	18.29
右塔位置下弦杆纵向位移(mm)	34.6	7.9	31.1	33.71	39.99
桁梁支点位置左塔纵向位移(mm)	6.4	3.2	5.7	15.19	18.29
左塔位置下弦杆纵向位移(mm)	34.4	8.0	31.1	51.84	39.75
塔梁相对位移(mm)	48.5	10.1	43.4	26..8	21.7
右塔底轴力(kN)	7 431.3	6 083.5	6 851.0	13 071.7	29 187.2
左塔底轴力(kN)	5 830.0	5 190.1	7 593.3	10 435.2	29 402.6
跨中下弦杆轴力(kN)	695.9	352.5	379.0	4 677.8	1 854.6
跨中上弦杆轴力(kN)	808.7	496.5	694.2	7 451.1	1 613.7
右塔位置下弦杆轴力(kN)	2 378.6	1 496.7	2 155.7	7 261.6	8 321.4

续上表

控　制　点	人工合成地震波	EL Centro 波	Traft 波	一半锁死（人工波）	全部锁死（人工波）
右塔位置上弦杆轴力(kN)	3 115.3	1 227.8	1 400.7	5 984.4	2 276.1
左塔位置下弦杆轴力(kN)	1 744.8	1 523.2	1 960.7	6 567.8	7 978.5
左塔位置上弦杆轴力(kN)	1 847.2	1 195.9	1 497.7	4 709.6	2 627.0
右塔底纵向剪力(kN)	10 484.4	5 070.3	8 070.7	27 564.7	27 898.7
左塔底纵向剪力(kN)	10 470.9	5 025.5	7 938.2	17 877.3	26 650.8
阻尼力1(kN)	1 368.1	1 178.0	1 371.7	—	—
阻尼力2(kN)	1 368.0	1 140.7	1 375.7	—	—
阻尼力3(kN)	1 383.5	1 167.4	1 375.1	—	—
阻尼力4(kN)	1 366.5	1 141.0	1 380.2	—	—
阻尼力5(kN)	1 267.1	1 166.4	1 372.0	—	—
阻尼力6(kN)	1 267.1	1 138.0	1 377.5	—	—
阻尼力7(kN)	1 264.9	1 168.1	1 371.4	—	—
阻尼力8(kN)	1 261.9	1 133.9	1 377.2	—	—
右塔塔梁相互作用力(kN)	5 248.1	4 933.9	5 678.5	26 229.6	27 650.6
左塔塔梁相互作用力(kN)	5 166.0	4 895.7	5 658.9	—	27 364.7
右塔底纵向弯矩(kN·m)	278 760.8	130 748.0	227 987.8	738 654.2	779 943.5
左塔底纵向弯矩(kN·m)	276 335.0	132 424.0	232 780.9	604 190.4	746 114.9
跨中下弦杆纵向弯矩(kN·m)	202.3	164.8	49.0	403.9	86.9
跨中上弦杆纵向弯矩(kN·m)	491.8	164.3	148.0	469.6	267.0
右塔位置下弦杆纵向弯矩(kN·m)	2 187.2	589.4	655.4	29 949.2	31 982.5
右塔位置上弦杆纵向弯矩(kN·m)	888.9	299.3	114.8	411.1	243.2
左塔位置下弦杆纵向弯矩(kN·m)	1 080.4	711.4	612.3	1 701.8	31 890.2
左塔位置上弦杆纵向弯矩(kN·m)	581.1	434.2	200.0	497.2	253.0

时程分析计算结果显示，结构在地震荷载作用下，已进入非线性工作状态。计算结果还显示，采用不同地震波，由于频谱特性并不完全相同，故计算结果有一定差别。

7.3.4 结　论

（1）反应谱分析的计算结果表明，在地震荷载作用下，峰值加速度增大一倍，结构内力及位移计算结果也增大一倍，这是反应谱法假定结构是线弹性引起的。由于反应谱法针对复杂、大跨桥梁的地震反应，不能很好地考虑各种复杂因素的影响，故以时程分析为主，反应谱法只作为一种校核手段。

（2）在时程反应分析中，通过人工合成地震波和直接利用强震记录输入地震波，分别计算地震峰值加速度为 0.05g 和 0.1g 情况下的桥梁动力结构响应。在峰值加速度为 0.1g 情况下，阻尼器最大受力为 1 383.5 kN，阻尼器最大相对位移为 48.5 mm，同时考虑到在制动力情况下选择的阻尼器最优参数，故推荐采用 $C=2\,000$ kN/(m/s) 和 $\alpha=0.2$，最大阻尼力选择 1 400 kN，最大位移选择 50 mm。

（3）在峰值加速度为 0.1g 的地震力作用下，可以明显看出有阻尼器、塔梁单点纵向约束（半锁死）和塔梁纵向约束（全锁死）三种体系动力响应存在差别。首先，有阻尼器情况对结构振动控制较好，能大幅减小结构由于振动而引起的位移；另外，由于阻尼器良好的耗能减振效果，桥梁主塔控制截面、塔梁连接处、跨中截面内力均有较大改善。黏滞阻尼器对地震作用下引起的结构内力和位移均有较好的减震效果。

7.4　滞变 E 型钢受力分析

7.4.1　分析方法

设计依据为欧洲标准 PREN 15129：2004、EN1337-5：2005，并参考国内相关标准。

滞变 E 型钢元件所采用的钢材具有以下性能：

冲击测试（−40 ℃）——$K_v \geqslant 31$ J

扯断伸长率——$A \geqslant 21\%$

抗拉强度——480 N/mm$^2 \leqslant f_u \leqslant$ 620 N/mm^2

E 型钢原型如图 7.4—1(a)所示。影响 E 型钢的性能尺寸各参数含义如下：

t：E 型钢的板厚

b：E 型钢直臂段的宽度

h：E 型钢的力臂

b_1：中间臂的平均宽度

b_2：侧臂的平均宽度

σ_y：钢板的屈服强度

L：E 型钢直段长度

由 E 型钢的原型可简化为两边铰支、中间简支的梁模型，如图 7.4—1(b)所示；设计时一般 $h>10b$，轴力对 E 型钢的影响小于 5%，因此理论公式推导只考虑弯矩的作用，如图 7.4—1(c)所示。横截面的屈服弯矩 M_y 和塑性弯矩 M_p 可分别按以下公式求算：

$$M_y=\sigma_y\frac{tb^2}{6} \tag{7.4—1}$$

$$M_p=\sigma_y\frac{tb^2}{4} \tag{7.4—2}$$

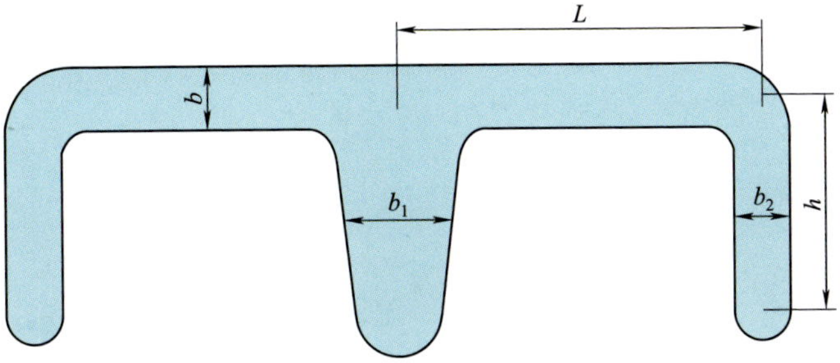

(a) E型钢原型

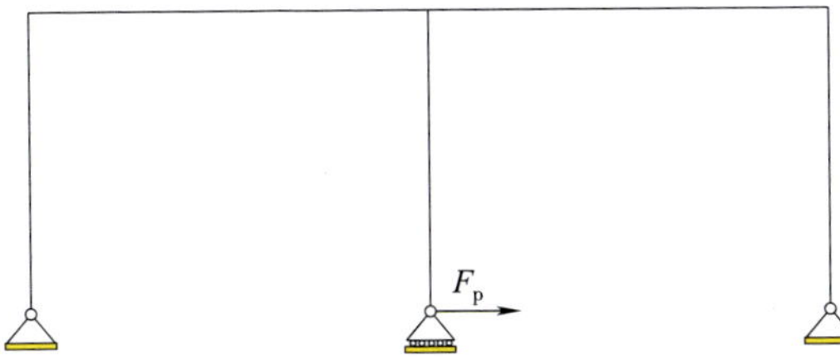

(b) E型钢力学模型

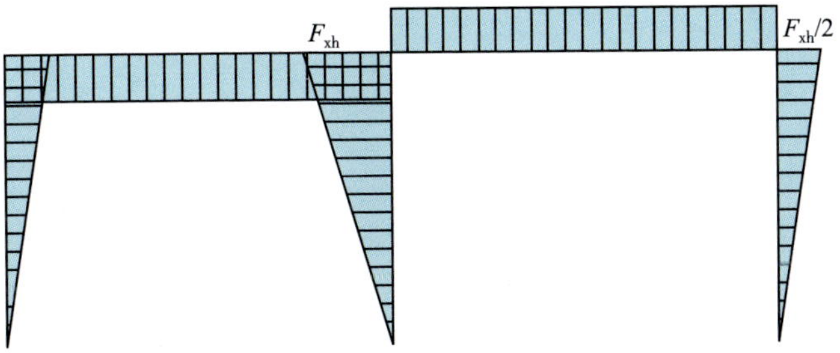

(c) E型钢弯矩图

图 7.4—1　E 型钢示意

显然,作用在中间臂的最大承载力可以由弯矩除以力臂得到,相应的屈服力和塑性力则可按以下公式求得:

$$F_y = \frac{1}{3}\sigma_y \frac{tb^2}{h} \tag{7.4—3}$$

$$F_p = \frac{1}{2}\sigma_y \frac{tb^2}{h} \tag{7.4—4}$$

屈服时的位移 d_y 为

$$d_y = 2\frac{hl}{b}\varepsilon_y\left(1 + \frac{\alpha}{3}\frac{h}{l}\right) \tag{7.4—5}$$

式中　$\alpha = 2\left(\frac{b}{b_1}\right)^3 + \left(\frac{b}{b_2}\right)^3$;

ε_y——屈服应变。

最大位移 d_{max} 为

$$d_{max}=2\frac{hl}{b}\varepsilon_{max}\left(1+\frac{\alpha}{2}\frac{h}{I}\frac{\varepsilon_y}{\varepsilon_{max}}\right) \tag{7.4—6}$$

式中　ε_{max}——最大允许应变(由选用的钢材决定)。

7.4.2　设计流程

根据如图 7.4—2(a)所示滞变型钢恢复模型,可以得到如图 7.4—2(b)所示的滞变 E 型钢的设计参数。

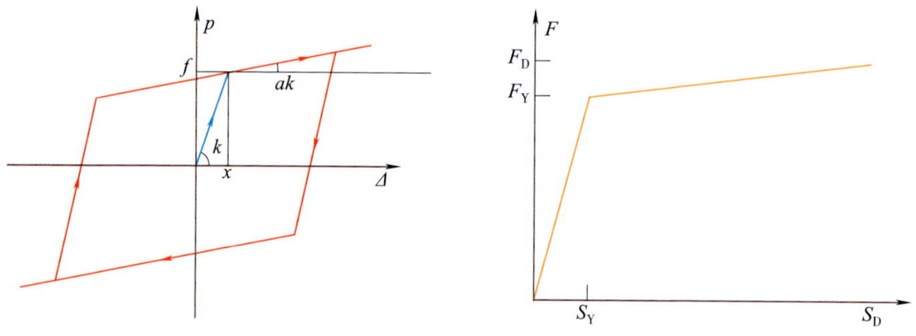

(a) 恢复模型　　(b) 位移曲线

图 7.4—2　滞变型钢恢复模型和力—位移曲线

注:图中 F_Y 为每个桥段(即梁缝间)滞变型钢总屈服应力,F_Y 应等于或大于由于风力、制动力或牵引力、支座摩擦力等水平设计荷载及其组合作用的 1.5 倍;F_D 为设计应力,即每个桥墩所有滞变型钢消耗的地震最大水平作用力,$F_D=1.15F_Y$;S_Y 为弹性位移;S_D 为设计位移;ak 为等效双线性强化刚度,k 为弹性刚度。

E 型钢的设计流程如下:

(1)初定 $F_Y=W\times a_g\times1.5$(a_g 为水平地震基本加速度,一般按多遇地震选用,W 为结构总重),根据墩高、场地类型等初定设计位移 S_D。

(2)建立整桥有限元模型,采用非线性时程分析,观察墩的内力是否满足规范要求,以及分析得到的墩梁相对位移是否小于且接近初定设计位移 S_D。

(3)如满足,则初定的 F_Y 和 S_D 便是可选取的;如不满足,则修正 F_Y 及 S_D 重新进行计算,直至有限元分析结果满足要求。

7.4.3　计算分析

1. 参数确定

现以某铁路 32 m 简支梁为例进行计算。

32 m 简支梁,每孔梁梁重 279.3 t;二期恒载为 7.5×32.6=244.5 t。该桥位于 8 度地震区，计算可得固定支座纵向水平承载力（即 E 型钢屈服力 F_Y）=（279.3 + 244.5）×0.07 ×9.81 ×1.5/2 =270 kN；初定设计位移 S_D =60 mm。

根据以上参数以及所用钢材的强化特性，可初步确定一个支座上的 E 型钢参数，如图 7.4—3 所示。

每个支座上通常采用两个 E 型钢，因此单个 E 型钢的屈服力为 135 kN，由此设计的 E 型钢外形尺寸如图 7.4—4 所示。

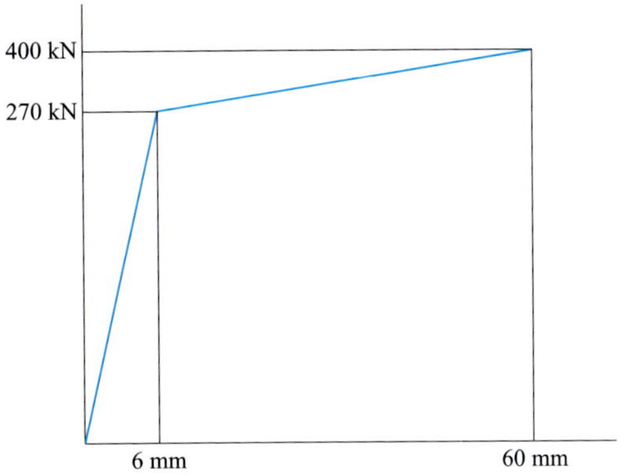

图 7.4—3　E 型钢参数

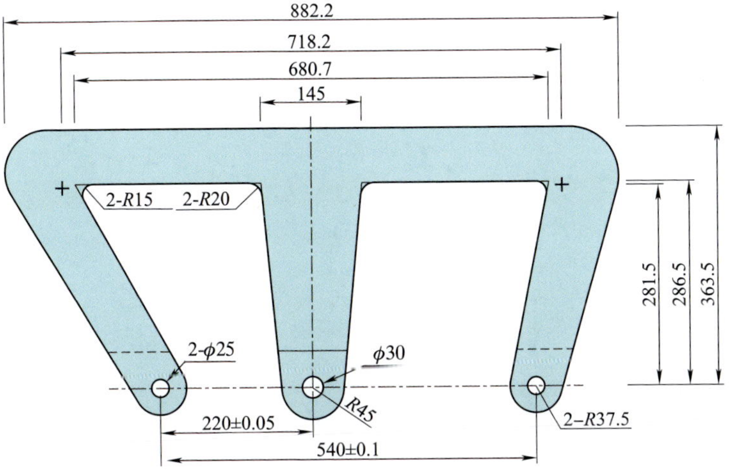

图 7.4—4　E 型钢外形尺寸（单位：mm）

2. 有限元仿真分析

在设计初期，采用有限元分析方法优化设计和验证 E 型钢的受力情况。

有限元计算采用 ANSYS 软件，计算模型如图 7.4—5 所示。实体模型采用 185 个单元，节点数为 10 807 个。铰点处，为了施加荷载和提取反力，采用 MPC184 单元建立刚性域连接。边界条件为：固定侧臂两铰点，在中间臂铰点处施加位移荷载；或固定中间臂铰点，在侧臂两臂铰点处施加位移荷载。

设计位移（60 mm）下的应力云图如图 7.4—6 所示。应力的最大值为 485 MPa，小于材料的极限强度 480 MPa≤f_u≤620 MPa，满足强度要求。

滞变 E 型钢在最大位移荷载（60 mm）下的应变云图如图 7.4—7 所示，最大应变值为 0.29。

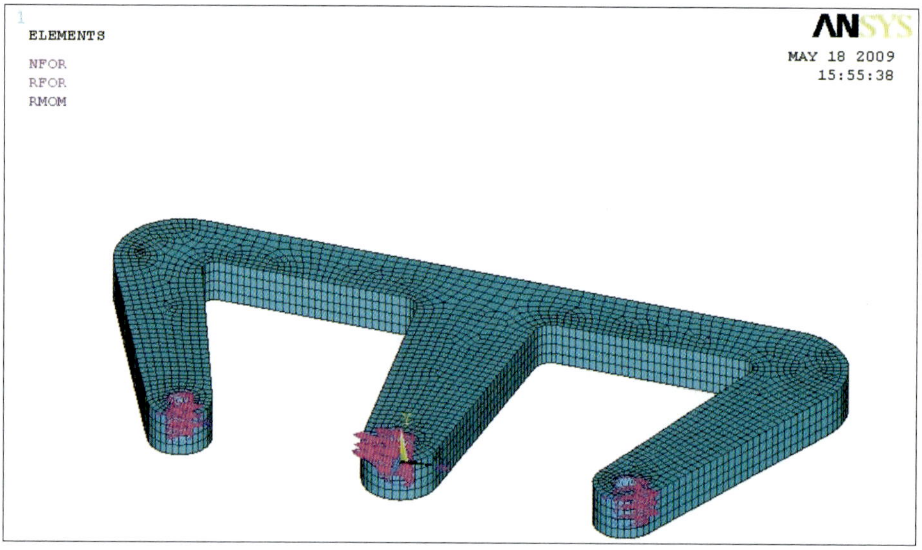

图 7.4—5　模型及边界条件

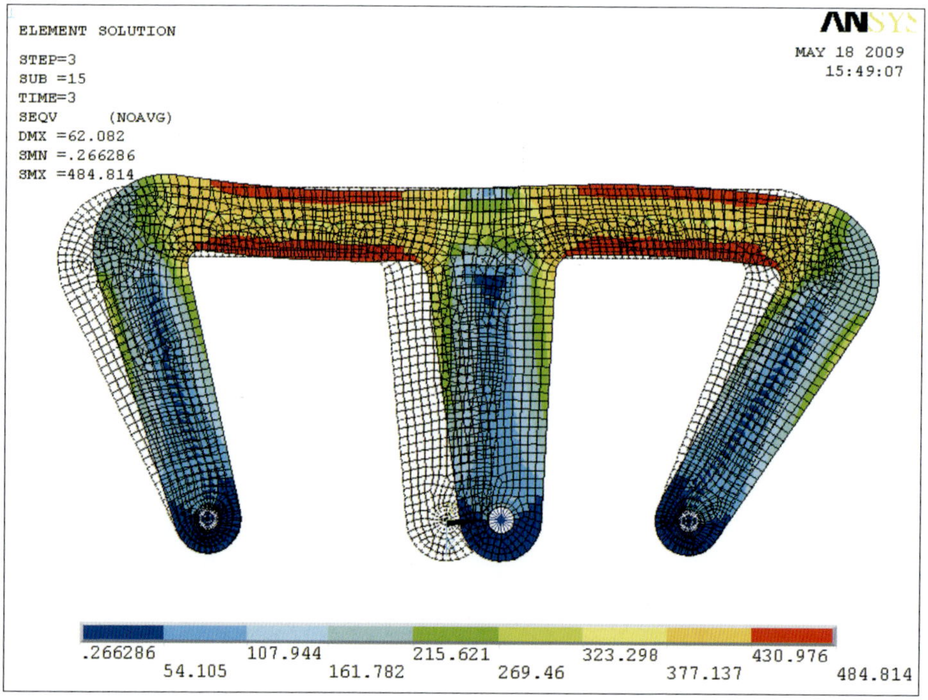

图 7.4—6　应力云图

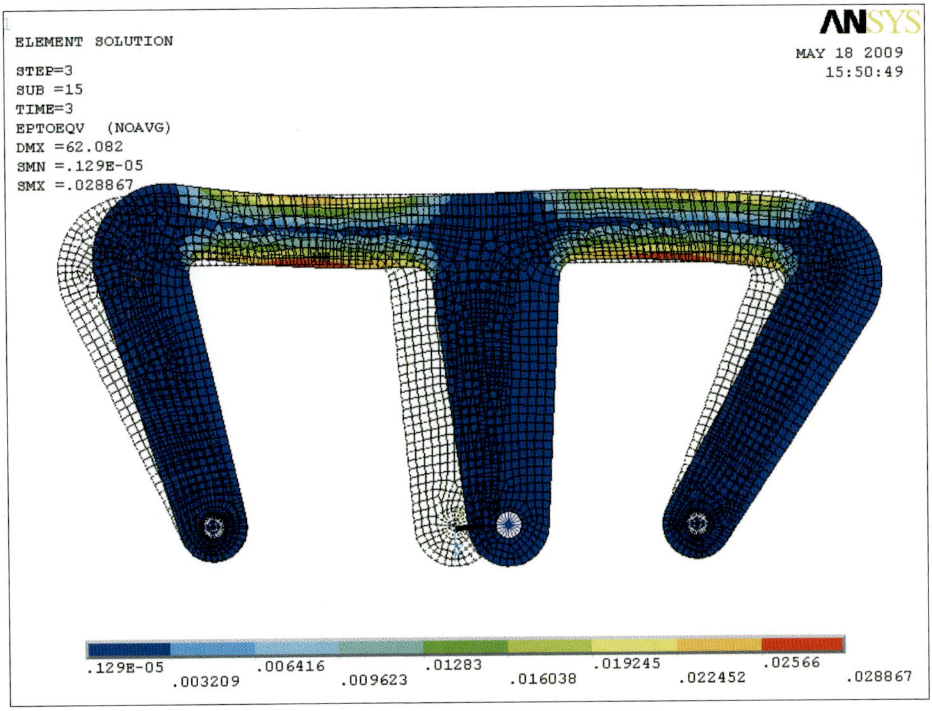

图 7.4—7 应变云图

E 型钢 200 kN ±60 kN 的滞回曲线如图 7.4—8 所示。

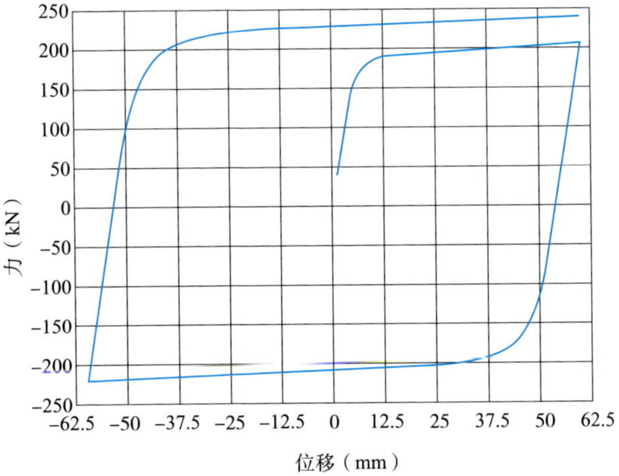

图 7.4—8 滞回曲线

非线性分析验证了 E 型钢满足设计参数要求。

3. 连接分析

(1)保险销的设计

由于E型钢支座的水平刚度较低,在列车牵引力、制动力、风荷载以及多遇地震力等较小水平荷载时将会产生弹性位移,这种弹性位移对于梁体受力和乘客的乘坐舒适度是不利的,因此在E型钢支座上增加了一个保险销,使正常运营时E型钢支座处于锁定状态。通常,保险销的剪切力需大于列车牵引力、制动力、E型钢设计屈服力、多遇地震力中的任何一个,小于设计地震力(图7.4—9)。

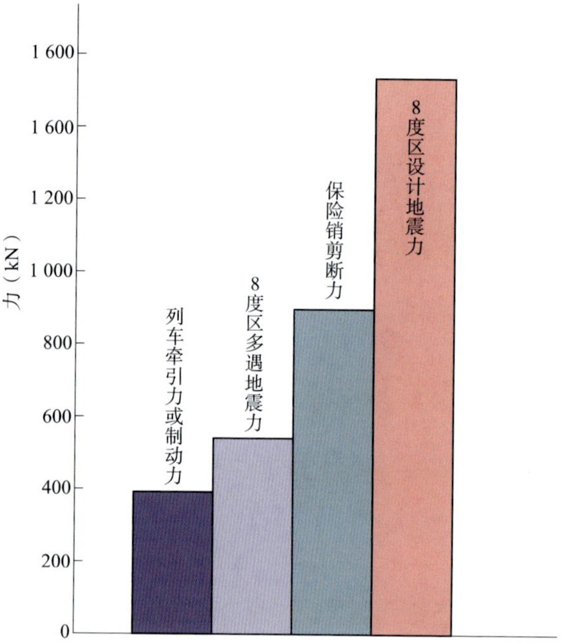

图7.4—9　某铁路32m梁保险销剪断力与其他力比较

现以前述铁路32 m梁为例(每孔梁重279.3 t;二期恒载7.5 × 32.6 = 244.5 t,活载340.92 t)计算各力:

《铁路桥涵设计基本规范》规定,列车牵引力或制动力应按列车竖向静活载的10%计算。列车竖向活载包括列车竖向动力作用,该列车竖向活载等于列车竖向静活载乘以动力系数$(1+\mu)$。

根据该规范计算,动力系数$(1+\mu)=1.2$,则列车牵引力或制动力 $=340.92\times9.81\times10\%\times1.2=400$(kN)。

8度地震设防烈度下,多遇地震时,桥梁固定墩纵向水平地震力为

$$(279.3+244.5)\times9.81\times0.07\times1.5=540(\text{kN})$$

设计地震时,桥梁固定墩纵向水平地震力为

$$(279.3+244.5)\times9.81\times0.2\times1.5=1\,540(\text{kN})$$

按每个支座设置两个E型钢考虑,每个桥墩上有四个E型钢。因此,保险销设计剪力为

$$540/4(\text{kN})<F<1\,540/4(\text{kN}) \tag{7.4—7}$$

即

$$135(\text{kN})<F<385(\text{kN}) \tag{7.4—8}$$

同时,为了保证在设计地震及罕遇地震等对桥梁结构有破坏作用的力下保险销能够在设计剪切力下剪断,使E型钢进入耗能状态,特意把保险销做成缺口结构,其细部如图7.4—10所示。

保险销剪切力在满足以上条件下,其开口直径满足:

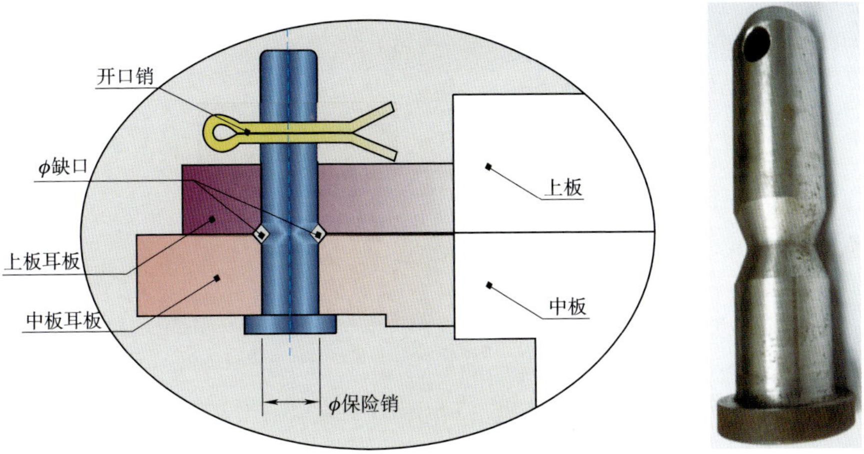

图 7.4—10　保险销细部

$$\tau=\frac{\frac{F}{2}\times 1.1}{\frac{\pi d^2}{4}}\leqslant\tau_b \tag{7.4—9}$$

式中　$\tau_b=\frac{\sigma_b}{\sqrt{3}}$；

σ_b——材料屈服应力。

(2)耳板的计算和校核

E 型钢的耗能是通过耳板和销轴与其连接的滑动板和活塞的相对运动来实现的(图 7.4—11)，中间耳板与活塞相连，侧耳板与滑动板相连。通常，耳板与滑动板和活塞的连接是通过焊接来实现的。根据滞变 E 型钢工作情况下受力情况，校核计算 E 型钢耳板受力。

滑动板侧耳板校核：

$$\sigma=\frac{F/2\times 1.15\times 1.1\times L_w}{hl^2}\leqslant\sigma_{all} \tag{7.4—10}$$

$$\tau=\frac{F/2\times 1.15\times 1.1}{hl}\leqslant\tau_{all} \tag{7.4—11}$$

$$\sigma_v=\sqrt{3\tau^2+\sigma^2}\leqslant\sigma_{all} \tag{7.4—12}$$

滑动板中间耳板及活塞耳板校核：

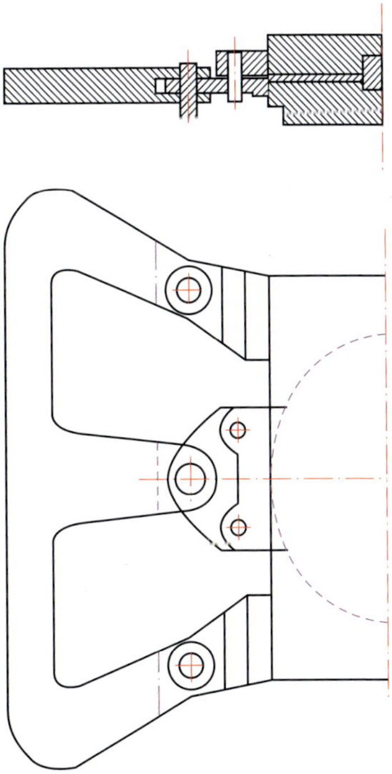

图 7.4—11　耳板形式及连接图

$$\sigma = \frac{F \times 1.15 \times 1.1 \times L_{\mathrm{w}}}{hl^2} \leqslant \sigma_{\mathrm{all}} \quad (7.4—13)$$

$$\tau = \frac{F \times 1.15 \times 1.1}{hl} \leqslant \tau_{\mathrm{all}} \quad (7.4—14)$$

$$\sigma_{\mathrm{v}} = \sqrt{3\tau^2 + \sigma^2} \leqslant \sigma_{\mathrm{all}} \quad (7.4—15)$$

式中　F——单片 E 型钢所受力；

L_{w}——焊接处离 E 型钢销孔中心距；

l——耳板焊接长度；

h——耳板厚度。

7.5　铁路简支梁桥采用滞变 E 型钢支座的地震响应分析

7.5.1　工程概况

某客货共线铁路桥，桥跨布置为 1×24 m + 19×32 m + 1×24 m 预应力混凝土单线简支梁，如图 7.5—1 所示。桥墩墩高 8.5 m 至 58 m，墩高 20 m 以下为实体墩，墩高 20 m 以上为空心墩，最高墩为 18 号墩，墩高为 58 m。基础采用 ϕ1.25 m 的摩擦桩，桩长 15 m 左右。桥址抗震设防烈度为 8 度，工程场地类型为Ⅱ类，地震动峰值加速度为 0.20g，反应谱特征周期为 0.45 s。

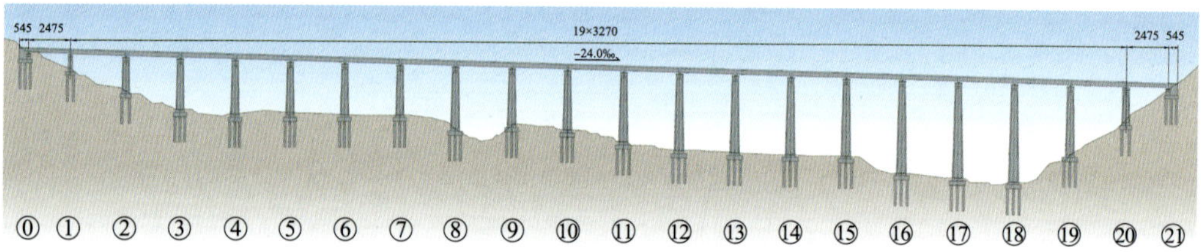

图 7.5—1　桥跨布置

后张法预应力混凝土单线简支梁为两片 T 梁组成的 π 形结构，滞变 E 型钢支座与 T 梁连接构造如图 7.5—2 所示。滞变 E 型钢支座的构造如 6.4 节所述。

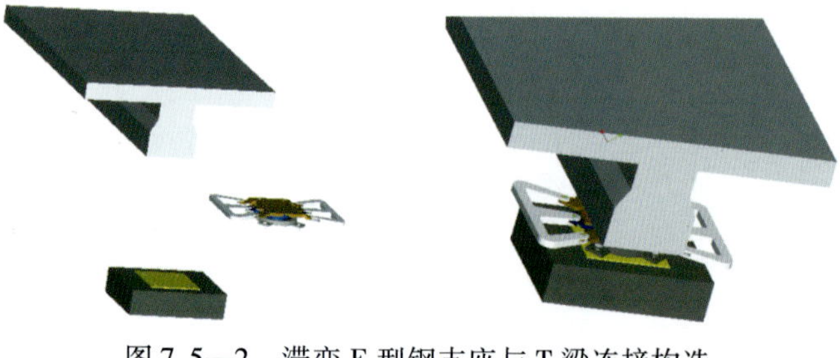

图 7.5—2　滞变 E 型钢支座与 T 梁连接构造

7.5.2 分析计算

建立全桥有限元模型(图7.5—3),运用有限元程序MIDAS模型进行分析。

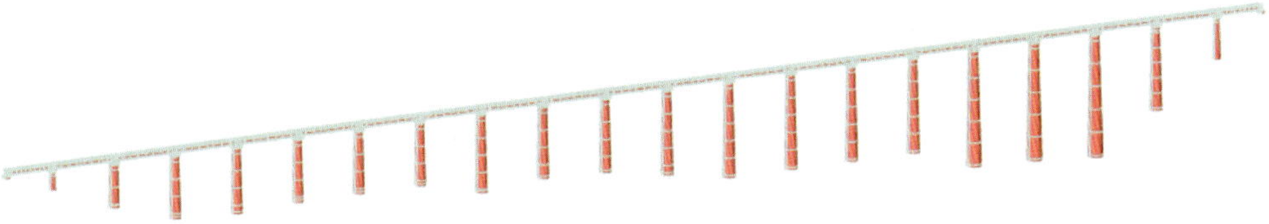

图7.5—3 全桥有限元模型

分析计算中发现,即使取相对较短的地震记录,计算时间也较长。考虑到全桥为多孔简支梁,各跨之间在地震荷载作用下相互影响较弱,故选择桥墩高度变化幅度最大的端部四跨进行分析,孔跨为3×32 m+1×24 m,桥墩的高度依次为56 m、58 m、40 m和19.5 m,相应墩台号为17号墩~21号台。分析模型如图7.5—4所示。

图7.5—4 有限元模型

模型全部采用梁单元建立,共320个单元,其中墩台60个单元,其余单元为主梁和支座垫石等。为便于计算,模型中的4个桥墩编号从左至右依次为1~4号,桥台为5号,顺次对应原桥中的17号~21号墩台。

简支梁一端布置多向活动支座,另一端布置固定型支座。固定型支座分别采用普通固定支座和滞变E型钢支座。简支梁一端布置多向活动支座,另一端布置普通固定支座工况,简称为采用普通支座;简支梁一端布置多向活动支座,另一端布置滞变E型钢支座工况,简称为采用滞变E型钢支座。

滞变E型钢支座用非线性单元来模拟。其中,设计地震作用时,1号~3号桥墩上所采用的滞变E型钢支座,有效刚度为6 833.33 kN/m、弹性刚度为28 500 kN/m、屈服力为 285 kN、屈服后刚度与弹性刚度之比为 0. 0877 2;4 号桥墩上所采用的滞变 E 型钢支座,有效刚度为 4 766. 67 kN/m、弹性刚度为 20 000 kN/m、屈服力为 200 kN、屈服后刚度与弹性刚度之比为 0. 086。罕遇地震作用时,全部桥墩上所采用的滞变 E 型钢支座,有效刚度为 6833. 33 kN/m、弹性刚度为 28 500 kN/m、屈服力为 285 kN、屈服后刚度与弹性刚度之比为 0. 0877 2。

选用 EL Centro 地震波进行分析。为了满足 8 度地区的设计地震和罕遇地震计算需要,依据 EL Centro 波的反应谱和该场地的设计地震谱,按照比例系数对 EL Centro 地震波进行了调整。调整后的 EL Centro 波的反应谱和该场地的设计地震谱如图 7. 5—5 和图 7. 5—6 所示。反应谱计算中,采用了 5% 的阻尼比。

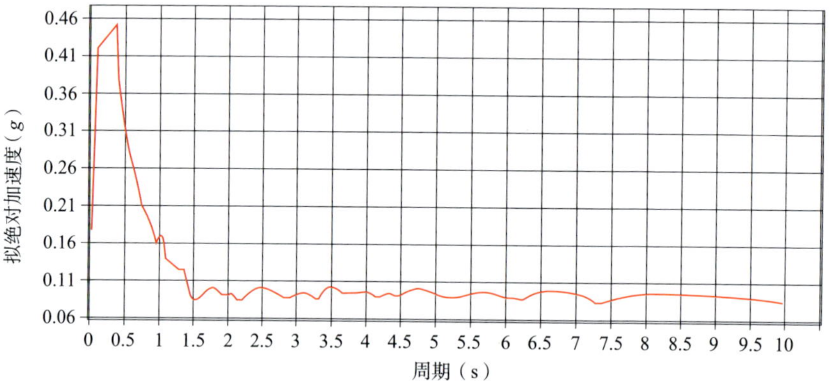

图 7. 5—5　调整后 EL Centro 波的反应谱

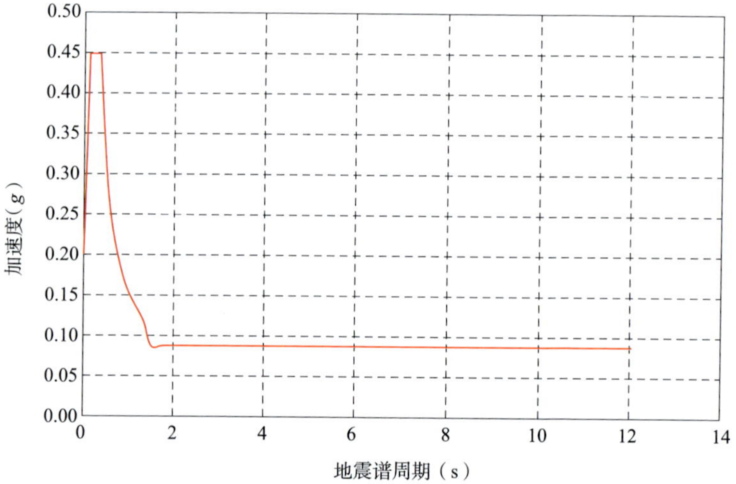

图 7. 5—6　场地设计地震谱

从图 7. 5—5 和图 7. 5—6 的对比可以发现,两个谱在 0. 4 ~ 1. 4 s 之间基本吻合,大于 1. 4s 后地震波生成的反应谱比设计地震谱略小一些。如果桥梁结构前几个模态的周期在这两个谱较吻合的周期内,则可以认为修正的 EL Centro 波满足计算要求。表7.5—1 和表 7.5—2 分别给出采用普通支座和采用滞变 E 型钢支座情况下桥梁结构前10 个模态的周期。从表中数据可以看出,无论是采用普通支座还是采用滞变 E 型钢支座,桥梁前 6 个模态的周期都落在谱值较吻合的周期内。

表 7.5—1 采用普通支座桥梁结构前 10 个模态的周期

模态号	1	2	3	4	5	6	7	8	9	10
周期(s)	0.86	0.83	0.67	0.63	0.44	0.42	0.20	0.17	0.12	0.047

表 7.5—2 采用滞变 E 型钢支座桥梁结构前 10 个模态的周期

模态号	1	2	3	4	5	6	7	8	9	10
周期(s)	1.13	1.11	1.04	0.84	0.55	0.51	0.39	0.20	0.17	0.061

1. 设计地震作用时内力

(1)采用普通支座

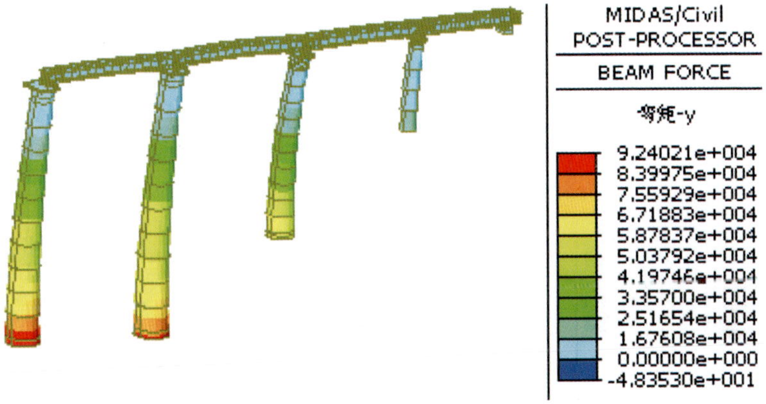

图 7.5—7 采用普通支座弯矩图(kN·m)

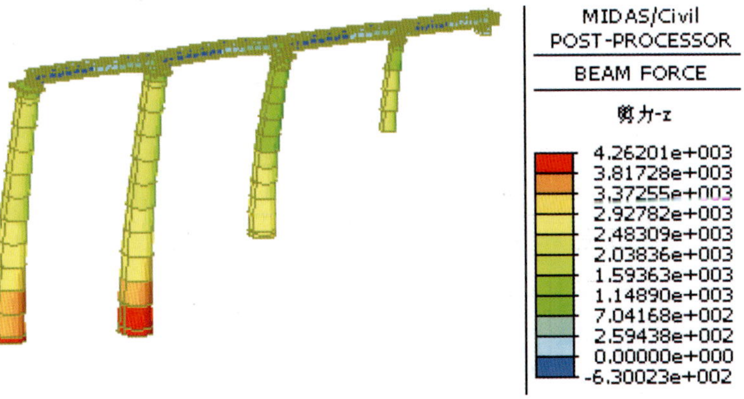

图 7.5—8 采用普通支座剪力图(kN)

(2)采用滞变 E 型钢支座

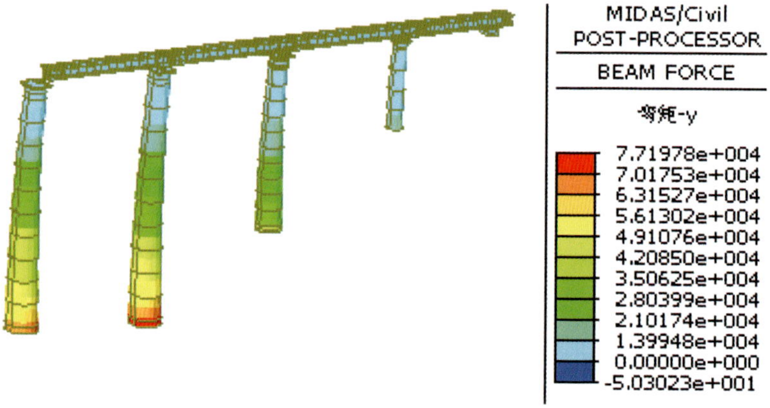

图 7.5—9　采用滞变 E 型钢支座弯矩图(kN·m)

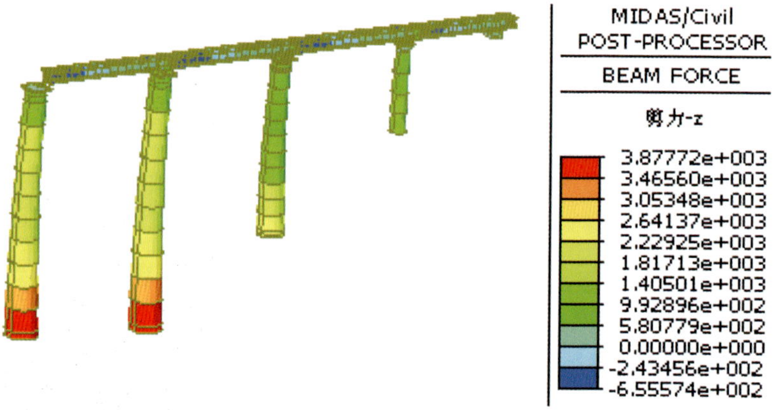

图 7.5—10　采用滞变 E 型钢支座剪力图(kN)

墩底最大弯矩及剪力如表 7.5—3 所示。

表 7.5—3　墩底最大内力比较

纵向墩底受力		普通支座	滞变 E 型钢支座	减少率(%)
1 号墩	墩底最大弯矩(kN·m)	92 402.10	69 855.70	24.40
	墩底最大剪力(kN)	3 948.80	3 807.30	3.58
2 号墩	墩底最大弯矩(kN·m)	86 783.80	77 197.80	11.05
	墩底最大剪力(kN)	4 262.00	3 877.70	9.02
3 号墩	墩底最大弯矩(kN·m)	56 840.20	37 247.50	34.47
	墩底最大剪力(kN)	3 051.00	2 194.00	28.09
4 号墩	墩底最大弯矩(kN·m)	23 245.10	17 612.80	24.23
	墩底最大剪力(kN)	1 692.70	1 268.30	25.07

为了直观形象地对比各墩受力的减少率,便于分析,将减少率示于图 7.5—11 中。

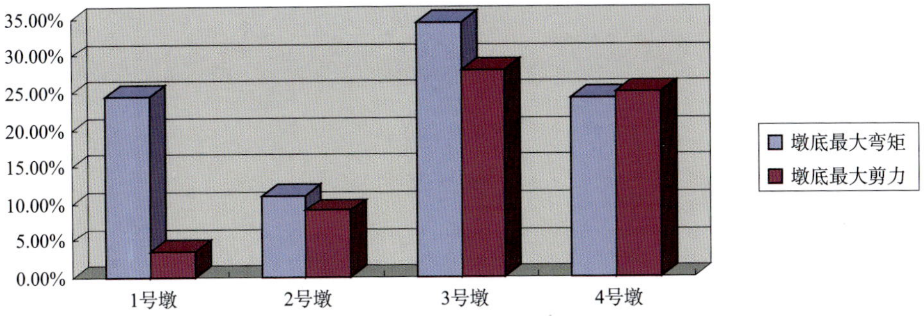

图 7.5—11　墩底内力减少比例

由图 7.5—11 可以看出，设置滞变 E 型钢支座可以有效减小高墩简支梁桥墩的最大弯矩及最大剪力，在设计地震作用时，部分减震效果超过 30%。

2. 设计地震作用时位移

(1)采用普通支座

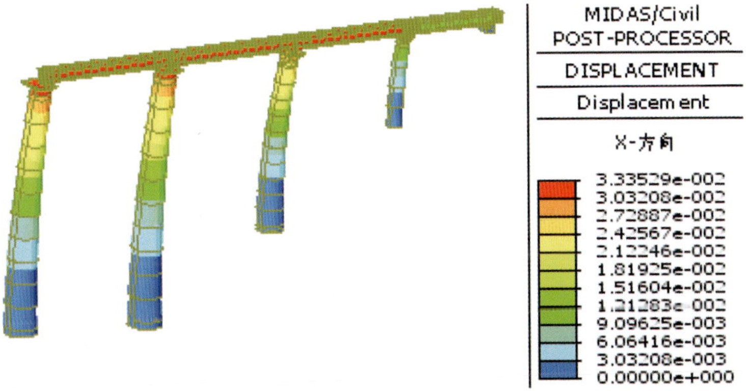

图 7.5—12　采用普通支座位移图(m)

(2)采用滞变 E 型钢支座

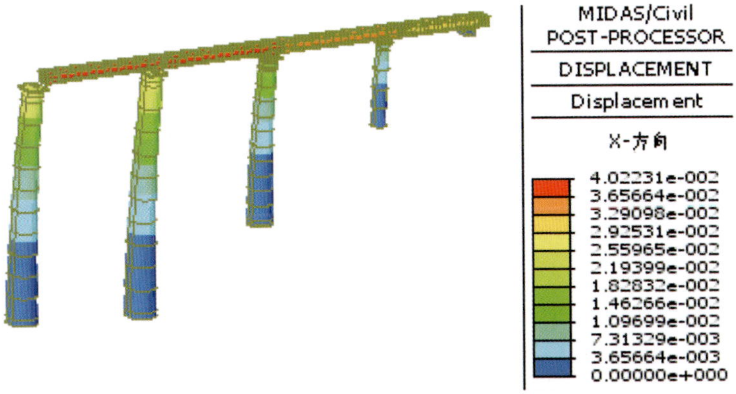

图 7.5—13　采用滞变 E 型钢支座位移图(m)

从图 7.5—12 和图 7.5—13 比较可知，采用滞变 E 型钢支座时，桥墩顶支座位移明显减少，梁位移增大。

为了解采用滞变 E 型钢支座时桥墩顶部位移时程（即墩顶部相对于地面的位移，简称墩顶相对位移）、梁相对于桥墩顶的位移时程（简称滞变 E 型钢支座位移或梁墩相对位移），以及滞变 E 型钢支座耗能情况，分别绘出各墩上滞变 E 型钢支座位移时程、墩顶相对位移和滞变 E 型钢支座滞回曲线。其中，图 7.5—14、图 7.5—17、图 7.5—20、图 7.5—23 分别为 1、2、3、4 号墩上滞变 E 型钢支座位移时程，图 7.5—15、图 7.5—18、图 7.5—21、图 7.5—24 分别为 1、2、3、4 号墩墩顶相对位移，图 7.5—16、图 7.5—19、图 7.5—22、图 7.5—25 分别为 1、2、3、4 号墩上滞变 E 型钢支座滞回曲线。

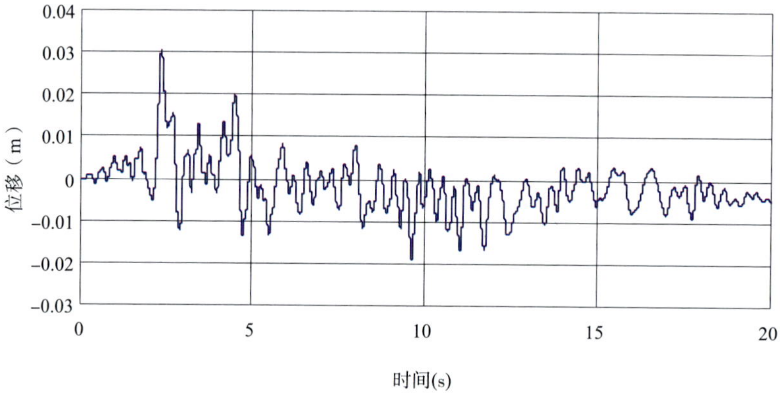

图 7.5—14　1 号墩顶滞变 E 型钢支座位移

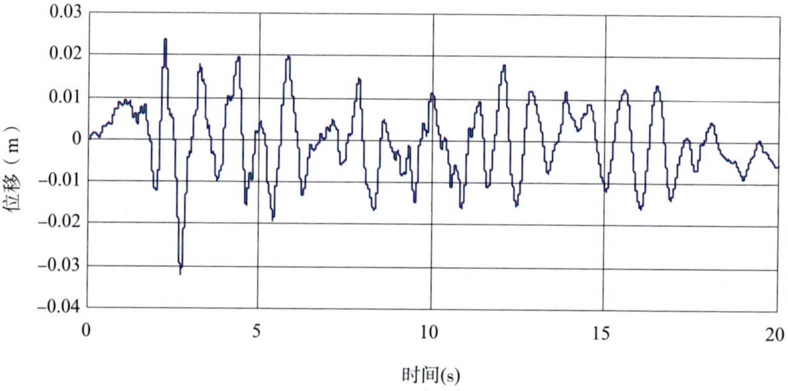

图 7.5—15　1 号墩顶相对位移

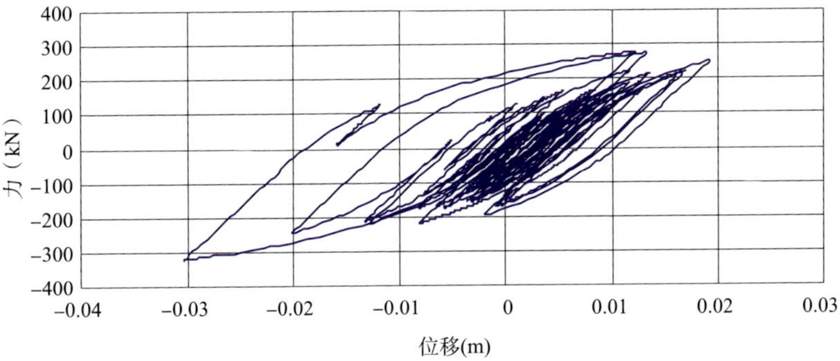

图 7.5—16　1 号墩顶滞变 E 型钢支座滞回曲线

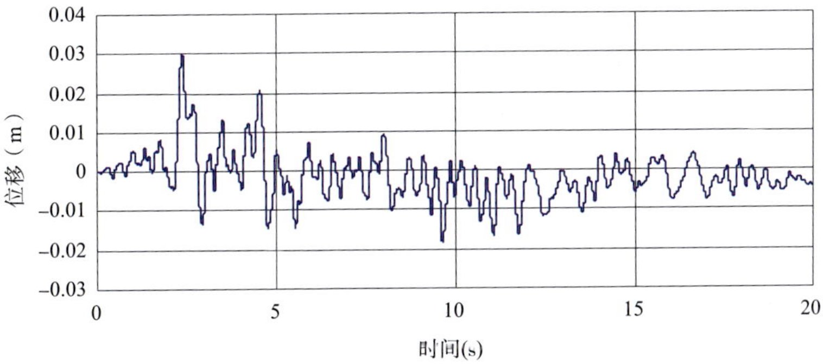

图 7.5—17　2 号墩顶滞变 E 型钢支座位移

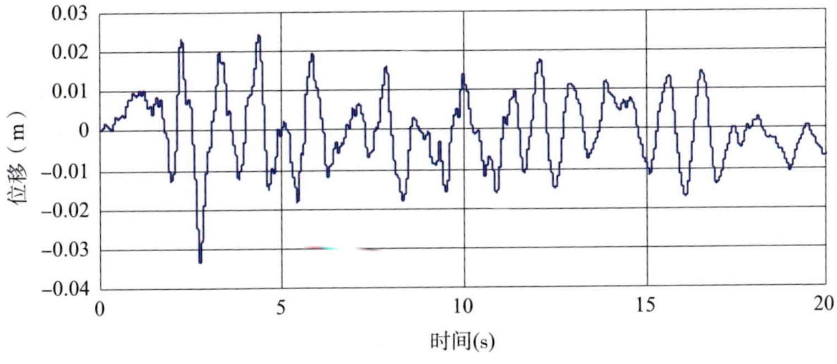

图 7.5—18　2 号墩顶相对位移

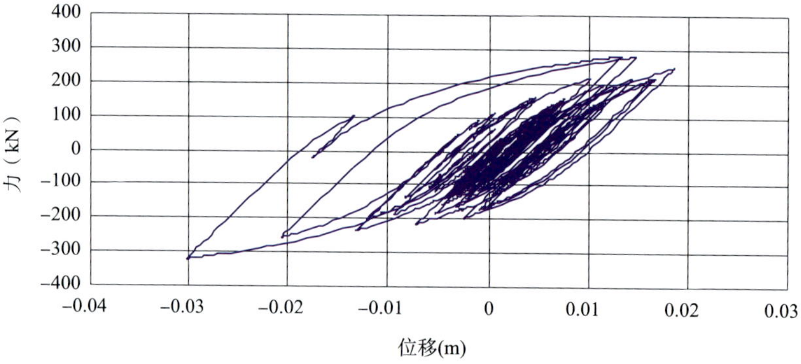

图 7.5—19　2 号墩顶滞变 E 型钢支座滞回曲线

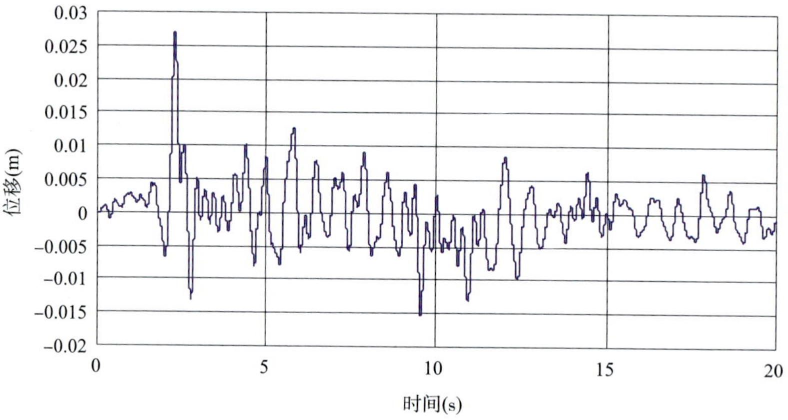

图 7.5—20　3 号墩顶滞变 E 型钢支座位移

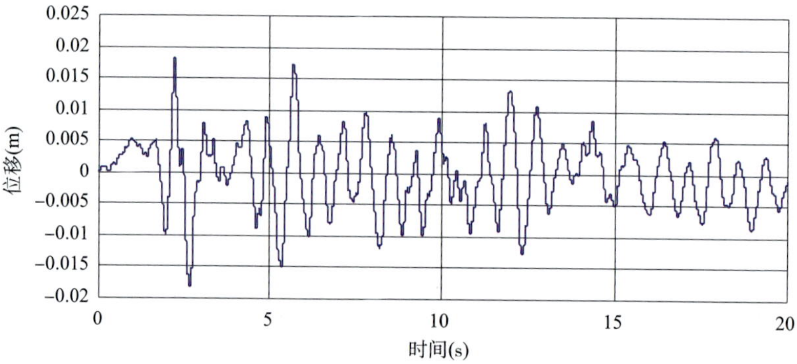

图 7.5—21　3 号墩顶相对位移

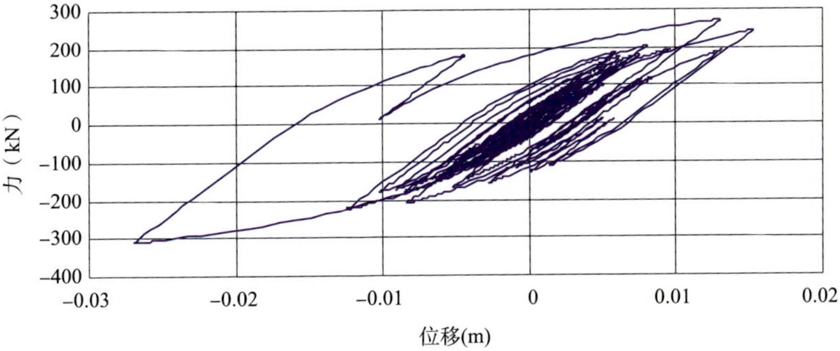

图 7.5—22 3 号墩顶滞变 E 型钢支座滞回曲线

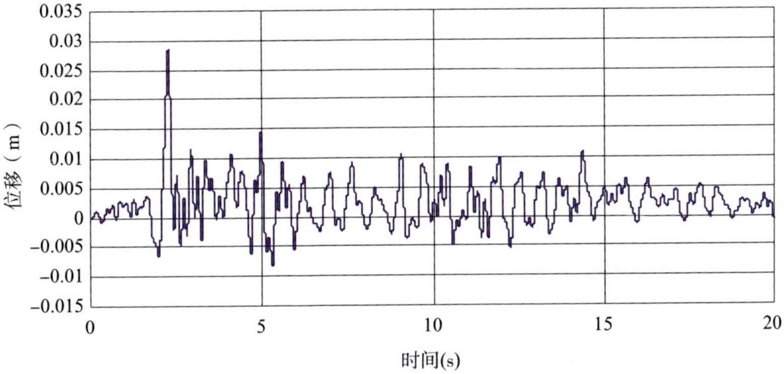

图 7.5—23 4 号墩顶滞变 E 型钢支座位移

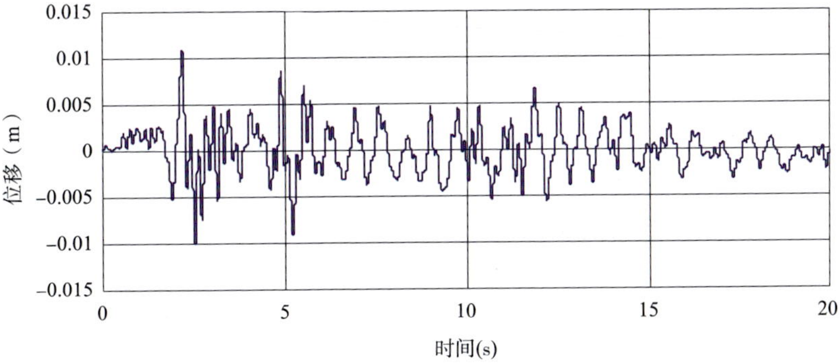

图 7.5—24 4 号墩顶相对位移

为了清楚地反映滞变 E 型钢支座对墩顶位移的贡献，将墩顶相对位移和滞变 E 型钢支座位移列于表 5.7—4 中。

由表 5.7—4 可以看出，滞变 E 型钢支座可以减小桥墩相对于地面的位移，最大可减小 40%。滞回曲线表明滞变 E 型钢支座耗散了部分能量。

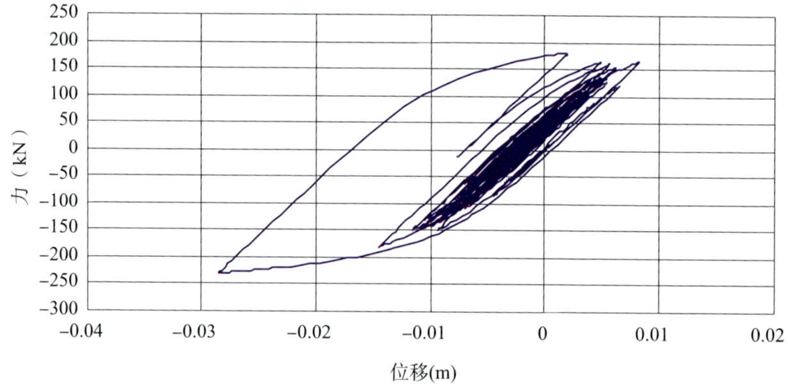

图 7.5—25　4 号墩顶滞变 E 型钢支座滞回曲线

表 5.7—4　墩顶相对位移和滞变 E 型钢支座位移(m)

桥墩号	普通支座墩顶相对位移	滞变 E 型钢支座墩顶相对位移	减少率(%)	滞变 E 型钢支座位移
1	0.032	0.024	25.00	0.031
2	0.032	0.024	25.00	0.030
3	0.030	0.018	40.00	0.027
4	0.014	0.011	21.43	0.028

3. 罕遇地震作用时内力

一般来说，在设计地震时主要验算结构强度，而在罕遇地震时主要验算结构塑性变形能力，所以罕遇地震时通常采用弹塑性分析。但由于本案例重点是分析滞变 E 型钢支座减隔震效果，为了简化，罕遇地震时仍然采用弹性分析。

(1)采用普通支座

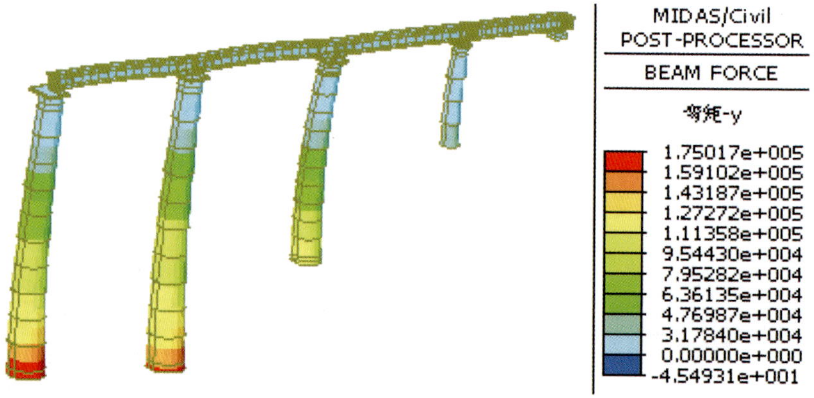

图 7.5—26　采用普通支座弯矩图(kN·m)

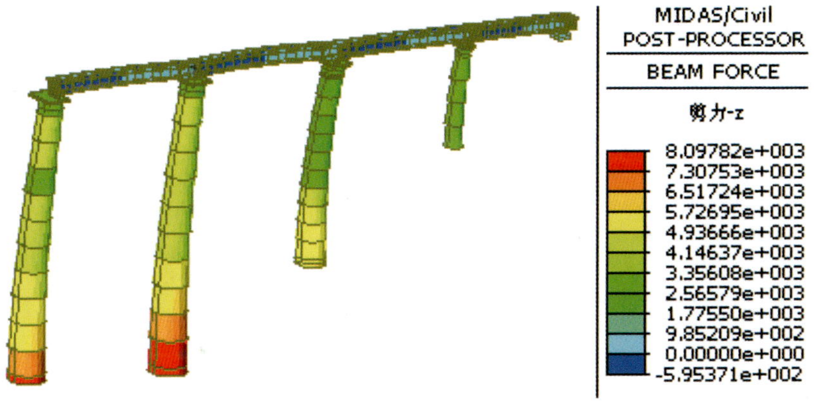

图 7.5—27 采用普通支座剪力图(kN)

(2)采用滞变 E 型钢支座

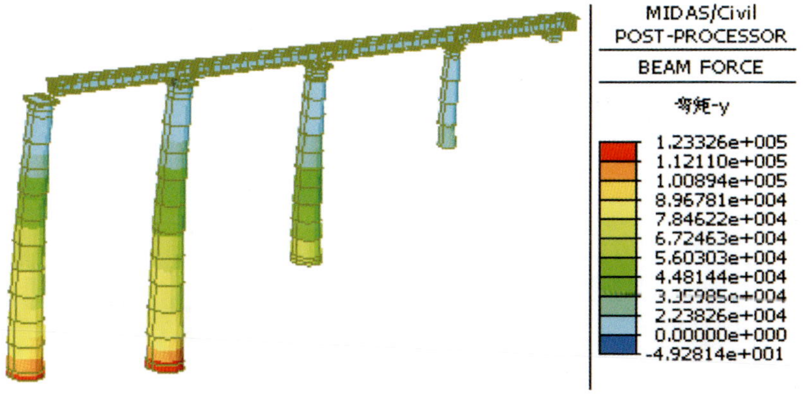

图 7.5—28 采用滞变 E 型钢支座弯矩图(kN·m)

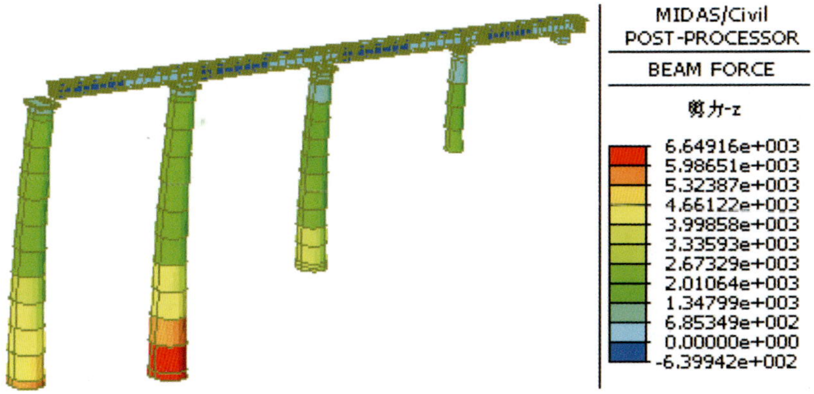

图 7.5—29 采用滞变 E 型钢支座剪力图(kN)

墩底最大弯矩及剪力如表 7.5—5 所示。

表 7.5—5　墩底最大内力比较

纵向墩底受力		普通支座	滞变 E 型钢支座	减少率(%)
1 号墩	墩底最大弯矩(kN·m)	175 016.70	118 383.40	32.36
	墩底最大剪力(kN)	7 504.50	5 899.90	21.38
2 号墩	墩底最大弯矩(kN·m)	164 891.10	123 325.90	25.21
	墩底最大剪力(kN)	8 097.80	6 649.20	17.89
3 号墩	墩底最大弯矩(kN·m)	108 000.10	67 815.60	37.21
	墩底最大剪力(kN)	5 796.80	3 179.30	45.15
4 号墩	墩底最大弯矩(kN·m)	44 315.10	33 501.00	24.40
	墩底最大剪力(kN)	3 214.20	2 029.30	36.86

为了直观形象地对比各墩受力的减少率，便于分析，将减少率示于图 7.5—30 中。

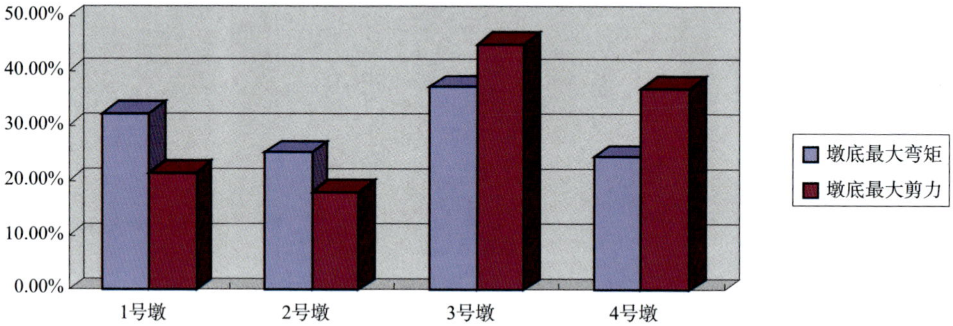

图 7.5—30　墩底内力减少率

由图 7.5—30 可以看出，设置滞变 E 型钢支座可以有效减小高墩简支梁桥墩的最大弯矩及最大剪力，在设计地震作用时，部分减震效果超过 45%。

图 7.5—31 所示为设计地震和罕遇地震时滞变 E 钢支座降低墩底内力的能力。从图中可以看出，罕遇地震时，滞变 E 型钢支座降低墩身内力的能力比设计地震时强，也就是说地震越大，滞变 E 型钢支座的效果越好。一般随着桥墩高度的增加，滞变 E 型钢支座降低内力的能力有减小的趋势，但是对于一个特定的墩高，滞变 E 型钢支座降低内力的能力取决于此墩的自振周期和输入地震波的卓越周期。

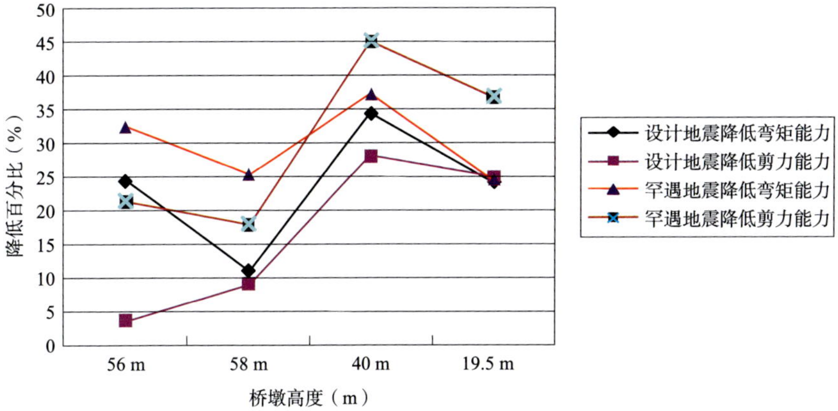

图 7.5—31　滞变 E 型钢支座降低内力能力对比

4. 罕遇地震作用时位移

(1)采用普通支座

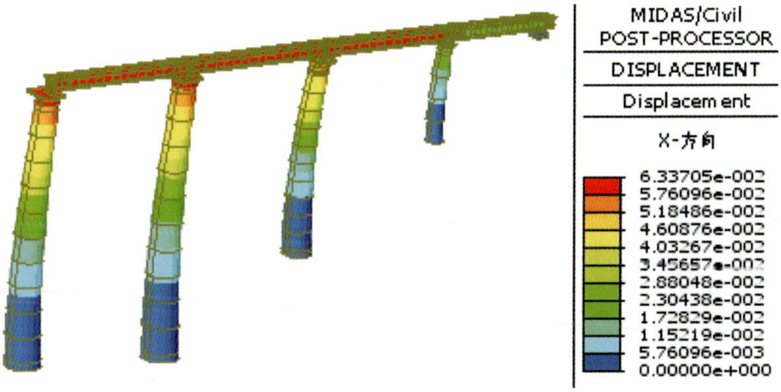

图 7.5—32　采用普通支座位移图(m)

(2)采用滞变 E 型钢支座

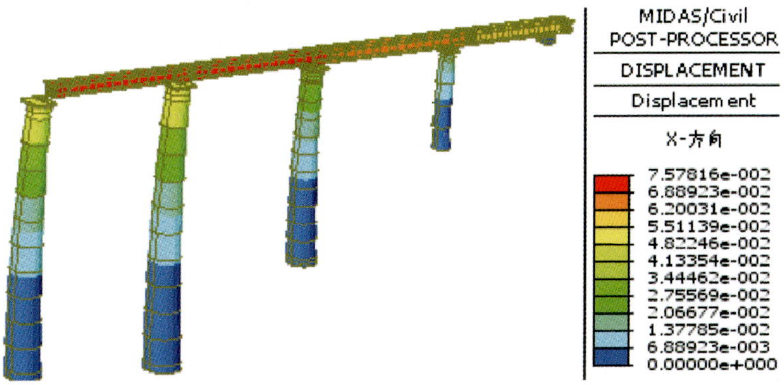

图 7.5—33　采用滞变 E 型钢支座位移图(m)

比较图 7.5—32 和图 7.5—33 可知，采用滞变 E 型钢支座后，桥墩顶支座位移明显减少，梁位移增大。

图 7.5—34、图 7.5—37、图 7.5—40、图 7.5—43 分别为 1、2、3、4 号墩上滞变 E 型钢支座位移时程，图 7.5—35、图 7.5—38、图 7.5—41、图 7.5—44 分别为 1、2、3、4 号墩

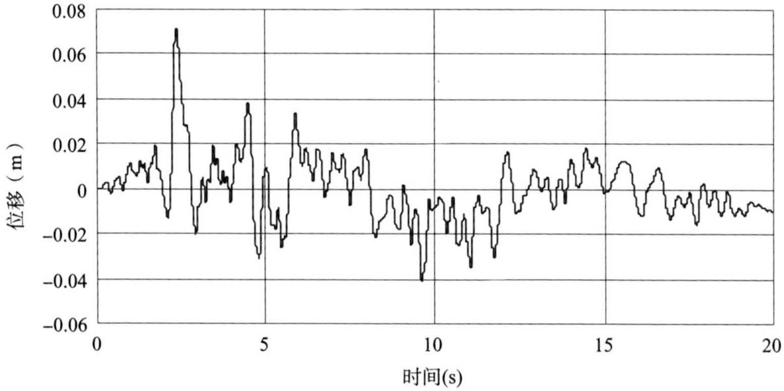

图 7.5—34　1 号墩顶滞变 E 型钢支座位移

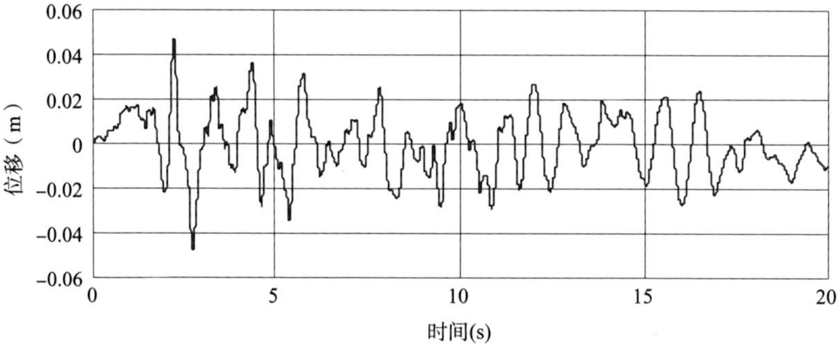

图 7.5—35　1 号墩顶相对位移

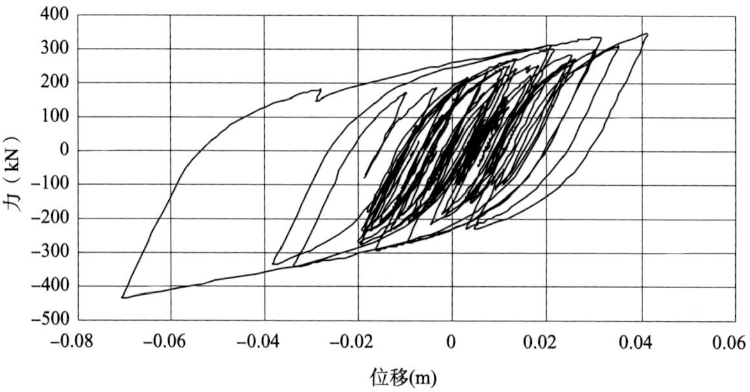

图 7.5—36　1 号墩顶滞变 E 型钢支座滞回曲线

墩顶相对位移,图 7.5—36、图 7.5—39、图 7.5—42、图 7.5—45 分别为 1、2、3、4 号墩上滞变 E 型钢支座滞回曲线。

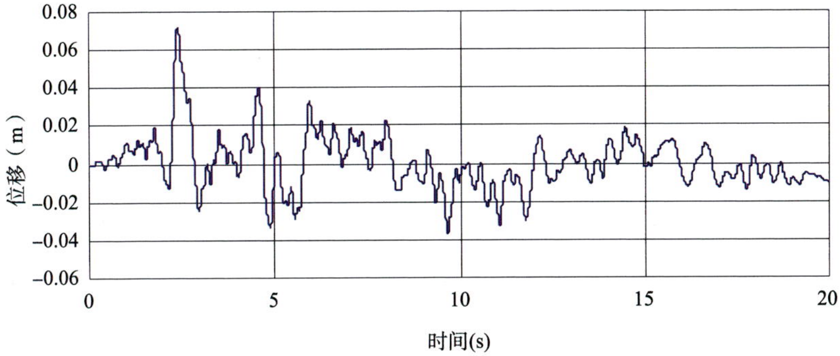

图 7.5—37　2 号墩顶滞变 E 型钢支座位移

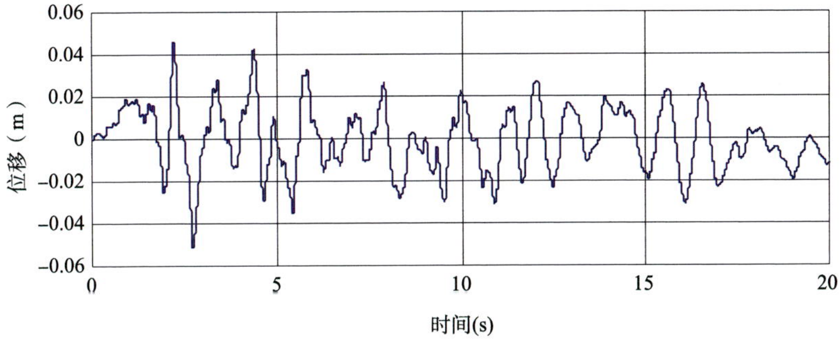

图 7.5—38　2 号墩顶相对位移

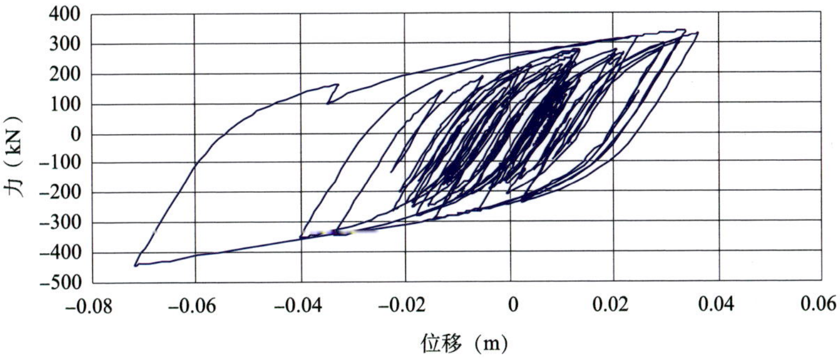

图 7.5—39　2 号墩顶滞变 E 型钢支座滞回曲线

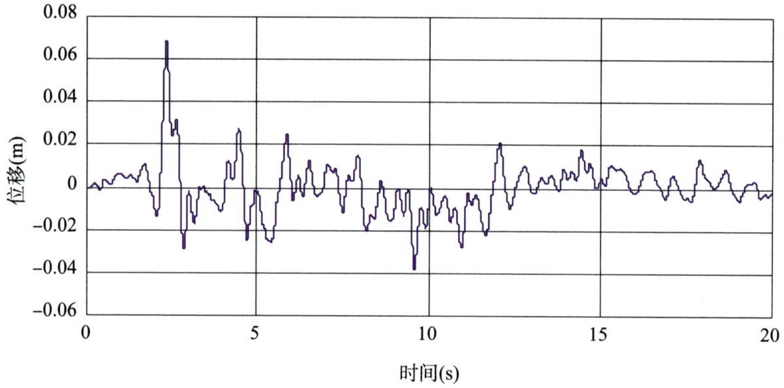

图 7.5—40　3 号墩顶滞变 E 型钢支座位移

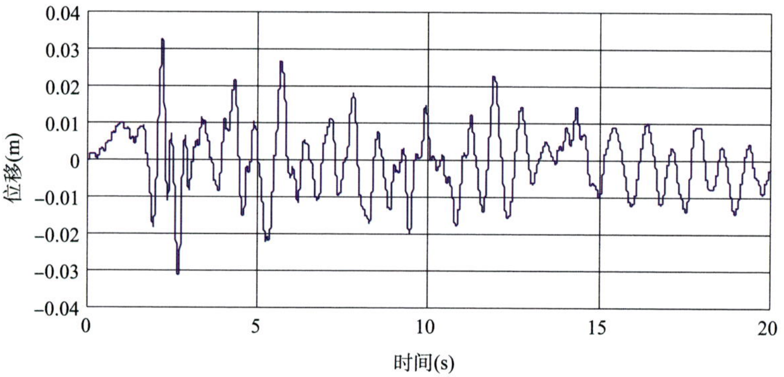

图 7.5—41　3 号墩顶相对位移

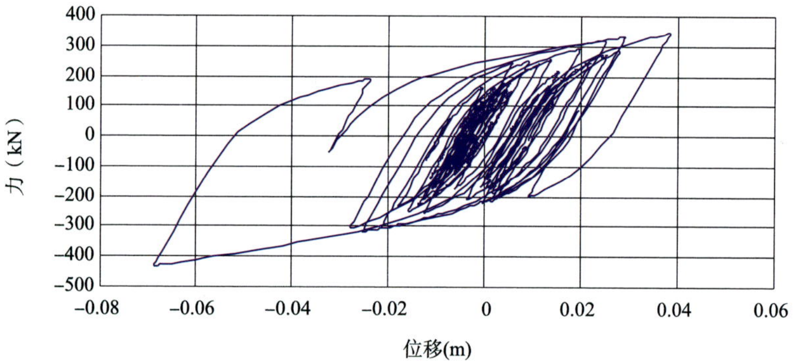

图 7.5—42　3 号墩顶滞变 E 型钢支座滞回曲线

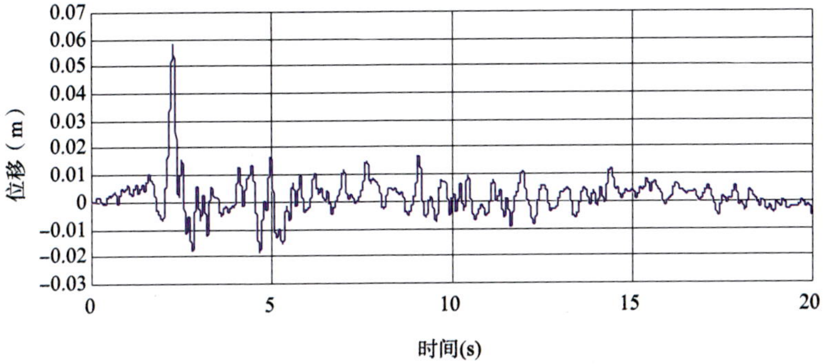

图 7.5—43　4 号墩顶滞变 E 型钢支座位移

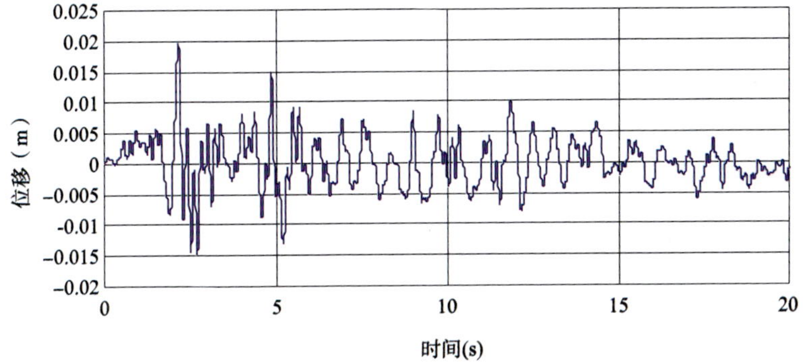

图 7.5—44　4 号墩顶相对位移

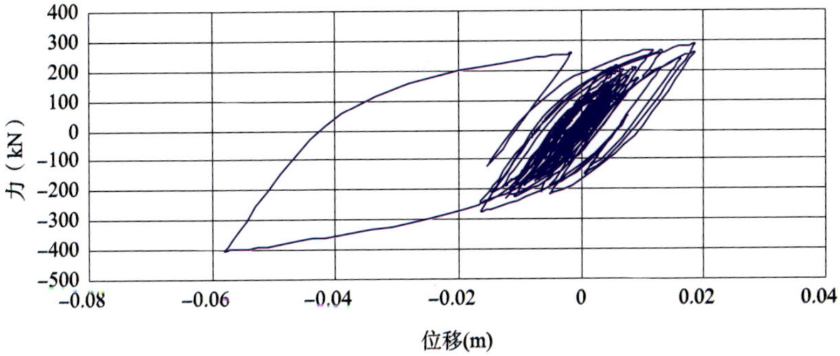

图 7.5—45　4 号墩顶滞变 E 型钢支座滞回曲线

为了清楚地反映滞变 E 型钢支座对墩顶位移的贡献，将墩顶相对位移和滞变 E 型钢支座位移列于表 7.5—6 中。

表 7.5—6　墩顶相对位移和滞变 E 型钢支座位移(m)

桥墩号	普通支座墩顶相对位移	滞变 E 型钢支座墩顶相对位移	减少率(%)	滞变 E 型钢支座位移
1	0.061	0.046	24.59	0.070
2	0.061	0.046	24.59	0.072
3	0.057	0.033	42.11	0.067
4	0.027	0.020	25.93	0.057

由表 7.5—6,以及表 7.5—4 与表 7.5—6 的比较可以看出,滞变 E 型钢支座可以减小桥墩相对于地面的位移,但滞变 E 型钢支座减小墩顶位移的能力与地震力大小没有明显的相关性。随着地震力的增加,滞变 E 型钢支座的位移明显增加。从图 7.5—35、图 7.5—38、图 7.5—41、图 7.5—44 所示滞回曲线图,以及其与图 7.5—16、图 7.5—19、图 7.5—22、图 7.5—25 所示滞回曲线图的比较可以看出,随着地震力的增加,滞变 E 型钢支座耗散的地震能量明显增加。

由表 7.5—6 可以看出,在罕遇地震下,高度较大桥墩上的滞变 E 型钢支座的最大位移大于其最大设计位移 60 mm,表明实际发生罕遇地震时,桥墩部分墩身会进入塑性状态,以耗散超过滞变 E 型钢支座变形量的那部分能量。

7.5.3　结　　论

(1)滞变 E 钢支座能有效减小地震作用时桥墩的弯矩和剪力;

(2)滞变 E 型钢支座适合于不同墩高的桥墩,且无论是设计地震还是罕遇地震,滞变 E 型钢支座均能够发挥良好的减震效果;

(3)随着桥墩高度的增加,滞变 E 型钢支座降低内力的能力有减小的趋势;

(4)滞变 E 型钢支座的滞回曲线显示其具有良好的耗能作用;

(5)在简支梁桥上设置滞变 E 型钢支座时,需要结合桥梁关键部位地震反应和滞变 E 型钢支座的地震反应进行综合分析,使得桥墩墩底内力减小的同时,滞变 E 型钢支座位移也在适当的范围之内。

7.6　高烈度地震区高速铁路桥梁采用摩擦摆式支座的地震响应分析

7.6.1　参数选择

摩擦摆式支座的基本设计参数包括减隔震周期、最大水平力、初始刚度 K_1、二次刚度 K_2、等效水平刚度、等效阻尼比、支座滑板摩擦系数、支座竖向反力 W、预设减隔震周期 T、球面的曲率半径 R、支座的最大地震位移 D 和滑动面摩擦系数 μ 等,其中 K_2 为桥墩和摩擦摆式支座的串联刚度,当桥墩刚度远大于支座刚度时,取支座刚度。

在支座设计时,首先根据支座竖向反力 W 确定支座球面滑动面的平面尺寸,预设减隔震周期 T 通常为结构自振周期的一倍以上,通过预设减隔震周期 T 可以计算球面的曲率半径 R。在确定了以上各项参数后,摩擦摆式支座的双线性模型的各项参数就可以确定。然后可通过时程分析计算桥梁的地震响应,计算出作用于下部结构的地震力和位移,必要时可以对支座的设计参数进行调整。

7.6.2 工程概况

某高速铁路桥梁,桥跨布置为 24 m + 6 × 32 m + 24 m 预应力混凝土双线简支梁,如图 7.6—1 所示。桥墩编号从左至右依次为 1 号 ~7 号,梁端桥台分别为 0 号和 8 号,桥墩的高度依次为 7.5 m、14.5 m、21 m、22.5 m、27.5 m、31 m、19.5 m。除 4 号、5 号和 6 号桥墩为混凝土空心桥墩外,其他桥墩截面均为混凝土实心桥墩。基础采用 ϕ1.25 m 的钻孔桩,桩长 10 m 左右。桥址抗震设防烈度为 8 度,属于Ⅱ类场地,地震动峰值加速度为 0.3g,地震反应谱特征周期为 0.40 s。

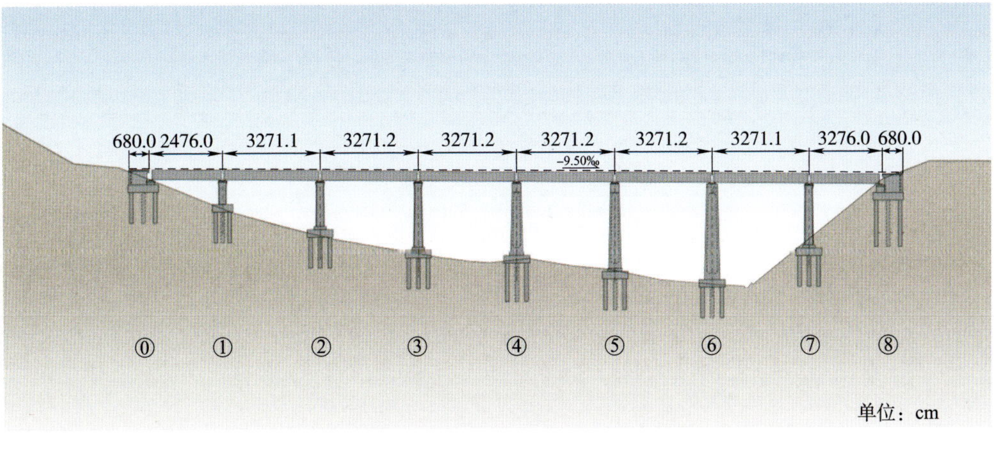

图 7.6—1 某高速铁路桥梁桥跨布置

预应力混凝土简支梁为单箱单室等高度双线整孔箱梁,梁端顶板、底板及腹板局部向内侧加厚。桥梁宽 12.0 m,图 7.6—2 为梁体横断面图。简支梁自重及上部二期恒载总共约 9 500 kN。

7.6.3 分析计算

1. 模型及参数

计算以全桥为对象,考虑相邻桥跨之间的地震响应相互影响。地震作用下箱梁和桥墩保持弹性状态,故桥墩和主梁均采用线性梁单元模拟。桥墩下端采用固定约束,忽

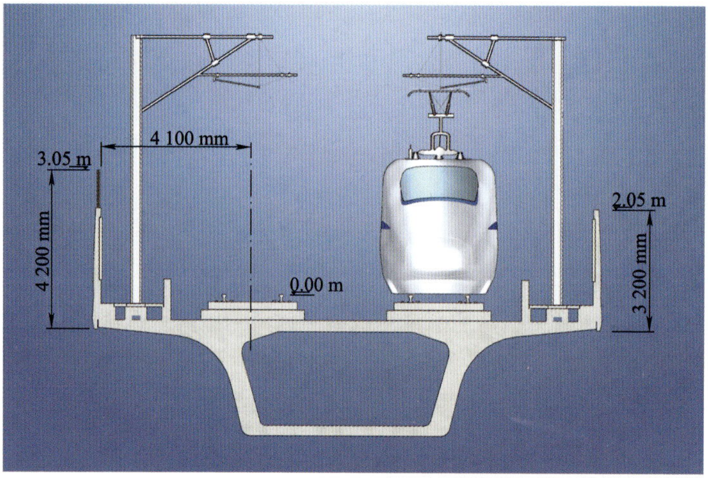

图 7.6—2　梁体横断面

略土与结构之间的相互作用。桥墩与箱梁之间用非线性弹簧连接模拟支座的作用，摩擦摆式支座和普通支座均考虑摩擦耗能的作用。全桥计算模型共用 612 个线弹性梁单元和 16 个支座弹簧单元，每跨主梁划分为 20 个弹性梁单元，每个桥墩也同样划分为 20 个弹性梁单元，考虑相对比较高阶的振型影响。计算模型除了考虑结构本身自重外，计入桥面二期恒载。图 7.6—3 为桥梁的有限元模型计算示意图。

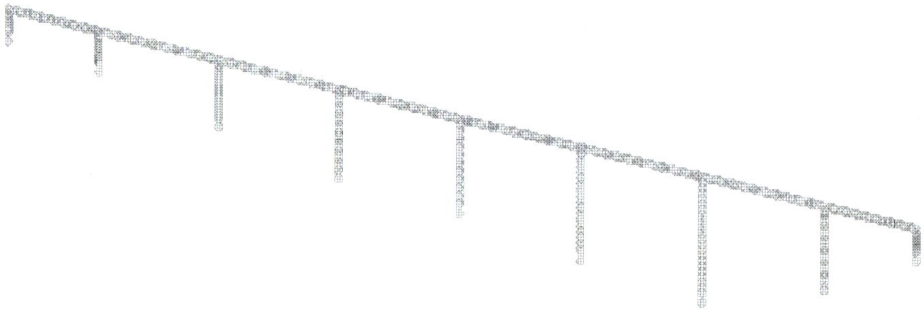

图 7.6—3　计算模型示意

简支梁一端布置固定型支座，另一端布置多向活动支座。固定型支座分别采用普通固定支座和不同摩擦系数的摩擦摆式纵向活动支座，并进行对比分析。简支梁一端布置普通固定支座，另一端布置摩擦系数为 0.03 的滑动支座工况简称为采用普通支座；简支梁一端布置摩擦摆式活动支座，另一端布置摩擦系数为 0.03 的滑动支座工况简称为采用摩擦摆式支座。

摩擦摆式支座滑动面等效曲率半径 R 均取 1.5 m；支座摩擦系数按照动摩擦系数和静摩擦系数相同考虑，摩擦系数取值见表 7.6—1。

表 7.6—1 支座摩擦系数

计 算 模 型	固 定 型 支 座	活 动 支 座
普通支座	普通固定支座	0.03
摩擦摆式支座	0.03	0.03
	0.06	0.03
	0.08	0.03

摩擦摆式支座的设计参数如图 7.6—4 所示。计算采用双直线计算模型,屈服位移均为 0.001 m,摩擦系数 0.03、0.06 和 0.08 所对应的屈服力分别为 164.87 kN、329.74 kN和 439.65 kN。二次刚度均取 3 676.02 kN/m。

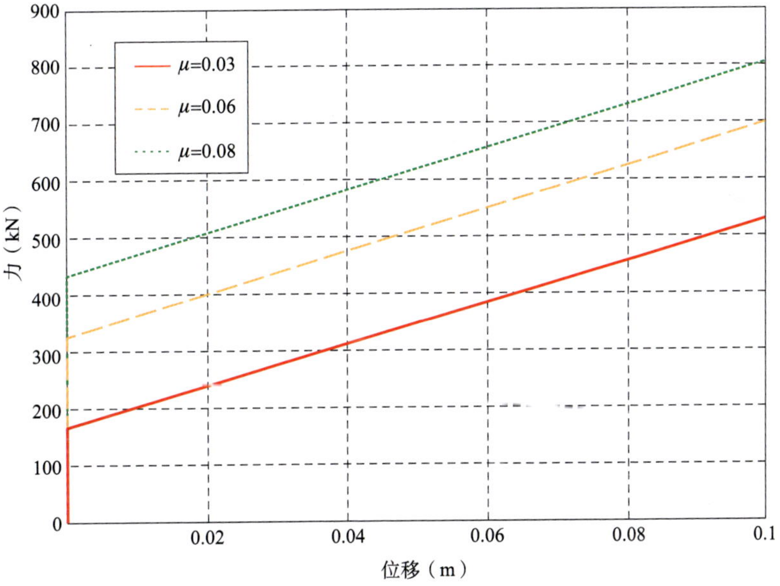

图 7.6—4 摩擦摆式支座力—位移曲线

滑动支座也采用双直线计算模型,滑动力作为屈服力,取屈服位移为 0.001 m。滑动刚度(双直线的二次刚度)为 3 676.02 kN/m。

计算模型中的结构阻尼采用 Rayleigh 阻尼,取系数 α 为 0.4,β 为 0.001,图 7.6—5 为结构阻尼比随频率变化的曲线,在结构主要自振频率范围阻尼比大致为 2% ~ 3%。

顺桥向计算时,地震荷载沿桥的纵向分别施加在每个桥墩的底部节点上。横桥向计算时,地震荷载沿桥的横向分别施加在每个桥墩的底部节点上。图 7.6—6 所示为地震波的加速度时程曲线,其反应谱曲线与设计目标反应谱的对比如图 7.6—7 所示,计算采用的地震波与设计目标反应谱基本吻合。

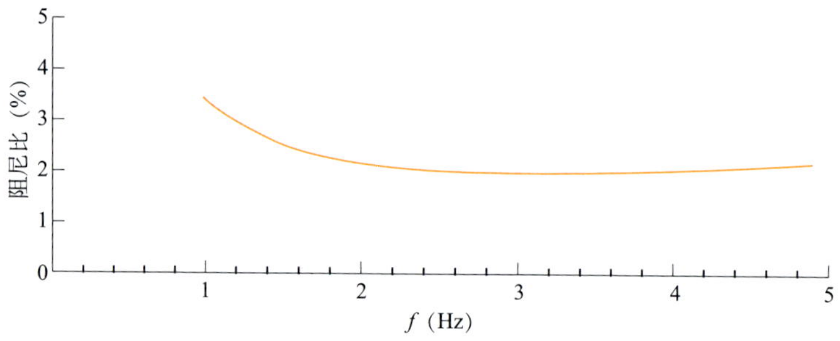

图 7.6—5　阻尼比取值

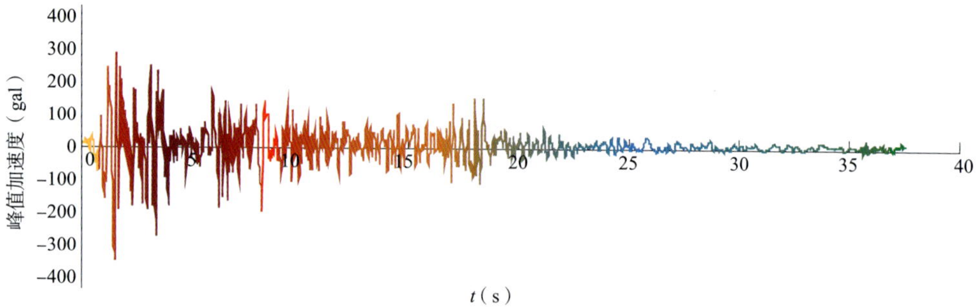

图 7.6—6　地震加速度时程曲线

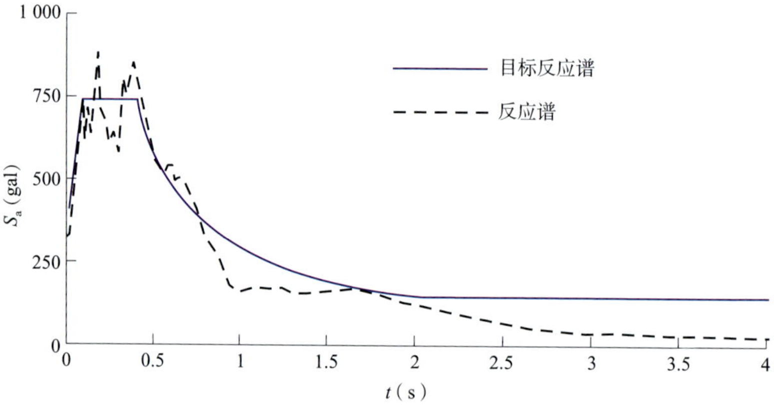

图 7.6—7　加速度反应谱比较

2. 纵桥向计算

(1)墩顶位移

表 7.6—2 为采用普通支座以及采用不同摩擦系数($\mu = 0.03$、0.06、0.08)的摩擦摆式支座时的墩顶最大位移。

表 7.6—2 墩顶纵向位移(单位:cm)

墩号 \ 摩擦系数	固定支座	0.03	0.06	0.08
1	0.79	0.08	0.10	0.12
2	3.64	0.53	0.61	0.75
3	6.30	0.98	1.04	1.25
4	6.85	1.10	1.19	1.44
5	4.17	0.80	0.91	0.99
6	6.12	0.96	0.98	1.12
7	6.28	1.00	1.12	1.31

为进一步分析不同摩擦系数的摩擦摆式支座对墩顶位移的影响,将表 7.6—2 中的数据绘成图 7.6—8 所示形式进行对比分析。

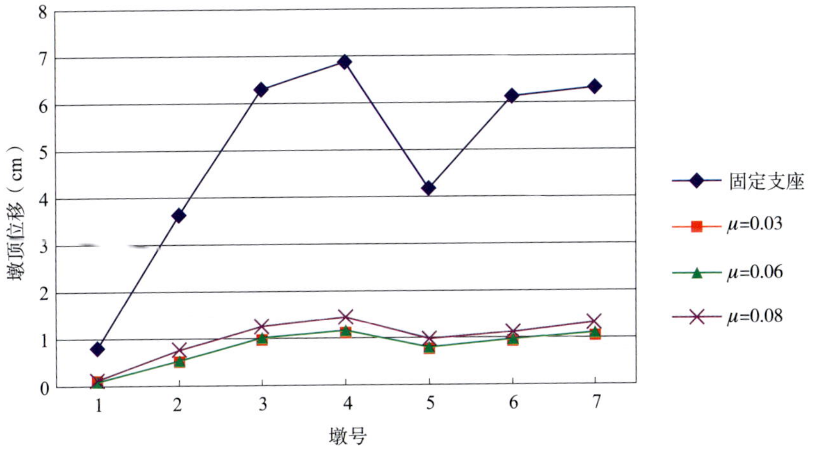

图 7.6—8 墩顶纵向位移

由图 7.6—8 可以看出,采用摩擦摆式支座后,墩顶位移明显减小,减震效果明显,但摩擦系数的影响非常小。

为进一步分析不同摩擦系数的摩擦摆式支座对桥梁的减震效果,表 7.6—3 给出了计算模型在不同摩擦系数($\mu=0.03$、0.06、0.08)时墩顶位移相对变化值及百分比,表中百分比为墩顶位移相对变化值(即表中简称的变化值),与表 7.6—2 中固定支座时墩顶纵向位移值的百分比(后同)。由表中结果可以看出,支座摩擦系数为 0.03 时的墩顶位移最大减小了 85.44%,支座摩擦系数为 0.06 时的墩顶位移减小了 83.99%,支座摩擦系数为 0.08 时的墩顶位移减小了 81.70%。摩擦摆式支座的减震效果很明显。

表 7.6—3　墩顶位移相对变化值对比数据(单位:cm)

墩号＼摩擦系数	0.03		0.06		0.08	
	变化值	百分比	变化值	百分比	变化值	百分比
1	0.71	89.87%	0.69	87.34%	0.67	84.81%
2	3.11	85.44%	3.03	83.24%	2.89	79.40%
3	5.32	84.44%	5.26	83.49%	5.05	80.16%
4	5.75	83.94%	5.66	82.63%	5.41	78.98%
5	3.37	80.82%	3.26	78.18%	3.18	76.26%
6	5.16	84.31%	5.14	83.99%	5.00	81.70%
7	5.28	84.08%	5.16	82.17%	4.97	79.14%

图 7.6—9 所示为不同支座摩擦系数($\mu = 0.03$、0.06、0.08)工况下的墩顶位移相对变化值对比。

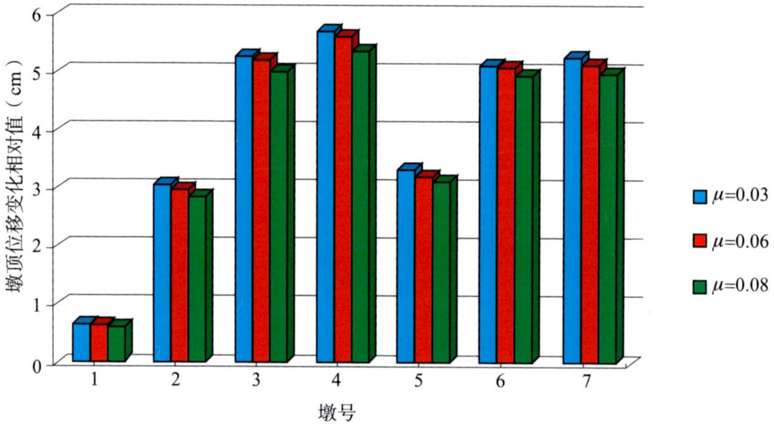

图 7.6—9　墩顶位移相对变化值对比

由图 7.6—9 可以看出,随着摩擦系数取值的增大,墩顶位移相对变化值总体上有所减小,但相差不明显。

(2)支座相对位移

表 7.6—4 所示为采用普通支座以及采用不同摩擦系数($\mu = 0.03$、0.06、0.08)的摩擦摆式支座时的支座相对位移。

为进一步分析不同摩擦系数的摩擦摆式支座对桥梁的减震效果,将表 7.6—5 中数据绘成图 7.6—10 所示形式进行对比分析。

表 7.6—4 支座相对位移(单位:cm)

支座号 \ 摩擦系数	固定支座	0.03	0.06	0.08
1	0.000	2.768	2.420	2.246
2	0.828	2.714	2.389	2.175
3	0.000	3.993	3.487	3.357
4	4.097	3.934	3.337	3.018
5	0.000	4.554	4.115	3.388
6	7.185	4.391	3.776	3.188
7	0.000	5.026	4.149	3.765
8	2.534	5.052	4.134	3.416
9	0.000	4.755	4.092	3.699
10	8.330	5.002	4.510	4.359
11	0.000	4.848	4.515	3.688
12	6.260	4.887	4.460	3.816
13	0.000	5.143	5.091	4.165
14	0.454	4.693	4.734	3.934
15	0.000	3.693	3.349	2.876
16	6.378	4.111	3.546	3.249

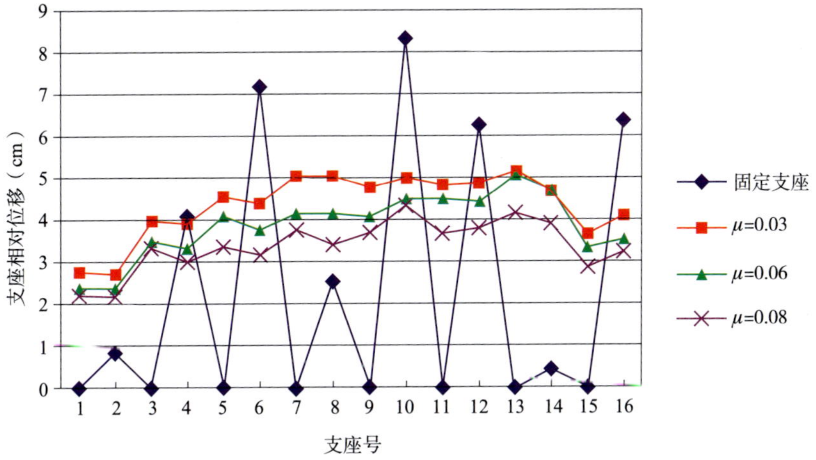

图 7.6—10 支座相对位移

由图 7.6—10 中的曲线变化趋势可以看出,采用摩擦摆式支座后,原固定端的支座位移明显增大,在桥梁中部的滑动支座相对位移则有较大的减小。此外,随着支座摩擦系数的增大，支座相对位移呈减小趋势，但减小幅度较小。

(3)墩底剪力

表 7.6—5 所示为采用普通支座以及采用不同摩擦系数($\mu=0.03$、0.06、0.08)的摩擦摆式支座时的墩底剪力。

表 7.6—5　墩底剪力(单位：kN)

墩号 \ 摩擦系数	固定支座	0.03	0.06	0.08
1	10 525.87	1 676.42	1 822.03	2 164.99
2	9 732.50	1 965.96	2 118.23	2 400.64
3	9 070.16	2 796.58	2 712.96	2 571.50
4	8 327.03	3 019.18	3 016.17	3 130.77
5	10 397.25	2 968.06	3 182.25	3 356.65
6	11 841.65	3 451.68	3 311.65	3 154.56
7	8 955.46	2 196.24	2 296.88	2 444.27

为进一步分析不同摩擦系数的摩擦摆式支座对桥梁的减震效果，将表 7.6—5 中的数据绘成图 7.6—11 所示形式进行对比分析。

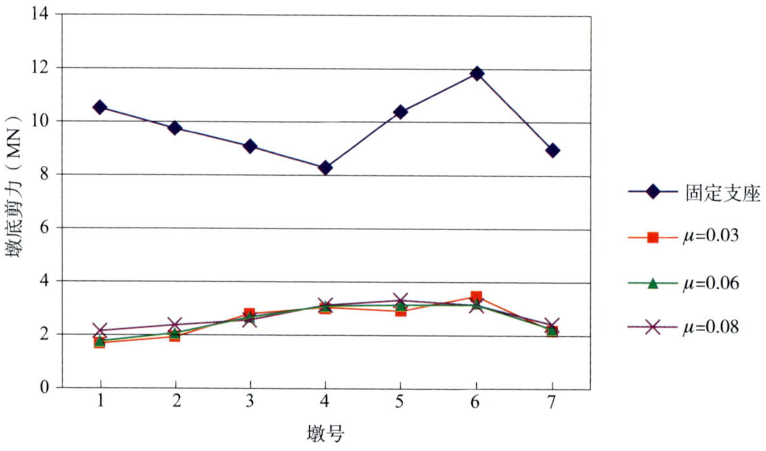

图 7.6—11　墩底最大剪力

由表 7.6—5 和图 7.6—11 可以看出，采用摩擦摆式支座后，桥梁墩底剪力明显减小，减震效果明显。

为进一步分析不同摩擦系数的摩擦摆式支座对桥梁的减震效果，表 7.6—6 给出了计算模型在不同摩擦系数($\mu=0.03$、0.06、0.08)时墩底剪力相对变化值及百分比。

表 7.6—6　墩底剪力相对变化值对比数据

墩号＼摩擦系数	0.03		0.06		0.08	
	变化值	百分比	变化值	百分比	变化值	百分比
1	8 849.45	84.07%	8 703.84	82.69%	8 360.88	79.43%
2	7 766.54	79.80%	7 614.27	78.24%	7 331.86	75.33%
3	6 273.58	69.17%	6 357.20	70.09%	6 498.66	71.65%
4	5 307.85	63.74%	5 310.86	63.78%	5 196.26	62.40%
5	7 429.19	71.45%	7 215.00	69.39%	7 040.60	67.72%
6	8 389.97	70.85%	8 530.00	72.03%	8 687.09	73.36%
7	6 759.22	75.48%	6 658.58	74.35%	6 511.19	72.71%

由表 7.6—6 可以看出，支座摩擦系数为 0.03 时的墩底剪力最少减小了 63.74%，支座摩擦系数为 0.06 时的墩底剪力最少减小了 63.78%，支座摩擦系数为 0.08 时的墩底剪力最少减小了 62.40%。摩擦摆式支座的减震效果很明显。

图 7.6—12 所示为不同摩擦系数（$\mu=0.03$、0.06、0.08）时墩底剪力相对变化值的对比。

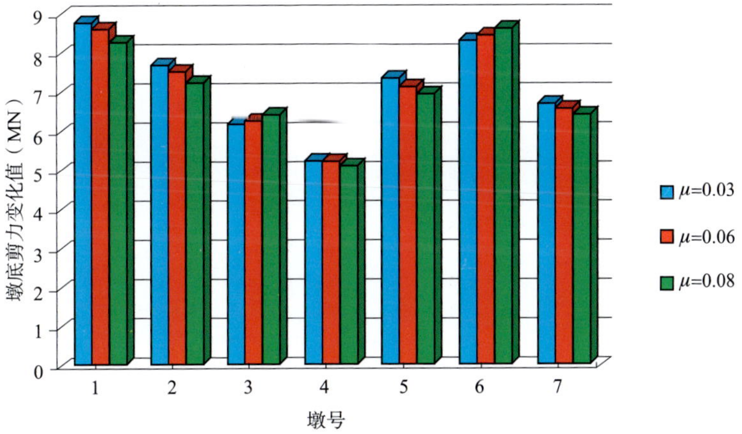

图 7.6—12　墩底剪力相对变化值对比

由图 7.6—12 可以看出，随着摩擦系数取值的增大，墩底剪力相对变化值总体变化不明显。

（4）墩底弯矩

表 7.6—7 所示为采用普通支座和采用不同摩擦系数（$\mu=0.03$、0.06、0.08）的摩擦摆式支座时的墩底弯矩。

表 7.6—7　墩底弯矩(单位:kN·m)

墩号 \ 摩擦系数	固定支座	0.03	0.06	0.08
1	76 990.13	9 041.26	10 136.36	12 411.15
2	135 014.70	20 778.79	23 966.75	29 471.54
3	178 358.00	30 627.46	31 562.21	38 871.63
4	176 220.00	31 757.28	35 184.78	42 107.04
5	269 551.90	55 916.16	63 222.93	67 658.66
6	335 084.50	62 334.98	61 978.13	67 436.17
7	161 399.00	28 602.42	31 362.93	36 085.75

为进一步分析不同摩擦系数的摩擦摆式支座对桥梁的减震效果,将表 7.6—7 中的数据绘成图 7.6—13 所示图表形式进行对比分析。

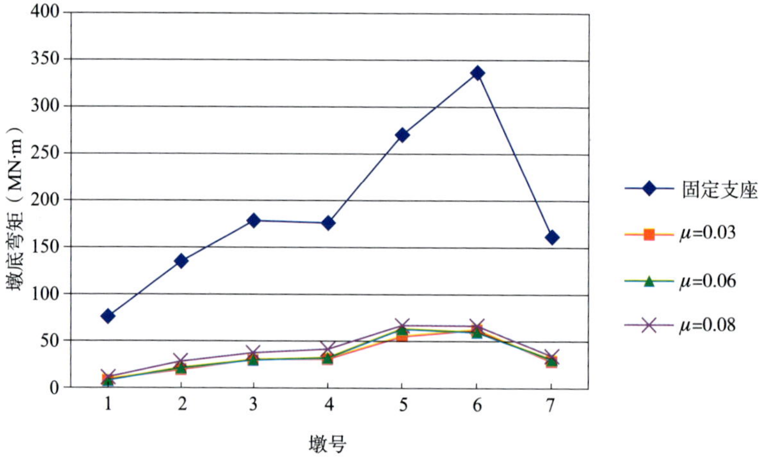

图 7.6—13　最大墩底弯矩

由表 7.6—7 和图 7.6—13 可以看出,采用摩擦摆式支座后,桥梁墩底弯矩明显减小,减震效果明显。

为进一步分析不同摩擦系数的摩擦摆式支座对桥梁的减震效果,表 7.6—8 给出了计算模型在不同支座摩擦系数(μ = 0.03、0.06、0.08)工况下墩底弯矩相对变化值及百分比。

由表 7.6—8 可以看出,支座摩擦系数为 0.03 时的墩底弯矩最少减小了 79.26%,支座摩擦系数为 0.06 时的墩底弯矩最少减小了 76.55%,支座摩擦系数为 0.08 时的墩底弯矩最少减小了 74.90%。摩擦摆式支座的减震效果很明显。

表 7.6—8 墩底弯矩相对变化值对比数据

摩擦系数 墩 号	0.03		0.06		0.08	
	变化值	百分比	变化值	百分比	变化值	百分比
1	67 948.87	88.26%	66 853.77	86.83%	64 578.98	83.88%
2	114 235.91	84.61%	111 047.95	82.25%	105 543.16	78.17%
3	147 730.54	82.83%	146 795.79	82.30%	139 486.37	78.21%
4	144 462.72	81.98%	141 035.22	80.03%	134 112.96	76.11%
5	213 635.74	79.26%	206 328.97	76.55%	201 893.24	74.90%
6	272 749.52	81.40%	273 106.37	81.50%	267 648.33	79.87%
7	132 796.58	82.28%	130 036.07	80.57%	125 313.25	77.64%

图 7.6—14 所示为计算模型在不同支座摩擦系数(μ = 0.03、0.06、0.08)工况下的墩底剪力相对变化值对比。

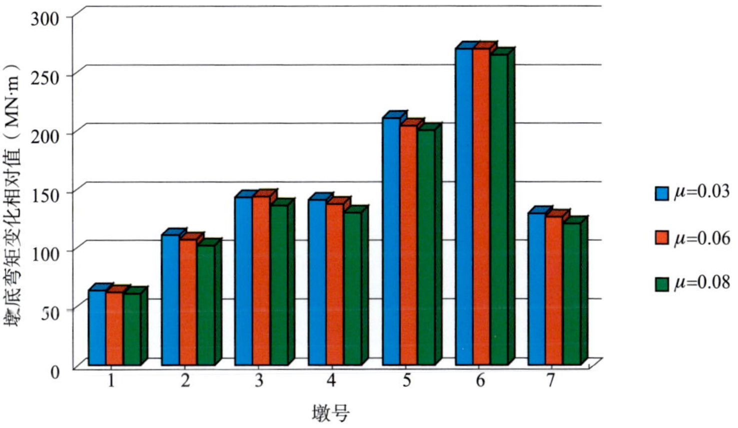

图 7.6—14 墩底弯矩相对变化值对比图

由图 7.6—14 可以看出,随着摩擦系数取值的增大,墩底弯矩相对变化值总体上呈下降趋势,但变化不是十分明显。

3. 横桥向计算

(1)墩顶位移

横桥向计算时,地震荷载沿桥的横向分别施加在每个桥墩的底部节点上。

表 7.6—9 所示为采用普通支座以及采用不同支座摩擦系数(μ = 0.03、0.06、0.08)的摩擦摆式支座时的墩顶最大位移。

为进一步分析不同摩擦系数的摩擦摆式支座对桥梁的减震效果,将表 7.6—9 中的数据绘成图 7.6—15 所示形式进行对比分析。

表 7. 6—9　**墩顶横向位移**(单位:cm)

墩　号 \ 摩擦系数	固定支座	0. 03	0. 06	0. 08
1	0. 18	0. 02	0. 03	0. 04
2	0. 94	0. 12	0. 18	0. 22
3	2. 07	0. 31	0. 47	0. 59
4	3. 48	0. 43	0. 56	0. 7
5	3. 38	0. 38	0. 50	0. 59
6	3. 99	0. 51	0. 75	0. 86
7	1. 38	0. 28	0. 43	0. 53

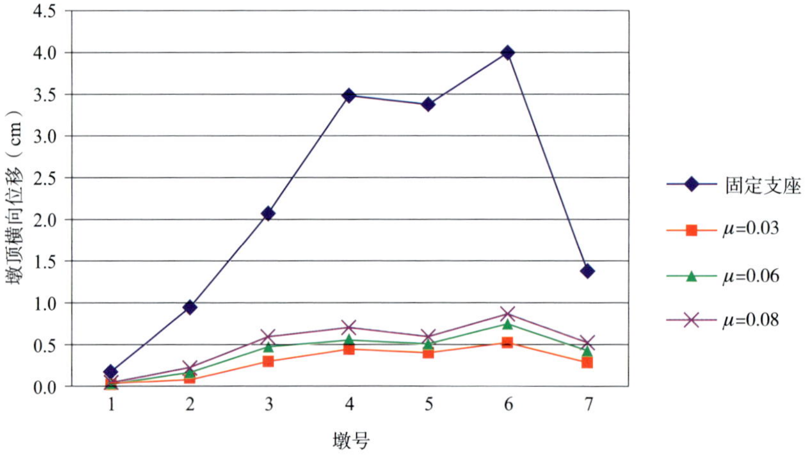

图 7. 6—15　墩顶横向位移

由表 7. 6—9 和图 7. 6—15 可以看出,采用摩擦摆式支座后,桥梁墩顶位移明显减小,特别是最高墩墩顶位移明显减小。随着摩擦摆式支座摩擦系数的增大,墩顶横桥向最大位移呈增大趋势,但是不同工况之间的结果差异非常小。

为进一步分析不同摩擦系数的摩擦摆式支座对桥梁的减震效果,表 7. 6—10 给出了计算模型在不同摩擦系数(μ = 0. 03、0. 06、0. 08)工况下墩顶位移相对变化值及百分比。

由表 7. 6—10 可以看出,支座摩擦系数为 0. 03 时的墩顶位移最大减小了 88. 89%,支座摩擦系数为 0. 06 时的墩顶位移减小了 85. 21%,支座摩擦系数为 0. 08 时的墩顶位移减小了 82. 54%。摩擦摆式支座的减震效果很明显。

表 7.6—10 墩顶位移相对变化值对比数据

摩擦系数 墩 号	0.03		0.06		0.08	
	变化值	百分比	变化值	百分比	变化值	百分比
1	0.16	88.89%	0.15	83.33%	0.14	77.78%
2	0.82	87.23%	0.76	80.85%	0.72	76.60%
3	1.76	85.02%	1.60	77.29%	1.48	71.50%
4	3.05	87.64%	2.92	83.91%	2.78	79.89%
5	3.00	88.76%	2.88	85.21%	2.79	82.54%
6	3.48	87.22%	3.24	81.20%	3.13	78.45%
7	1.10	79.71%	0.95	68.84%	0.85	61.59%

图 7.6—16 所示为不同摩擦系数(μ = 0.03、0.06、0.08)工况下的墩顶位移相对变化值对比。

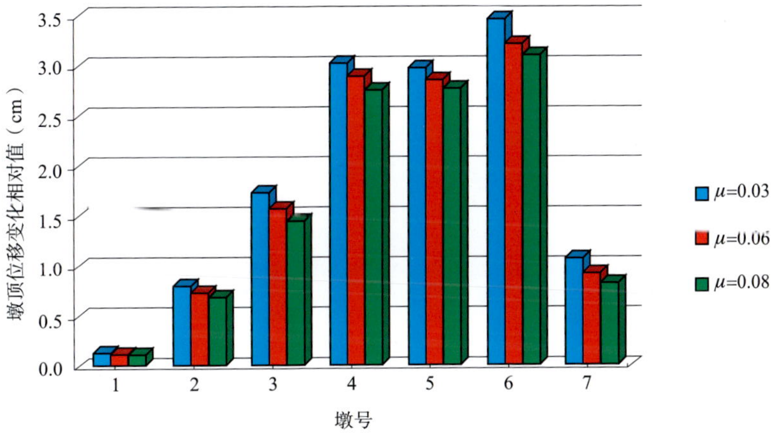

图 7.6—16 墩顶位移相对变化值对比

由图 7.6—16 可以看出,随着摩擦系数取值的增大,墩顶位移相对变化值总体上有所减小,但相差不明显。

(2)支座相对位移

表 7.6—11 所示为采用普通支座以及采用不同支座摩擦系数(μ = 0.03、0.06、0.08)的摩擦摆式支座时的横桥向相对位移。

为进一步分析不同摩擦系数的摩擦摆式支座对桥梁的减震效果,将表 7.6—11 中的数据绘成图 7.6—17 所示形式进行对比分析。

表 7.6—11　支座相对位移(单位:cm)

支座号 \ 摩擦系数	固定支座	0.03	0.06	0.08
1	0.000	2.572	2.474	1.535
2	0.000	2.645	1.916	1.53
3	0.000	2.924	1.954	1.507
4	0.000	3.045	2.111	1.969
5	0.000	2.657	2.309	1.891
6	0.000	2.945	2.380	2.333
7	0.000	2.703	2.388	2.13
8	0.000	3.091	2.663	2.409
9	0.000	2.916	2.274	1.817
10	0.000	2.986	2.272	2.231
11	0.000	2.932	1.862	1.92
12	0.000	2.922	2.678	2.434
13	0.000	2.912	2.704	2.579
14	0.000	2.759	2.051	1.513
15	0.000	3.024	1.775	1.749
16	0.000	2.238	1.451	1.511

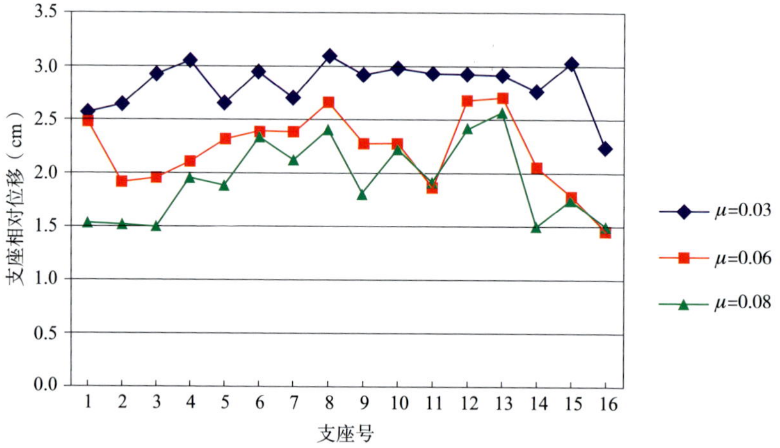

图 7.6—17　不同支座摩擦系数对应最大支座相对位移

由表 7.6—11 可以看出,采用摩擦摆式支座后,支座位移增大。由图 7.6—17 曲线变化趋势可以看出,各个桥墩上的摩擦摆式支座的横桥向最大位移数值基本接近,并且随着支座摩擦系数的增大,支座相对位移呈减小趋势,但减小幅度很小。

(3)墩底剪力

表7.6—12所示为采用普通支座以及采用不同支座摩擦系数(μ=0.03、0.06、0.08)的摩擦摆式支座时的墩底剪力。

表7.6—12 墩底剪力(单位:kN)

墩号 \ 摩擦系数	固定支座	0.03	0.06	0.08
1	10212.08	1399.52	1976.92	2416.95
2	11264.89	1976.81	2679.15	3092.50
3	10614.60	2610.96	3377.25	3865.38
4	14211.99	3180.18	3496.74	4175.08
5	16031.89	3132.89	3654.18	3947.81
6	14566.88	3308.98	4021.92	4510.49
7	7915.44	2435.19	3644.70	4585.22

为进一步分析不同摩擦系数的摩擦摆式支座对桥梁的减震效果,将表7.6—12中的数据绘成图7.6—18所示形式进行对比分析。

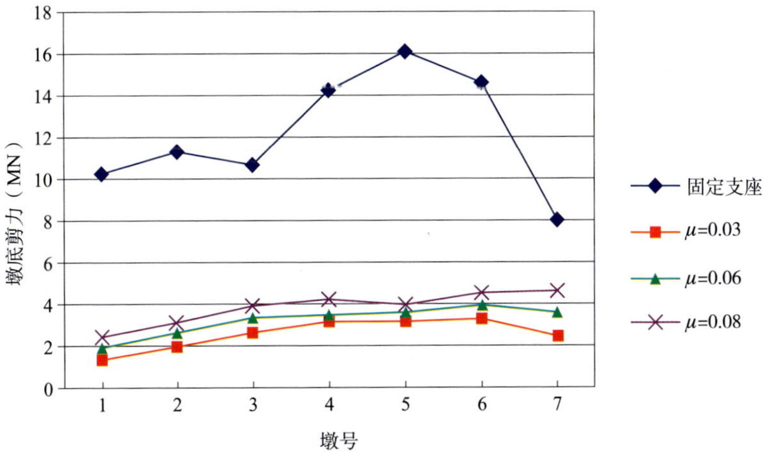

图7.6—18 不同支座摩擦系数对应最大墩底剪力

由表7.6—12和图7.6—18可以看出,采用摩擦摆式支座后,桥梁墩底剪力显著减小,特别是在最高墩位置处,墩底剪力减小幅度更大。采用摩擦摆式支座后,各个墩的墩底剪力数值较接近,剪力分配较均匀。随着摩擦摆式支座摩擦系数的增大,横桥向墩底剪力呈增大趋势,但是不同工况之间的结果差异非常小。为进一步分析不同摩擦系数的摩擦摆式支座对桥梁的减震效果，表 7.6—13 给出了计算模型在不同摩擦系数（μ = 0.03、0.06、0.08）工况下墩底剪力相对变化值及百分比。

表 7.6—13　墩底剪力相对变化值对比数据

墩号 ＼ 摩擦系数	0.03		0.06		0.08	
	变化值	百分比	变化值	百分比	变化值	百分比
1	8 812.56	86.30%	8 235.16	80.64%	7 795.13	76.33%
2	9 288.08	82.45%	8 585.74	76.22%	8 172.39	72.55%
3	8 003.64	75.40%	7 237.35	68.18%	6 749.22	63.58%
4	11 031.81	77.62%	10 715.25	75.40%	10 036.91	70.62%
5	12 899.00	80.46%	12 377.71	77.21%	12 084.08	75.38%
6	11 257.90	77.28%	10 544.96	72.39%	10 056.39	69.04%
7	5 480.25	69.23%	4 270.74	53.95%	3 330.22	42.07%

由表 7.6—13 可以看出，支座摩擦系数为 0.03 时的墩底剪力最大减小了 88.89%，支座摩擦系数为 0.06 时的墩底剪力减小了 85.21%，支座摩擦系数为 0.08 时的墩底剪力减小了 82.54%。摩擦摆式支座的减震效果很明显。

图 7.6—19 所示为不同支座摩擦系数（μ = 0.03、0.06、0.08）工况下的墩底剪力相对变化值对比。

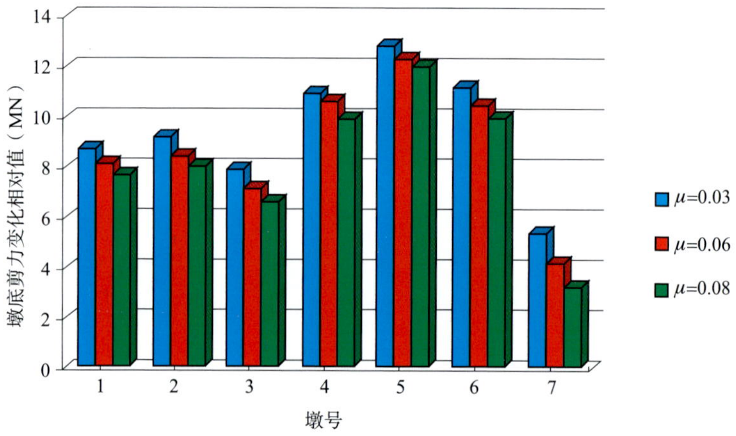

图 7.6—19　墩底剪力相对变化值对比图

由图 7.6—19 可以看出，随着摩擦系数取值的增大，墩底剪力相对变化值总体上有所减小，但相差不明显。

（4）墩底弯矩

表 7.6—14 所示为采用普通支座和采用不同支座摩擦系数（μ = 0.03、0.06、0.08）

的摩擦摆式支座时的墩底弯矩。

表 7.6—14 墩底弯矩(单位:kN · m)

墩号 \ 摩擦系数	固定支座	0.03	0.06	0.08
1	89 902.06	10 109.08	15 285.40	19 194.20
2	167 391.30	22 034.87	33 103.35	40 730.02
3	220 187.40	37 282.25	53 949.45	64 354.32
4	329 498.70	48 384.52	59 401.36	73 576.96
5	447 094.10	57 567.89	74 416.91	84 979.75
6	447 511.00	67 650.66	93 869.34	106 097.90
7	156 031.90	34 942.13	54 747.50	68 000.17

为进一步分析不同摩擦系数的摩擦摆式支座对桥梁的减震效果,将表 7.6—14 中的数据绘成图 7.6—20 所示形式进行对比分析。

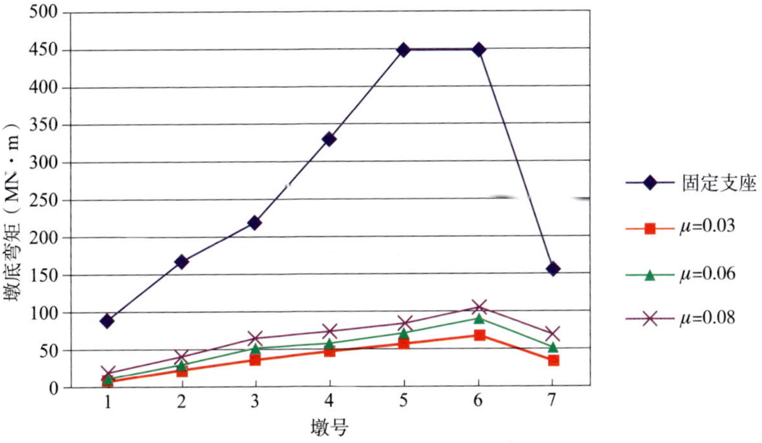

图 7.6—20 不同支座摩擦系数对应最大墩底弯矩

由表 7.6—14 和图 7.6—20 可以看出,采用摩擦摆式支座后,桥梁墩底弯矩显著减小,特别是在最高墩位置处,墩底剪力减小幅度更大。采用摩擦摆式支座后,各个墩的墩底弯矩数值较接近,弯矩分配较均匀。随着摩擦摆式支座摩擦系数的增大,横桥向墩底弯矩呈增大趋势,但是不同工况之间的结果差异非常小。

为进一步分析不同摩擦系数的摩擦摆式支座对桥梁的减震效果,表 7.6—15 给出了计算模型在不同支座摩擦系数($\mu=0.03$、0.06、0.08)工况下墩底弯矩相对变化值及百分比。

表 7.6—15　墩底弯矩相对变化值对比数据

墩号 \ 摩擦系数	0.03		0.06		0.08	
	变化值	百分比	变化值	百分比	变化值	百分比
1	79 792.98	88.76%	74 616.66	83.00%	70 707.86	78.65%
2	145 356.43	86.84%	134 287.95	80.22%	126 661.28	75.67%
3	182 905.15	83.07%	166 237.95	75.50%	155 833.08	70.77%
4	281 114.18	85.32%	270 097.34	81.97%	255 921.74	77.67%
5	389 526.21	87.12%	372 677.19	83.36%	362 114.35	80.99%
6	379 860.34	84.88%	353 641.66	79.02%	341 413.10	76.29%
7	121 089.77	77.61%	101 284.40	64.91%	88 031.73	56.42%

由表 7.6—15 可以看出，支座摩擦系数为 0.03 时的墩底弯矩最大减小了 88.76%，支座摩擦系数为 0.06 时的墩底弯矩减小了 83.36%，支座摩擦系数为 0.08 时的墩底弯矩减小了 80.99%。摩擦摆式支座的减震效果很明显。

图 7.6—21 所示为不同支座摩擦系数（$\mu = 0.03$、0.06、0.08）工况下的墩底弯矩相对变化值对比。

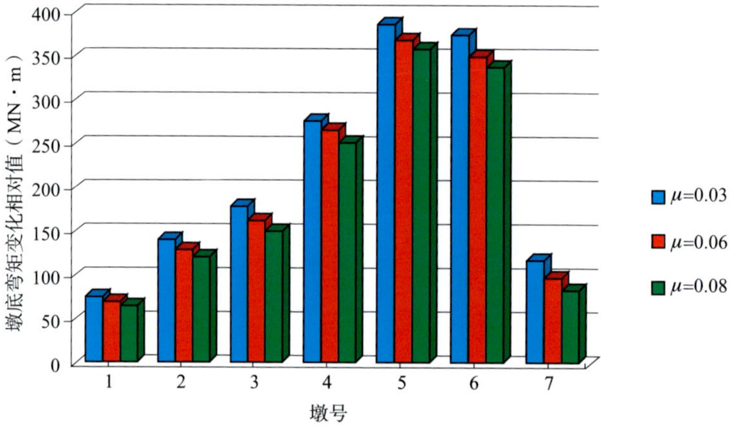

图 7.6—21　墩底弯矩相对变化值对比图

由图 7.6—21 可以看出，随着摩擦系数取值的增大，墩底弯矩相对变化值总体上有所减小，但相差不明显。

7.6.4　结　　论

（1）从纵桥向分析结果可以看出，在纵桥向地震力作用下，设置摩擦摆式支座的减震桥梁,其桥墩纵向内力有明显减小。其中,支座摩擦系数为0.03时的墩底剪力最少减小了63.74%,支座摩擦系数为0.06时的墩底剪力最少减小了63.78%,支座摩擦系数为0.08时的墩底剪力最少减小了62.40%;支座摩擦系数为0.03时的墩底弯矩最少减小了79.26%,支座摩擦系数为0.06时的墩底弯矩最少减小了76.55%,支座摩擦系数为0.08时的墩底弯矩最少减小了74.90%。摩擦摆式支座在纵桥向的减震效果明显。

(2)纵桥向固定端及滑动端支座均采用摩擦系数$\mu=0.03$时,最大的支座相对位移为51.43 mm,出现在最高墩,小于摩擦摆式支座的设计水平位移$D=80$ mm,满足设计要求。

(3)从横桥向分析结果可以看出,在横桥向地震力作用下,设置摩擦摆式支座的减震桥梁桥墩横桥向内力有明显减小。其中,支座摩擦系数为0.03时的墩底剪力最少减小了69.23%,支座摩擦系数为0.06时的墩底剪力最少减小了53.95%,支座摩擦系数为0.08时的墩底剪力最少减小了42.07%;支座摩擦系数为0.03时的墩底弯矩最少减小了77.61%,支座摩擦系数为0.06时的墩底弯矩最少减小了64.91%,支座摩擦系数为0.08时的墩底弯矩最少减小了56.42%。

(4)横桥向固定端及滑动端支座均采用摩擦系数$\mu=0.03$时,最大的支座相对位移为30.24 mm,出现在最高墩处位置,小于摩擦摆式支座的设计水平位移$D=80$ mm,满足设计要求。

(5)摩擦摆式支座兼具延长结构自振周期及耗散地震能量的特点,因此具有十分出色的减隔震功能。摆动周期(自振周期)与上部梁体质量无关,这是其他类型支座所不具备的。摩擦摆式支座的自振周期及摩擦力(系数)均可控制并可独立设计,这给支座设计也带来了便利,支座的减震效果也可更好地保证。

(6)摩擦摆式支座摩擦系数不应太大或太小。合理的摩擦系数可以保证支座具有良好的减震效果,同时支座尺寸也不会太大,从而减小了自身成本并便于安装。摩擦系数过大还会造成温度作用下梁体内力较大,鉴于这种周期性作用是长期的,应该严格控制。

(7)摆动周期与上部质量无关,即可使减震效率与上部质量几乎无关,摩擦摆式支座在高烈度地震地区的使用可有效减少地震力。

参 考 文 献

[1] 胡聿贤. 地震工程学[M]. 北京:地震出版社,2006
[2] 范立础. 桥梁抗震[M]. 上海:同济大学出版社,2001
[3] 范立础. 桥梁延性抗震设计[M]. 北京:人民交通出版社,2001
[4] 李国豪. 桥梁结构稳定与振动(修订版)[M]. 北京:中国铁道出版社,2003
[5] 强士中. 桥梁工程[M]. 成都:西南交通大学出版社,2000
[6] 李乔,赵世春. 汶川大地震工程震害分析[M]. 成都:西南交通大学出版社,2008
[7] 陈乐生,等. 汶川地震公路震害图集[M]. 北京:人民交通出版社,2009
[8] 范立础,王志强. 桥梁抗震设计理论及应用[M]. 北京:人民交通出版社,2001
[9] 于建华,谢用九,魏泳涛. 高等结构动力学[M]. 成都:四川大学出版社,2001
[10] 叶爱君,管仲国. 桥梁抗震[M]. 北京:人民交通出版社,2011
[11] 范立础,王志强. 桥梁减隔震设计[M]. 北京:人民交通出版社,2001
[12] 王克海. 桥梁抗震研究[M]. 北京:中国铁道出版社,2007
[13] 周云. 耗能减震加固技术与设计方法[M]. 北京:科学出版社,2006
[14] 艾伦·威廉斯. 建筑与桥梁抗震设计(美)[M]. 北京:中国水利水电出版社,2002
[15] 陈惠发,段炼. 桥梁工程抗震设计[M]. 蔡中民,武军,译. 北京:机械工业出版社,2008
[16] 西山啓伸,小寺重郎. 桥梁抗震计算[M]. 易建国,林志兴,译. 北京:人民交通出版社,1983
[17] 何度心,黄龙生,陆千文,周雍年. 桥梁抗震计算[M]. 北京:地震出版社,1991
[18] 美国应用技术委员会. 美国公路桥梁抗震设计准则[M]. 钱钟毅,译. 北京:人民交通出版社,1988
[19] GB 50111—2006. 铁道工程抗震设计规范 [S]. 2009 年版. 北京:中国计划出版社,2009
[20] JTG/TB 02-01—2008. 公路桥梁抗震设计细则[S]. 北京:人民交通出版社,2008
[21] 日本铁道综合技术研究所. 铁道构造物等设计标准及解说(位移限制)(日)[S]. 2006
[22] 铁路桥梁耐震设计规范[S]. 台北,2006
[23] AASHTO. Guide Specifications for Seismic Isolation Design[S]. 2010
[24] CEN/TC 340. Anti-seismic devices[S]. EN 15129:2009
[25] 庄卫林,刘振宇,蒋劲松. 汶川大地震公路桥梁震害分析及对策[J]. 岩石力学与工程学报,2009,28(7):1377-1387
[26] 罗鸣,冯舸,毛亮. 宝成线清江 7 号特大桥震害整治研究[J]. 铁道工程学报(增刊),2008,(12):217-220

[27] 朱颖,魏永幸．汶川大地震道路工程震害特征及工程抗震设计思考[J]．铁道工程学报(增刊),2008,(12):86-90

[28] 张建经,陈列,韩鹏飞．地震桥梁破坏特点及阻尼支座抗震作用分析[C]//宋胜武．汶川大地震工程震害调查分析与研究．北京:科学出版社,2009:643-650

[29] 李本伟,姚红兵,汪军,胡德贵．都汶高速公路庙子坪大桥掉落梁体和水下墩柱检测[C]//宋胜武．汶川大地震工程震害调查分析与研究．北京:科学出版社,2009. 746-756

[30] 杨梦蛟．汶川地震既有铁路桥隧建筑物震害情况研究[J]．铁道工程学报(增刊),2008,(12):132-143

[31] 蒋劲松,庄卫林,刘振宇．汶川地震百花大桥震害调查分析[J]．桥梁建设,2008,(6):41-44,52

[32] 李鸿晶,陆鸣,增温平,罗韧．汶川地震桥梁震害的特征[J]．南京工业大学学报,2009,31(1):24-29

[33] 陈克坚,袁明．汶川地震后对铁路桥梁抗震设计有关问题的思考[J]．铁道工程学报(增刊),2008,(12):176-182

[34] 高宗余,李龙安,屈爱平．汶川大地震对铁路桥梁抗震设计的启示和建议[J]．铁道工程学报(增刊),2008,(12):183-189

[35] 许智焰,胡京涛,郑晓龙,陈列．新型减隔震支座在地震区桥梁上的应用[J]．铁道工程学报(增刊),2008,(12):198-201

[36] 钟铁毅．汶川地震铁路桥梁支座破坏思考及减隔震支座应用的探讨[J]．铁道工程学报(增刊),2008,(12):193-197

[37] 王再荣,郭恩栋,赵钊,王琼．桥梁地震破坏等级划分标准浅析[J]．世界地震工程,2010,26(1):90-93

[38] 高日,李承根．汶川地震思考及铁路桥梁"支座功能分离"减震设计方法[J]．铁道工程学报(增刊),2008,(12):202-207

[39] 薛晓锋,胡兆同,刘健新．功能分离式桥梁减震支座[J]．长安大学学报,2005,25(1):33-36

[40] 聂宗泉,冯传清．隔震技术应用前景[J]．铁道工程学报(增刊),2008,(12):208-213

[41] 庄军生．桥梁减震、隔震支座和装置[M]．北京:中国铁道出版社,2012

[42] 庄军生．桥梁支座[M]．北京:中国铁道出版社,2008

[43] 日本建筑学会．隔震结构设计[M]．刘文光,译．北京:地震出版社,2006

[44] 陈永祈,马良喆,编译．桥梁地震保护系统[M]．北京:中国铁道出版社,2012

[45] 法扎德·奈姆．抗震设计手册[M]．王亚勇,译．北京:中国建筑工业出版社,2008

[46] Marioni,陈列,胡京涛．橡胶减振支座在台湾高速铁路上的应用[J]．工程抗震与加固改造,2011,33(2):63-66

[47] 陈列．成灌铁路桥梁设计[J]．桥梁建设,2011,209(5):59-63,73

[48] 谢旭,王炎,陈列．轨道约束对铁路减隔震桥梁地震响应的影响[J]．铁道学报,2012,34(6):75-82

[49] 郑晓龙,胡京涛,雷建胜．减隔震支座在铁路桥梁上的应用探索[J]．铁道建筑技术,2010,190

(S1):159-162

[50] 刘海燕. 关于第二东名高速公路减震消能支座标准化的讨论[J]. 国外桥梁,1999,(4):61-66

[51] 蔡俊镱. 高速铁路 C270 标全跨预铸桥梁工程设计及施工[J]. 结构工程(台),2006,21(4):15-33

[52] 秦顺全. 武汉天兴洲公铁两用长江大桥关键技术研究[M]. 北京:人民交通出版社,2009

[53] 成都地图出版社. 世界知识地图集[M]. 成都:成都地图出版社,2001

[54] 汶川地震灾害地图集编委会. 汶川地震灾害地图集[M]. 成都:成都地图出版社,2008